北京大学法学院
北京大学国际法学院 编

PEKING UNIVERSITY LEGAL EDUCATION REVIEW
第二辑
2025年8月
02

北大法学小课堂

法律出版社
LAW PRESS·CHINA
—— 北京 ——

图书在版编目（CIP）数据

北大法学小课堂. 第二辑 / 北京大学法学院，北京大学国际法学院编. -- 北京 : 法律出版社，2025.

ISBN 978 -7 -5244 -0485 -9

Ⅰ. D90

中国国家版本馆 CIP 数据核字第 20256E4L29 号

北大法学小课堂 · 第二辑

BEIDA FAXUE XIAOKETANG · DI – ER JI

北京大学法学院
北京大学国际法学院 编

责任编辑 赵明霞 宋佳欣

装帧设计 孙 杨

出版发行 法律出版社

编辑统筹 法商出版分社

责任校对 晁明慧

责任印制 胡晓雅

经　　销 新华书店

开本 710 毫米 ×1000 毫米 1/16

印张 18 **字数** 325 千

版本 2025 年 8 月第 1 版

印次 2025 年 8 月第 1 次印刷

印刷 北京盛通印刷股份有限公司

地址：北京市丰台区莲花池西里 7 号（100073）

网址：www. lawpress. com. cn

投稿邮箱：info@ lawpress. com. cn

举报盗版邮箱：jbwq@ lawpress. com. cn

销售电话：010 – 83938349

客服电话：010 – 83938350

咨询电话：010 – 63939796

书号：ISBN 978 – 7 – 5244 – 0485 – 9

定价：58. 00 元

凡购买本社图书，如有印装错误，我社负责退换。电话：010 – 83938349

当我们学习法律时，我们在学习什么

当我们学习法律的时候，我们是在学习什么？这可以说是自学生时代起就困扰我的一个“**元问题**”。

无论“初入法门”的“小法师”们曾经满怀怎样的憧憬，初出茅庐的“青椒”们曾经有怎样的自我期许，无论纸面上或者理念上将法学教育的内容和目标界定得多么丰富、完整、“高大上”，事实上，对于绝大多数课程来说，学生学的、老师教的，都是**知识**——关于法律的知识，尤其是关于各个部门法的具体知识。

法学当然包括各种各样的知识，学习法律也应当包括学习重要的知识。然而，法学知识并不具备科学知识那样的确定性和普遍性。不同国家有不同的法学知识，不同时代有不同的法学知识。甚至，在同一个时代（今天）学习同一个国家（中国）的法律，学生在不同法学院学到的可能是相当不同的知识。那么，这样的知识，这样的学习，真的可靠吗？

要回答这个问题，就需要理解法学的“知识”到底是什么，是怎样生产的，又起到什么作用。**法学并不是一种停留在纸面上的学问，而是一门在实践中解决问题的学科**。有权机关依法处理案件，应当“以事实为根据，以法律为准绳”。注意：是“以**法律**为准绳”，而不是“以（关于法律的）**知识**为准绳”——此时此地的“法律”才是有拘束力的、据以解决问题的权威，我们学习的那些（甚至未必与此时此地的法律直接相关的）“知识”本身并不是法律适用的大前提。那么，既然作为“准绳”的法律通常是确定的（典型地体现为白纸黑字的成文法），为什么关于法律的知识（无论是作为解释、适用法律前提的知识，还是作为解释、适用法律结果的知识）却经常欠缺足够的确定性呢？

连接解释的对象（确定的纸面规定）和结果（规范的解释方案）的，首先是**解释法律的技术（法学方法）**。那么，我们对于同一个法条有不同的解释，是因为使用的方法不一样吗？这当然是有可能的。法律技术本身也是一种知识，人们对此会有不同的理解和应用。不过，在现代法上，单纯就解释技术来说，恰好是有高度共识的。无论在哪个法学院学习，我们学到的最常用也最重要的法律解释方法都是文义解释、体系解释、历史解释和目的解释（包括合宪性解释）。那么，针对同样的对象，使用同样的方法，为什么生产出来的知识仍然可能不同？是因为解释者的“功力”不一样吗？还是解释者的**价值判断**不同？文义解释、体系解释、历史解释所利用的多是客观材料，是否能充分检索和合理使用这些材料，确实考验解释者的功力。目的解释则必然包含解释者对于某个问题**依法**应当如何处理的价值判断。我们应该如何去寻找乃至“发现”法律中的价值判断？怎么理解这些价值判断？又如何与别人沟通、论辩这些价值判断？

法律所处理的社会问题，很少是纯粹的技术性问题，大多数都会涉及实实在在的利益冲突和价值衡量。每一项法律制度安排的背后，都存在一个对“**何为良好生活**”问题的想象：社会应当如何组织、商业应当如何开展、人们应当如何交往、各种不同的纠纷应当如何处理。对于这些“**应当如何**”的问题，人们并非都有共识。成文法确实“**凝结**”了一部分已经做出选择的价值判断，但无论是基于载体的局限（语词的不确定性），还是出于目的的考量（法律的社会功用），成文法不会也不能垄断所有的价值判断。就此而言，**法律知识的不（够）确定，未必总是一种比较视野下的缺陷，可能也是一种合乎其目的的特征**。

需要进一步追问的是，对于那些“应当如何”的价值判断问题，为什么人们经常会有不同的回答？是“本该如此”，因为价值判断的背后是不同的出身、立场、利益、趣味、品格和理想吗？**我们在法律领域关注的价值判断主要**

是公共的（“法律”的），而不是私人的；因此，即使不能完全诉诸理性，至少在言说和沟通的意义上，也应主要诉诸理性。就需要用法律处理的特定社会问题而言，人们的价值判断不同，除了由于根本性的价值取向不同，另一种可能（甚至是更可能），是不是由于人们对这个“特定社会问题”本身的理解和判断有分歧？也就是说，很多时候，人们并不是看到了相同的问题，但对于“应当如何”处理有根本不同的判断；而是看到了不同的问题，即对法律所欲处理的**社会事实**本身有不同的理解，或者对于以特定法律方案去处理该事实问题可能的**政策后果**有不同的理解。

当我们学习法律的时候，我们经常是在学习知识；而当我们学习**知识**（尤其是关于具体制度的知识）的时候，我们学习到的只是一个**结果**。如果我们认为具体的法律制度实际上是**就特定社会问题，以特定法律技术，实现特定价值判断的一种处理方案**，有关该制度的知识甚至只是**这一种**处理方案的**某一种**解释结论。只停留在这种结果层面去理解法律问题是远远不够的。我们必须把视角往后推，回到“**社会事实**”“**法律技术**”和“**价值判断**”这三重必不可少的维度，才能更好地把握法律问题的复杂性和可能性。

例如，我们知道，违约要赔偿履行利益，过失致人损害须承担侵权责任，要办理登记才能转移不动产所有权，这些看上去都是确凿无疑的知识。但是，为什么是这样呢？为什么是履行利益（以及什么是履行利益）？为什么只需要过失（以及什么是过失）？为什么要登记（以及什么时候不需要登记）？我们在学习法律知识的时候，学到的经常只是一个干巴巴的结论。**至于特定制度所欲处理的社会问题，就该问题的处理所采用的法律技术，由该技术的采用所实现的价值判断，都已经被整合在一个给定解决方案中，将抽象概念表述成了一个法律规范**。

规范解释工作以及所形成的法律知识，经常只是围绕这个最终的结果展开，而很少能够穿透它，找到待解决的事实问题是什么，理解为什么在若干可选的法律技术中选择了这一种，明了该解决方案背后的价值判断以及可能的政策后果。但是，我们必须有能力穿透它！**在学习法律时，尤其是在法学院学习的阶段，我们要学会把法律制度背后的“社会事实”“法律技术”和“价值判断”揭示出来。**

以我有限的学习和教学经验来说，在这三重维度之中：法律技术是最具法律独特性的部分——这是法律人的“工具箱”，它本身也已经是沉淀下来的知识，内容相对稳定，应用高度灵活，其重要性通常无须额外强调。尽管如何识别和挑选出最重要的法律技术、如何训练初学者对法律技术的理解和运用，仍然是一个需要不断探究和实践的问题。培养对社会事实的认知最为困难，传统法学方法很难覆盖到这里，我们经常既缺乏训练的意识，也缺乏合适的方法。揭示特定解决方案背后的价值判断也比较困难，一方面，我们如果没有对事实问题的充分理解，缺乏足够的事实情境去体悟价值判断的分歧所在，也就容易被语词困扰，被体系遮蔽；另一方面，我们对于价值问题的说理（moral reasoning）训练也极为不足。

从学习的角度，这实际上提供了一种**检验学习效果的路径**。也就是说，我们不妨试一试，把我们学习过的重要法律制度拆解成“社会事实”“法律技术”和“价值判断”三大块——先拆散了，再看能不能拼接起来，以及有没有不同的拼法。

第一大块是“**社会事实**”。我们首先需要尝试理解特定法律制度所欲处理的事实问题到底是什么。即使是对一些看似显而易见的结论，也可以重新提问：为什么要规制交易中的欺诈？欺诈都是不法的吗？经济胁迫现象是胁迫制度处理的核心还是例外？人们什么时候会寻求担保？投资人为什么要跟目标公司对赌？为什么某个问题需要行政处罚？为什么某个事项需要行政审批？为什么某种行为需要以刑法规制？加重刑罚对解决问题有效吗？立法者为什么要把特定事实问题纳入法律领域，并提供这样的解决方案？

第二大块是“**法律技术**”。我们需要思考，在处理特定问题的时候，有哪些可用的法律技术？立法实际采用了什么法律技术？比如在处理法律行为效力的时候，什么时候配置可撤销,什么时候配置效力待定,什么时候配置无效,什么时候配置相对无效?为什么有的期间可变,有的期间不可变?为什么有些事实需要当事人主张,有些可以直接由法院查明适用?某一法律上的问题,适合由哪一机构按照何种程序做出决定?使用不同的法律技术处理问题,收益是什么,代价又是什么?

第三大块是“**价值判断**”。我们以特定法律技术处理该社会事实问题,代表了立法者什么样的价值判断?这样的价值判断实质上是否合理?是否造成了体系冲突?是否具有开放性?法院裁判是否偏离或者修正了某种价值判断?其他可能的价值判断方案是什么?

做了这样的拆解后,我们会发现,每一部分都可能存在不同的解释,或者不同的选择,从而有重新拼接的不同可能。我们会意识到,原来对同一个问题,完全可能有好几种不同但都可谓合理的解决方案。采取目前这种方案(无论是立法方案还是解释方案),只是因为基于对事实问题的某种特定理解,我们选择了特定的法律技术,以实现特定的价值判断倾向。进而,我们也可能获得更完整的视角去理解和评估,就实际问题的解决而言,法律什么时候起作用,为什么能起作用(或者为什么不能起作用),具体起到了什么样的作用(是否符合立法者或者司法者的预期),以及如果需要调整的话,调整的方向和备选的可能。如果没有这种拆解和重组的能力,即便把构成要件和法律效果背得滚瓜烂熟,也很难说真正懂得了这个制度。**掌握了这种拆解和重组的能力,我们才能理解法律(其实是生活)的高度复杂性,才能经受住中国法上最丰富、最珍贵的资源——实践案例——的反复冲击。**

以上讨论,已经涉及“元问题”下两个重要的子问题。这两个子问题会影响我们做拆解和重组工作的难度,也会增进我们对于此种工作意义的理解。

第一个子问题,是**宏观层面的法治建设问题**。丘吉尔有一句名言:“我们塑造建筑物,之后建筑物又塑造我们”(We shape our buildings; thereafter they shape us)。我们都生活在“法律”这个庞大的现代建筑物里,它当然在塑造我们；然而，中国法的概念语言和表现方式，很多却并不是我们直接塑造的。我国现代法治的基础架构，包括体系框架、概念语汇以及具体知识，大量都是法律移植的结果。因此，当我们拆解中国的法律制度时，会面临多重特别的困难：这些移植来的制度和知识，其背后对应的事实问题在他国原来是什么样，在我国是否有什么不同？处理问题的法律技术"工具箱"有差别吗？价值倾向有差别吗？价值判断的社会基础一致吗？

总的来说，法律的技术语言共通的部分较多（特别是，如果我们更多关注方法的实质，而非受制于不同的概念传统），重新发明一套"语法"，既不可能，也无必要。但是，规范背后的社会事实和价值判断，确实可能差异巨大，不得不谨慎对待。例如，同样是市场经济条件下的现代公司，当然具有共性，但美国的公司、德国的公司、日本的公司、中国的公司，显然存在非常不同的生态，面临相当不同的约束。即便事实问题相近，价值判断也可能相差甚远，在伦理性较强的领域尤其如此。目前，中国法学界在很多基础问题上仍然缺乏共识，其中一个重要原因，恐怕就是对于知识继受的过度依赖。由于继受的知识是整体性、结果性的，我们往往会忽视背后社会事实和价值判断的不同。要凝聚共识、增进理解，就应该更勇敢、更大胆地做更多拆解和重组的工作，直面问题、直面规范、直面说理。因此，从宏观角度看，这涉及在继受法制背景下，如何更好地发展本土法学和法治的问题。

第二个子问题，是**个体层面的法律学习问题**。对一个"涉世未深"的学生来说，应当如何去理解法律背后复杂的事实问题呢？如何去理解和论证不同的价值判断呢？如何从法学这个学科的门外汉，逐渐实现"从 0 到 1"的入门，并获得方法上的自觉和自信呢？此处无法详述具体的方法问题，只能简单写两点体会。第一点，我们起码要认识到，对于法律的学习而言，知识和技能只是一个起点，要深入理解规范背后的社会事实和价值判断，必然要引入历史、哲学、社会学、经济学等更多视角。要把夹在"中间"的法（教义）学在两个层面拓宽：一是广度上，在历史情境中拓展;二是深度上,在与其他学科的互动交流中拓展。也可以说,**我们需要历史基础、理论基础和教义基础这"三条腿",才能真正撑起一个"靠得住"的法学**。第二点,要突破学习的瓶颈,无疑需要师生共同的努力——努力的方向不是绕道,不是畏难,而是不怕错误,不怕失败,同样是要更勇敢、更大胆地做更多拆解和重组的工作,**在学习的过程之中去积累学习的经验,增长学习的能力**。

归根结底,无论是宏观还是个体,这都是一个学习(或者再学习)的问题。当我自认为理解了这种方法,开始依此重新学习法律,并试图将它融入我的课堂教学之中——尝试把重要的法律技术、法律方法更清楚地揭示出来,把规范背后的事实问题更清楚地揭示出来,把解释方案背后的价值判断更清楚地揭示出来,我立刻感受到了自己巨大的、无可逃遁的无知。一方面,这种"一无所知"当然会极大地削弱原来的(盲目)自信;另一方面,这种"一无所知"也是一种深刻的解放,它给我打开了新的、更大的天地,让我意识到法学确实是一个博大深邃的学科,**法学的丰富性在人文社会科学中确实是罕有其匹的**。

上述方法和心态不仅对于学习有意义,对于工作同样有意义。在实务工作中,由于受教育的年代和背景不同,他人并不一定和你分享相同的、整体性的知识。那么,如何才能够更准确地理解对方,并被对方理解呢?又如,真正需要处理的疑难问题,通常并不是那些相对确定的、具有共识的知识可以解决的问题,我们又如何能够获取、传达乃至创造出更妥当的解释或者解决方案呢?**这种更灵活、更实质的学习方法,不仅会增进对法律知识的理解,而且会增加跨越体系的沟通、对话能力,以及创新、创造的能力**。大家不必太恐惧那种"一无所知"的感觉,该害怕的是被巨量的外在知识无意识地推着向前走,随波逐流,而没有反思自己真正学会了什么,学懂了什么。

茅少伟*

* 北京大学国际法学院助理教授、副院长。

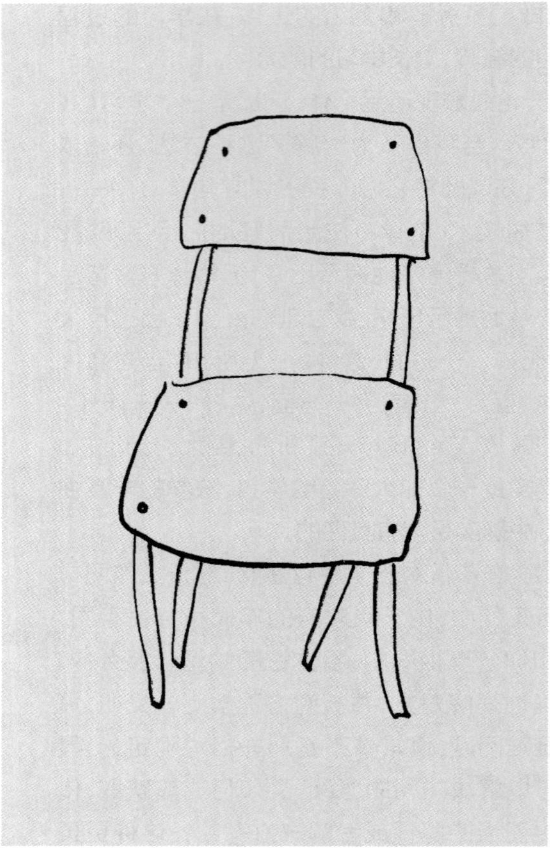

目录

特别呈现

课堂门启

课堂映象

研学小课

答疑解题

课堂札记

域外课堂

征稿启事

特别呈现

理论是灰色的，而生命之树长青

葛云松*

Q1：您本科就读于南京大学法学院经济法专业。当时，法律专业在学生心中的定位是怎样的？您进入大学校园时，为何选择了法学这个方向？当时校园的整体氛围是怎样的？南京大学的学习经历是如何激发了您对学术的兴趣，最终促使您选择到北京大学攻读民商法研究生？

我1988年进入南京大学法律系学习。不同年代的人对法律专业的理解和期待各不相同。20世纪80年代末，文、史、哲等传统文科作为主流学科的时代已逐渐过去，大家在报志愿时越来越关注专业的实用性，特别是与就业的关联。当时，我们对法律的了解很有限，一些同学之所以报考法律专业，可能是认为将来有机会进入公安、检察或法院系统，听起来是个不错的前景。

尽管我个人对历史更感兴趣，但是，还是在父母的强烈建议之下，报考了法律专业。当时南京大学设有"法学"与"经济法"两个本科专业。不过，这个"经济法"不完全等同于作为法学二级学科的"经济法"。报考"经济法"，主要是因为它又是"经济"又是"法"，显得很全面、很厉害。

那时候的学习氛围很轻松，课程大多是以老师讲授为主，基本没有课前预习、课后作业的要求，也没有规定的阅读任务。学生主要就是去听课，听完课就没什么其他学习任务了。期末突击复习一下。因为课程负担不重，我们拥有大量自由支配的时间。在课余时间，大家经常打扑克、看电影。当时在南京流行一种叫"双升"的扑克牌游戏，四个人打四副牌，牌多、计算量大，玩法挺有挑战性。我们班上有些同学特别厉害，让我佩服得不得了。

我在大一时，对法学的兴趣并不算高，但课程成绩还可以，大体属于中上水平。到了大二下学期，我对学术产生了一点兴趣，开始主动读书，尝试做一些研究。最早吸引我注意的是企业法中的"合作社"问题——现在这个词已经很少有人提起了。当时，我也写了几篇小论文，得到了老师的肯定，也因此更

---

* 北京大学法学院教授、博士生导师。

有动力继续探索下去。后来,系里有一个机会,允许部分本科生进入系资料室,借阅平时只有研究生和老师才能借阅的书籍。这让我接触到了更多的学术资料,也进一步激发了我对学术研究的兴趣。到了大三下学期,我决定报考北京大学民法专业的研究生,就开始系统阅读史尚宽、王泽鉴老师的民法著作。在这个过程中,我逐渐加深了对于民法的理解。1992 年,我考上了北京大学法律系民法专业的研究生,导师是朱启超老师,度过了 3 年的美好时光。1995 年,我硕士毕业后留校任教,到今年刚好 30 年。

Q2:在民法学习过程中,您是否经历过某一刻的“顿悟”,让您对民法有了更深层次的理解和突破式的进步呢?

1995 年,我在硕士三年级写毕业论文时,对民法的理解有一个很大的提升。我的论文题目是《公司制度若干基本理论问题研究》。我在文中探讨了公司制度的几个有关联的核心问题。1992 年邓小平同志的南方谈话加快了市场经济改革的步伐,1993 年《公司法》的出台被视为推动国企改革的重要举措。很多经济学家和法学家强调公司制度带来了“所有权与经营权分离”,认为公司制度对中国最重要的意义是,在保持国家所有权不变(国家控股)的前提下,“建立现代企业制度”,将经营权交由企业管理层,从而激发企业活力。但我觉得这个观点不能成立。我回溯了从罗马法到中世纪公司制度的发展,认为公司制度的真正核心是“人格独立”与“有限责任”。人格独立是公司最本质的法律特征,而有限责任的意义是对股东责任的限制。“两权分离”只是表现在某些类型的公司(股权分散的公众公司),大多数公司并不具备这一特征。我当时的观点是,如果想要通过公司制度来实现减少国家控制的目的,在法律上是行不通的。

当时经济学界乃至法学界普遍认为,公司制度的核心是“公司财产权的独立”,而不是“公司人格独立”,这一制度被认为可以担负国企改革的重任。我认为,对公司制度的这种理解是错误的,这种功能也是难以实现的。基于这样的判断,我对公司制度的几个基本问题进行了梳理和研究。我发现,学者们常常陷入语言陷阱,比如对罗马法中的“一物一权”原则的理解、对英美法上所谓“双重所有权”的理解;对于什么是“两权分离”的理解也偏离了民法传统。我运用民法中的基本概念,对于所有权、物、法人的概念等基本问题,进行了相当教义学性质的分析。我认为自己对当时的主流观点提出了有力反驳,至于是否成立,见仁见智。

对我来说,这段经历带来的成长非常明显。首先,我研究的问题在法学上非常基础,同时也切中当时最热门的国企改革议题。这篇论文实际上在回应一个关键问题:法律制度如何为国企改革这样具有强烈经济功能的目标提供支持？它能发挥怎样的作用，又面临哪些限制？其次，法学的基本概念源远流长，构成了一个严密的体系，作为一个整体发挥着社会功能。尽管当时有些重要学者认为有些概念已经过时，但我想要证明，它们并没有失效。虽然这些概念不是什么"颠扑不破的真理"，但在物权法、公司法领域，这些概念依然有效。我的研究说明，对这些概念的质疑难以成立，那些看似新颖的替代方案，不仅在体系上自相矛盾，也没有实现什么新功能（除了某些虚幻的功能）。

在撰写这篇论文的过程中，我经历了一次真正深入的研究，切实体会到民法概念和理论体系的魅力——高度抽象、功能精当，能以简洁的方式概括、描述并规范复杂的社会现实。同时，作为年轻人，挑战权威本身就令人兴奋；当我自认为驳倒了一些主流观点时，内心确实颇有成就感，我甚至在结语中略带轻狂地"讽刺"了一下这些观点，也算是一种年轻人特有的表达方式。

Q3：您于1995年在北京大学硕士毕业后便留校任教，那是从什么时候开始正式讲授课程的？在2005年前往耶鲁大学法学院深造之前的十年间，作为一位青年教师，您主要讲授哪些课程？在教学理念、教材选择与课堂设计方面，您当时有哪些思考或探索？

我从1995年7月留校任教，1996年春季学期正式开始上课，担任95级本科生"民法概论"课程。我当时也是这个年级的班主任。因为对当时的国内教材都不太满意，我没有选用特定教材，而是自编了一本资料集，内容包括《民法通则》、主要司法解释，以及我国台湾地区的"民法典"。我以中国法律材料为主，同时以我国台湾地区的相关著作为理论参照，综合构建了一套教学体系。后来除了"民法概论"和"合同法"，我也教过几次"外国民商法"，在2002年前后，还教过一段时间的"票据法"。

当时的教学主要采用讲授方式。在法学方法上，我当时采用的是一种典型的、狭义教义学思路，并试图在问题意识和知识呈现上全面学习王泽鉴先生。王泽鉴先生对判例的研究、对现实问题的关注也影响了我。我希望通过教学，帮助学生建立起扎实而系统的概念和理论基础。这种知识取向并非忽视问题意识或研究能力，而是强调基本概念和理论的稳定性与普遍性，这需要学生全面掌握。回想起来，我当时对能力培养的关注或许不够直接，更多专注于清晰传授一套理论体系。当然，为帮助学生理解，我也会举出大量的例子。

当年，我和几位研究生一起，有一个宏大的设想——对国内的案例进行系统整理。彼时，公报案例逐渐增加，人民法院出版社已经出版了很多册的《人民法院案例选》，非常有影响。对于这些案例，以及其他有一定影响的案例，我希望进一步梳理每个案例的案情与裁判要旨。其中，对案情要进行高度概括，裁判"要旨"不仅是判决书中明示的理由，更要尝试探究法院作出该判决的深层理由,把判决理由背后的道理讲清楚。因为,法院常常不能充分阐述理由,有时甚至连应援引的法律条文都未列明。所以,如果要把这些案例真正作为判例使用,就必须做进一步加工——法院没有讲清楚的裁判理由,我们来讲清楚(不是讲自己的观点,而是可以被“读”出来的法院观点);法院遗漏的作为裁判依据的法律条文,我们来补足。我们设想,这样整理出的作品应该会很受欢迎,销量也会很不错。但可惜的是,该计划最终仅推进了约1%,便被搁置了,因为工作量太大,我自己的执行力太有限。现在来看,我依然觉得当初的设想非常周全。

Q4:您在2005年前往耶鲁大学攻读LLM学位。在那一年的学习过程中,是否有特别令您印象深刻的课程、老师或校园氛围?能否与我们分享一些您在耶鲁的求学经历?

2000年到2001年,我在牛津大学交流了一年,一边写博士论文,一边也体验了那里的教学。虽然有不少收获,但坦率地说,并没有带来太大触动。2005年,我到耶鲁大学法学院读LLM学位。耶鲁的学生无论学术能力还是综合素质,都远超我的想象。我曾在图书馆看到学生飞快地翻阅资料,也见过几位JD一年级学生参加中国法问题的讨论。尽管准备时间有限,他们却能迅速把握要点,准确提炼内容并提出富有深度的问题。他们在阅读、理解与表达方面的能力让我深感震撼。

尽管我的英语水平一般,但那一年课程成绩还不错。合同法(Carol Rose教授主讲)、物权法(Henry Smith教授主讲)和侵权法(Guido Calabresi教授主讲),这三门课程我均获得了Honor的成绩(耶鲁大学的成绩分为Honor、Pass和Low Pass三等)。我能较好地适应耶鲁的学习节奏,一方面得益于扎实的大陆法基础,另一方面也因为法律思维的共通性。这段学习经历,让我更深地体会到两大法系在基本思维逻辑上的一致性。不过,对我来说,最大的收获仍来自课堂教学方式——每门课都在训练如何阅读案例,如何通过提问引导讨论。

Q5:您从2006年开始,对本科民法基础课程的教学方法进行了改革。摒弃了纯讲授式的教学,引导学生通过判例和论著的阅读、案例作业、课堂讨论以及开卷的案例分析试题等方式,形成对法律问题、法学概念与理论的综合、深入和批判性的理解。您能向我们简单介绍一下这类以案例为中心、以讨论为主要方式的基础课程是如何开展的吗?这种教学模式是否受到您在耶鲁的学习经历影响?

在耶鲁读书期间,学生的阅读能力、问题概括能力,以及把握案例中法律要点的能力给我留下了深刻印象。阅读能力和表达能力,对法律人而言尤为重要。其中阅读能力最直接地体现在对法律材料的处理上。比如阅读判决时，我们关注的主要不是案件事实中的悲欢离合，而是法院的裁判理由。这要求法律人具备识别重点的敏感性，既包括知识层面的判断——例如判断某一裁判是否延续既有观点或提出新的解释路径，也包括对现实问题和价值判断问题的洞察力。

2005年回国后，我开始尝试将这种能力导向的培养方式引入本科基础课教学，不再单纯沿用传统的讲授式方法。我会精心挑选真实案例、教材、论文等阅读材料，要求学生课前阅读。在课堂上，我不再像过去那样系统讲授，而是基于假设学生已经阅读并理解材料的前提下，通过提问检查他们的准备情况，引导他们深入讨论相关问题，锻炼他们的表达能力。这样，课堂也随之转变为一种更具深化性、互动性和参与性的教学模式。课后，我还会布置一定的作业，使学生能将所学的理论和法条应用到新的案件中。能力的培养是一个循序渐进的过程。我的教学目标是综合性的，我希望通过持续的训练，帮助学生更牢固地理解知识、深化对其中问题的理解，并能在未来灵活应对不同情境中的实际应用。

Q6：您在基础课中所使用的真实案例主要来源于哪里？在挑选这些案例时，您有哪些标准或考虑？为什么选择以真实案例作为教学材料？这种围绕真实案例展开讨论的教学方式有哪些优势？又存在哪些局限性呢？

案例大多选自北大法宝。在选取案例时，我的目标并不是呈现教材中相应章节的基本法律知识点，不是那些最典型、最易理解、能直接套用规则得出明确结论的案例，而是那些在法律解释上存在困难、值得反复推敲的个案。这类案例往往处于法律解释的模糊地带——即便规则在教材中写得再清楚，具体适用时也可能无法直接套用，或者即便适用，所得出的结论依然令人存疑。这些案例的价值便在于启发学生的问题意识，引导学生深入思考。

这种思考主要体现在两个方面：一是在规范解释层面，需要对规范的建构进行更深入甚至带有批判性的理解；二是在事实问题层面，即司法三段论的"小前提"的构造。有些案件的事实结构本就复杂，在法律规范的涵摄过程中，可能存在困难。对这些事实进行精准的归纳与判断，本身就是法律思维训练中非常关键的一环，需要长期、细致的锻炼。

使用真实案例，可以让学生基于一种与现实生活高度关联的问题意识去学习法律，而不是背诵抽象概念。只有在面对疑难问题时，学生才会真正产生解决问题的兴趣，知识才能与自身的生活经验、价值判断高度结合。实际上，每个真实的案件都是一个窗口，让我们得以窥见生活世界的丰富多彩。阅读一个案例，不仅是为了理解一个知识点，更是为了通过这个窗口，理解当事人的处境、行为逻辑、诉讼策略以及法律救济的现实局限。通过逐案积累，学生能够逐步建立起对法律世界与生活世界更深入、立体的认知。

当然,在课堂中结合真实案例开展讨论确实存在一定挑战。这类讨论往往需要学生调动自身的生活经验,而本科生通常在这方面相对有限。要引导他们将日常思维逐步转化为法律思维,其实并不容易。

Q7:您认为,相较于大陆法系,普通法体系是否更适合以判例为基础材料,通过"苏格拉底式"的提问展开教学?在大陆法体系中,尤其是在民法这样结构精密、概念密集的部门法中,这种围绕案例不断追问、引导学生思考的教学方法是否同样适用?

我认为,两大法系之间并不存在必然的冲突,但确实在取向上存在差异。以大陆法系的民法体系为例,其知识结构精细、体系庞大,需要掌握大量概念及其相互关系,才能有效地运用这些概念分析案件,因此在概念理解上的负担较重。相比之下,英美法体系,尤其是在合同法、财产法等基础领域的教学方式,更为"亲民"。每个案件涉及的概念较少,且与日常经验联系紧密,体系结构较为简洁,现实感更强。对初学者而言,这种模式更易于理解,对法学知识的要求较低,推理和分析的概念负担也相对较轻。这并不是说这种体系下的问题一定更容易处理,而是由于其理论化程度较低、入门门槛较低,使学习者更容易直接进入问题本身。

Q8:从2012年起,您开设了"民法案例研习"课程,以小班讨论为主,每1至2周布置一次案例练习作业。通过反复练习"请求权基础方法",训练学生的民法思维框架,培养学生检索法律、判例、学说以及进行严谨法律解释和作出价值判断的能力。这门课程不仅深受学生的喜爱,也为兄弟院校开设同类课程提供了重要的启发和引领。您当时为什么想要开设案例研习类课程呢?

我没有在德国学习过,当时主要是通过阅读材料和请教在德国留过学的同事了解相关情况。德国的法学教学体系非常重视案例研习,通常以小班形式进行,由博士生、在职律师甚至法官授课,而非教授亲自承担。这类课程大致分为两类:一类是初阶的案例研习课,主要配套大课(讲授课)而开设,如第一学年学民法总论时的案例研习课,内容较简单,对应大课的知识点;另一类是高阶的案例研习课,在高年级开设,此时学生已经学完民法、刑法、诉讼法等基础课程,以开展更综合、复杂、深入的案例分析。

这对我触动很大,我在民法课上布置的作业多是围绕知识点的练习,类似德国的初阶案例研习。但存在两方面的问题:一是作业的布置频率太低;二是学生人数较多,教师难以提供个性化的细致辅导。整体来看,民法课程的课后作业只能算是德国初阶练习的简化版,更系统、综合性的训练则明显不足。案例研习在某种程度上就如同数学课程中的习题课。学习数学离不开大量练习,并需要教师的引导与讲解。我们也需要一门类似“习题课”的案例研习课程,作为教学体系的重要组成部分。我当时正是基于这一想法,提出应将此类课程引入课堂教学之中。

2012 年,我和许德峰老师一起,首次开设民法案例研习课。课程使用王泽鉴老师的《法律思维与民法实例》(后来该书改名为《民法思维》)。书中对“请求权基础”的分析方法做了概括性介绍,并附有若干案例。我们在其方法论启发下,尝试转化为更适用于中国法语境的问题处理方式。课程的案例设计、作业内容和流程都是我自己搭建的。一开始这门课分两个学期开设,分别是“民法案例研习(一)”和“民法案例研习(二)”,侧重点略有不同。后来觉得工作量太大,就合并成了一门课。

案例研习课在方法论上并不具有强烈的普通法色彩,反而更多受到德国的影响,许多思想灵感直接来自德国。然而,这类课程也容易使学生陷入僵化的形式主义思维,而这种倾向本身正是大陆法传统的一种常见现象。这一弊端背后有多重原因。一方面,在处理案例时,我们往往习惯于寻找现成的法律依据,而忽视激发理论想象力与创造力。虽然查找依据本身是必要的,但许多人在找到之后便过度依赖,不再进行批判性思考,也难以提出新的见解。另一方面,这种依赖常常伴随着思维惰性,缺乏将自己视为能动裁判者的意识,对权威结论也缺少应有的反思与质疑。这种倾向具有一定风险,目前我也尚未找到特别有效的应对方式,只能通过课程设计,尽可能对学生加以引导。

Q9:在大陆法体系下,人们常担心法律条文和司法解释会对问题的讨论形成“封闭效应”,似乎一旦规则确立,其他可能性的探索就变得不再必要或可能。您是否认为大陆法真的会限制我们对问题的重新思考?特别是在民商法领域,这种限制是否被过度夸大?

实际上,我们需要具备这样一种意识:几乎每个问题都可以被重新思考,至少从学习者的角度来看,没有哪个问题是不能重新审视的。比如,有人违约欠你钱不还,你很郁闷,除了要求还钱,还希望对方赔礼道歉。从常识来看,欠钱不还又态度恶劣,确实让人不舒服。那么,法律上能否判其赔礼道歉呢?对此,法律通常给出一个形式性的回应:违约责任中不包含赔礼道歉。然而,我们可以再深入想一步:为什么不能赔礼道歉?这就需要我们从实质层面对问题进行分析。我们发现,民法中其实蕴含着这样一种价值判断:它试图减少人际关系对财产关系的干扰,把这类情绪性的问题通常留给生活和道德层面去处理。至此,问题似乎已有结论,但这一结论并非单纯源自法条,而是融入了更多实质性的判断。

再比如,我在阅读茨威格特(Zweigert)与克茨(Kötz)的《比较法总论》时,看到一个德国案例:“二战”期间币值不稳,一人将金表送去修理,结果钟表匠却将其弄丢。双方之间显然存在合同关系,但应如何赔偿？由于币值波动,如果判决金钱赔偿,赔偿金在执行时可能已不足以买到同等的金表。最终,法院判令钟表匠赔偿一块有同等价值的表。如果仅从法条出发,很难直接得出这一结论。问题的关键不在于法条本身,而在于原告的主张——他要求归还一块同样的表,而非单纯金钱赔偿。而被告可能认为,法律只规定以金钱赔偿损失,币值不稳也与我无关。但此时,我们就应进一步思考:既有规则是否容许其他解决路径？事实上,法典并未排除这种可能。在分析时,我们可以这样理解:通常之所以采用金钱赔偿,是因为金钱被视为一般等价物;但在极端情境下,如通货膨胀严重时,金钱的一般等价物功能可能失效,人们反而更倾向于以物易物。此时,金钱赔偿这一制度前提已不再稳固。因此,我们应始终保持问题意识,对规则及其适用前提进行持续反思与重新检视。

Q10:您学习法律这么多年,同时在法律研究与教学方面也有着丰富的经验。能否请您结合自身经历,谈一谈您对法律学习的一些体会与感悟?

学习永远在路上。我始终觉得,法律人要把自己所学的知识慢慢编织成一个有机的体系。这个体系不仅仅是记住概念之间的联系。当一个案例摆在面前时,你脑中关于总则、侵权、物权及其他法律分支的知识,不应是割裂的,而应能在需要时相互呼应,形成有机联系。这种有机联系不仅体现在法律概念和理论层面,也体现在价值判断层面,必须保持对“价值判断”的敏感。这种“敏感”并不仅是出于直觉或本能的道德反应,而是建立在对整个法律体系深入理解基础上的判断力,它能帮助你思考案件可能的处理方式、可行的解决方案,以及这些选择对各方当事人利益关系所可能造成的多重影响。你需要意识到这些影响,并据此作出审慎的判断。

另一个体会,可以引用歌德的一句名言:“理论是灰色的,生命之树长青。”所谓“理论”,本质上都是抽象的——法律理论、哲学理论都是如此。而抽象的理论如果无法与你的经验、观察、想象建立联系,它就是“死”的。理论只有真正与你自身独有的经验、人生阅历、思考结合,才会“活”在你身上,成为属于你的版本。学习法律必须联系社会生活。法律概念本质上是抽象的,哪怕是最基本的理解,也需要借助生活经验来支撑。就像“山”这个词,如果一个人从未在现实中、影视作品或照片中见过山,那“山”对他而言几乎没有具体意义。即便能背出“地面上由土石构成的隆起部分”这一定义,也难以理解“山”的实际含义,更无法想象“爬山”的含义以及相应的景象与感受。我们对每一个抽象概念的理解,都有赖于生活中具体例子的支持。例子越丰富、越具代表性,理解就越深入。这种丰富性不仅体现在数量上,更在于能否覆盖该概念的边缘情形。对这些边界的敏感程度，恰恰反映了我们对概念掌握的深度。

法律的侧面非常多，学得越久，越能感受到它的庞杂与精深。学习法律不可避免地像"盲人摸象"，每个学习者都是"盲人"，区别只在于摸得多还是少，是否能将昨天摸到的与今天摸到的连贯起来。几乎没有人能通过个别事例彻底理解法律的全貌。更现实的方式，是不断积累"摸象"的经验，并努力保留对过往触感的记忆。每天的"摸象"都是一次新的开始，而我们能做的，就是将每天触及的"大象"的不同部分串联起来，逐步拼出一个也许更完整、但终究无法完全完整的图像。

所以，越学习法律，我越有一种战战兢兢的感觉。法律所蕴含的学问和洞察，恰恰在于它是"活"的。这种"活"意味着它对未来始终开放，能对社会生活及各种刺激因素作出有机反应，因此总处于变化之中。但"变化"并不意味着无规律，也不代表它始终处于剧烈波动之中。正如一个生物体，它通常在保持基本稳定的基础上，缓慢地演化。当我们以这种方式去理解法律时，也许就会慢慢失去原本从某种理论出发所带来的确定感与掌控感。我越学越觉得，这种"掌控"的感觉其实靠不住。法律的魅力，既体现在它始终在与现实对话，试图在不断变化的社会中找到最妥当的回应方式，也体现在它自身体系的智性魅力上，包括概念的精巧、技术的精准。当然，这些也只是我目前"盲人摸象"的一部分，只反映了法律的某个面向，我自己离真正成熟的理解还有距离，所以也一直在持续学习。

Q11：从教学的角度，尤其是在讲授民法时，您觉得最具挑战的部分是什么？结合您目前的教学经验，是否有特别有成效的方法，或者令您印象深刻、收获较多的教学心得可以与我们分享？

学生从法律"门外"走进"门内"，是一个漫长而艰难的过程。以我教授大一学生的民法总论为例，对我来说，最难的部分是让学生理解法律思维与日常思维之间的区别。很多法律问题，普通人凭日常经验就能大致判断。比如故意杀人，即使没学刑法，也知道应判得很重，甚至判死刑，因为"杀人偿命"是常识性的观念。又如，买书发现缺页，联系商家换书，快递取走旧书，几天后新书寄到——面对新书缺页的情况，你是否有权要求换书？如果快递拿走了旧书，而商家迟迟不发新书，你能否起诉要求商家发货？这些问题，即使未学过法律，往往也能在常识层面做出初步判断。

那么，什么是法律思维？简单说，就是通过适用法律规范来回答问题。这就好比你原本习惯用双脚走路，突然有人告诉你：不行，你必须踩着高跷走。可对你来说，用双脚走路是一种难以抑制的本能。面对一个案例，你本能地会以生活经验去分析和判断。而在初学阶段，用法律这套"笨拙"的工具去处理原本可以凭直觉理解的事情，往往令人感到别扭和不适。以书籍缺页要求换货为例，看似简单，实则涉及合同的成立、生效、义务履行、债的特定化等多个概念。这让人不禁疑惑：这么简单的问题，法律人为何要处理得如此烦琐？

再比如，“善意取得”是什么意思？甲把东西借给乙，乙却偷偷卖给了丙，收了钱、交了货，那么这件东西到底归谁所有？普通人可能会凭直觉判断——有人认为仍归甲所有，也有人觉得已经属于丙了。这种判断往往基于一种公平感，即从道德角度分析当事人的行为。但在法律上，这类问题涉及多个条文和复杂概念，如“合理的价格”“是否完成交付”等，这些概念本身就难以理解，适用时也常有不确定性。而你必须在理解这些概念的基础上，经历多个法律推理步骤，层层适用不同规则，才能得出结论。这正是从日常思维过渡到法律思维过程中，在技术层面上最难跨越的障碍。

关于生活经验与价值判断的问题。我们之所以觉得法律抽象，是因为它源于千百年来无数社会生活场景的积累，在持续的生活实践、司法过程、学术研究中被不断理解、塑造并表达出来。法律所涵盖的社会生活极其复杂，而我们自身的生活经验却相对有限。对大学生，甚至研究生而言，由于缺乏真正的社会历练，面对现实中的利益分配、风险识别与转移等情境，确实很难把握其中的复杂性。因此，在教学中，我们必须尽量选取贴近学生生活、便于理解的事实作为切入点。但即便如此，由于缺乏足够的生活经验，他们仍然常常难以真正理解交易的过程、逻辑、利益格局等。

生活经验的缺乏是一方面，但我认为更难的是价值判断。去年我讲课时提到两个案例，其中一个是这样的：一个海滨旅游城市的大排档卖海鲜，菜单上写着“海捕大虾28元”。顾客点了一份，结账时却被告知价格是560元。顾客很惊讶，老板则指着菜单最下方的一行小字：“以上海鲜按只计价”，这一份有20只，就是560元。老板说我标得很清楚，是顾客自己没看清。这个案子该怎么判断？从生活经验出发，你可能先想，隔壁摊一盘虾多少钱？这家虾是不是有什么特别之处，所以才这么贵？但案情没有显示有特殊之处。那顾客有没有权利主张什么？是否必须按560元付款？有学生回答说：“应该照菜单算账，560元没错。”他的分析到此结束。这反映出，他缺乏基本的问题意识。你想想看，如果你是顾客，店家突然说要560元，只因你没看到那行小字，你会立刻说：“哦，是我没注意”，赶紧扫码付款？恐怕不会。

还有一个例子：有人去餐厅吃饭，问服务员Wi－Fi密码。服务员说：“密码是‘L什么什么的’。”顾客说，这太难记了。营业员说：“有个简单记法，只要这样念就行：‘来一瓶82年拉菲’，密码就是这句话的首字母，‘LYP82NLF’。”顾客一边输密码，一边说“来一瓶82年拉菲”。话刚说完，“嘭”的一声，服务员递过来一瓶酒，说："您要的82年拉菲在这儿，56000元一瓶，明码实价，菜单上写得清清楚楚。"顾客连忙解释："我只是想输个密码！"服务员则指着监控说："这是您自己说的，我们有监控记录。我只是按您说的上酒水。"课堂上，我的问题是：顾客是不是该为这瓶酒付56000元？有个学生说"应该"，因为顾客的确说了这句话。我一时无言。

这两个例子表明，有的学生缺乏问题意识，难以深入思考问题。其中一个表现是，学生并不认为法律与公平、法律与道德有必然联系。觉得法律就是冷冰冰的。法律也许公平，也许不公平，但法律就是法律。

在这种观念主导下，对法律的理解容易演变成一种形式化的推理：你说了"来一瓶82年拉菲"，就等于你同意按价目表买酒。到了这一步，公平与否便被排除在讨论之外，法律成了一种脱离具体情境的形式判断。但实际上，这种推理背后往往蕴含了许多未经梳理的法律观念，而得出这种结论的人，自己也未必真正意识到。

所以，在教学过程中，引导学生建立对日常生活中公平观念的敏感性，培养基本的常识判断（common sense）和健全的价值直觉，其实并不容易。这往往依赖一定的生活经验，而这在课堂上很难短时间培养。我们只能通过一些范例引导学生意识到自身的观念，指出其中的问题，并逐步引入法律规范。

另外，初学者往往预设法律是一套清晰、可操作的技术工具。因此，面对法律本身的不确定性以及解释路径的多种可能性时，他们往往难以适应这种开放性，因为这与他们原有的想象相去甚远。而我们的任务，是帮助他们逐步建立对法律的全新理解——理解价值判断与生活经验如何融入法律思维，理解如何在保持规范开放性的同时，遵循法律共同体认可的方法与资料权威，从而在大多数案件中于规范层面达成共识。这需要长期练习，而这个过程既不轻松，也并非线性，更多时候是在某些节点上，通过顿悟或跳跃实现突破。

Q12：您在2014年发表了《法学教育的理想》一文，系统分析了中国法学教育的现实困境、深层成因与改革路径。从教学内容、课程设置、教学方法到师资建设，您全面剖析了当时法学教育中存在的问题，并提出应以"培养法官能力"为核心目标，强化法律解释与适用能力的训练，推动课程体系朝着实务能力与法治理念并重的方向转型。当时您是出于怎样的考虑撰写这篇文章的？现在回过头来看，您如何看待这篇文章所提出的观点和建议？

这些想法都源于教学中的长期观察与积累。促使我深入思考的因素主要有两个。其一，我2006年为05级学生开设"债权法"课程，从这次课开始，我对民法基础课程的教学方式进行了全面改革。随着教学积累的加深，我逐渐形成了一些体会与反思。另外，我和许德峰老师从2012年春季开始，开设"民法案例研习”，也积累了一些经验和思考。另一个促使我反思的触动来自何美欢老师。那时她刚离世不久，她的著作和教学实践对我影响很大。

我对法学教育进行了较为系统的思考，对整个课程体系也有了较为清晰的设想。法学本科教育既是一种专业教育，又肩负通识教育的任务。如何在大学阶段平衡二者并合理安排时间，是一个不小的挑战。通识教育是一个普遍议题，但法学生的通识教育又有其特殊性，对此我也作了专门考虑。在整个课程体系的设计上，例如法学基础课应占多少学分、案例研习课应如何定位与设置等，我都进行了一些思考，因此设计出一套相对完整的教学计划。

不过，我现在的想法稍微有了一些变化。比如，我现在觉得，在基础课程的学分量、知识量的要求上，可以稍有降低。在这篇文章中，我建议为民法、刑法、行政法等部门法基础课程安排相当多的学分，仅民法系列课程及其案例研习课，就超过 20 学分，占比很大。现在看来，可以少一些。大陆法系，特别是德国式的法律知识体系，概念密集、体系性强，学习时必须整体把握。你学的是一整套复杂的机器，只有理解各个零部件及其关系，整套系统才能运作良好。一旦掌握，它就是一套威力强大的工具；掌握不好，就容易捉襟见肘。这种体系性也是我国民法、刑法的特点，但是它是否需要在教学过程中始终占据核心地位，以及学生应掌握到何种程度，我现在有了不同的看法。我认为，只要掌握核心概念，具备基本问题意识和法律思维，也就足够了。在此基础上，学生可以根据个人兴趣和发展方向，自主选择更进阶也更契合自身兴趣的课程。

我在这篇文章中设想的总学分，比现行教学计划高出不少，这意味着需要对整体教学体系作出较大调整。但现在看来，学分总量未必需要明显增加，更需要在各门课程的内容上进行优化。当时的思路是量与质同步提升，如今则认为“质”的改进更加重要。基础课程的结构应进一步优化，而在现有学分框架下推进，更具可行性。关键在于每门课程都要在“内功”上下功夫，真正落实新的教学理念、教材与方法——而这并不容易。

Q13：在您此前对法学教育的设想基础上，您认为现阶段还有哪些方面值得进一步改进？在本科阶段的课程设置上，您目前是否有一些新的思考或设想？

你说的“改进”，我觉得可以从两个方面理解：一是教学方法的改进，二是是否能够形成一些相对成熟的书面成果——也就是说，有些内容能被沉淀下来，供他人学习或参考。理想状态当然是能够实现后者，但目前来看，我们在第一步上还有不少工作要做。

我对本科课程体系的安排还没有完全想好。目前普遍的做法是将“民法总论”、“物权法”和“债权法”作为基础必修课，但我认为这一顺序及其学分比例都值得重新考虑。以北大法学院为例，本科阶段“民法总论”为 3 学分、“物权法”为 2 学分、“债权法”为 4 学分。我觉得这种分配不够合理，但由于沿用已久，一直没有调整。

我越来越倾向于认为，把民法总论作为学生接触民法的第一门课程，可能不太合适。相较之下，我倾向于把“侵权法”作为入门课，再依次进入“合同法”（其中包括民事法律行为、代理）和“物权法”的课程。侵权法尤其适合大一学生入门，它与刑法类似，结构清晰、技术性不太强，又与生活经验和道德判断紧密相关。当然，这样的调整不仅取决于我个人的判断，还涉及整个教学体系的协调，需要与其他老师共同推进。

Q14：您在《法学教育的理想》一文中曾提到，法科学生在大学毕业的时候，对于民法的基础概念已经遗忘大半，能够说得出大意的法条不超过 5 条，更谈不上体系性的深入理解。记得住的一点知识，也基本流于空泛，或者耽于望文生义。学生基本不懂得如何发现法律问题，更谈不上妥当地解决问题。您觉得，近些年来这样的状况是否已有所改善？在教学实践中，您是否观察到一些积极的变化？

整体来看，现在同学们对法条、教义学理论的掌握，无论广度还是深度，相比十年前都有显著提升，这反映了整个法学教育的进步。随着法教义学方法的普及，年轻一代学生更主动、更系统地学习实证法，也愿意研究一些较为复杂的民法理论。这种学习风气不仅出现在北京大学法学院，全国各大法学院都普遍存在。

但是，在某种程度上也呈现出一种过度形式化的倾向。以民法中的“请求权基础方法”为例，很多学生掌握得非常熟练，甚至有些“过度”。所谓过度，是指大家太依赖模板，记得过于死板，以至于考试时几乎原封不动地复刻模板，而我们并不期待这种“复刻”。案例研习课每周都有作业，写作要求相对固定，学生因此习惯于按照模板答题。然而考试毕竟不同于课后作业，在 2 小时内完成案例分析时，我们更希望看到重点突出、逻辑清晰的表达，而不是拘泥格式、面面俱到。“面面俱到”往往是以牺牲重点为代价的。若将太多时间花在格式和“固定动作”上，对问题本身的实质分析反而会被削弱。

我们原本期望学生不仅能够夯实基础知识，同时具备敏锐的问题意识与开阔的学术视野，在此基础上形成开放的思维方式，并灵活运用法学方法加以分析与应对。但在我的观察中，尽管现在的学生在法条、理论的掌握上有了明显进步，但在视野的拓展、方法的灵活性以及思考的开放性方面，似乎还没有实现完全同步的发展。不过，我觉得这种不同步的现象不能简单理解为学生不够努力。一方面，这本身就是一个颇具挑战性的过程；另一方面，现有的学习材料和资源,确实还难以充分支撑学生在智识层面实现这种更全面的发展。

Q15:您曾经提及,教学"永远在路上",教学与学术研究有很大的区别,教学更关注具体的学生,而非抽象的知识和学术问题。因此,您在教学中始终以学生为中心,启发学生的问题意识,引导学生自己去学习、思考。从您长期的教学实践和理论反思来看,您如何理解法学教育的核心理念?在回应法律实践需求的同时,法学教育应如何回到"人的成长"这一出发点,重新思考其在价值塑造与理念引导中的角色?

法学教育具有非常悠久的历史,从意大利博洛尼亚大学算起,已经将近一千年。随着法学研究和大学教育的发展,法学教育如何回应实践需求又如何反过来被实践推动,正是塑造当下教育格局的重要线索。我特别想提的一点是,我们的法学教育,与教育学的结合(尤其是与教育心理学、学习心理学的结合),其实还远远不够。教育学虽然比法学年轻,但就我自己的一些粗浅阅读来看,近百年来一些重要的教育理论发展,特别是在以杜威为代表的教育理论中,对教育本质和学习过程的理解,其实可以为法学教育的思路提供很深刻的启发。

比如,杜威提出"教育即生活,教育即生长,教育即经验的改造",他认为,虽然学习内容来自过去,但教育的根本目的是帮助人们面向未来、不断发展。关于对学习过程的理解,后来心理学发展出了被当今教育学称为"建构主义"的理论,强调学习不是被动接受信息,而是学习者主动建构知识的过程。知识"成为你的",不是因为你听得多、背得熟,而是因为你在心理上主动加工、内化了它。这个建构过程以学习者已有的知识、经验和价值观为基础,具有很强的个体性。正因如此,教学应以学习者已有的知识、经验为起点,由教师引导学生将新知识融入其中。这个过程的核心是"以学生为中心",但并不意味着教师不重要,反而要求教师具备更高的敏感度和理解力——你必须真正了解学生的起点、理解学生的困惑,从他们已有的经验出发,引导他们达到更深入的理解。这时候,重点就不在于你讲得有多清楚,而在于你能不能为学生搭建一座"桥",把学生们带过"桥"。

这样的教学其实非常依赖共情与理解,也需要时间打磨。我认为,这正是很多教学改革虽然倡议不断,却难以真正落地的原因之一——它对教师提出了很高要求,也离不开制度层面的支持。比如班级是否稳定、能否与学生长期接触、课程时间是否充足、是否留有成长空间,这些都会直接影响以学生为中心的教学方法能否真正实施。

所以我认为,讨论法学教育改革当然涉及课程设置、教学方法、制度安排等多个层面,但更根本的问题是:我们到底希望学生成长为什么样的人?如果我们能更深入地理解学生的成长，把法学教育看作帮助他们建立自我认知、职业意识、社会责任甚至法律情感与信仰的过程，教学才可能真正发生改变。它不仅关乎知识的传授，更关乎价值的塑造，是学生成为法律人、社会人的成长之路。而学生实现这样的成长需要时间，不可能一蹴而就。我们无法指望学生通过一门课、几个学期就迅速变得“成熟”“深刻”，但可以在他们的成长过程中留下关键的引导与支持。这也正是我们作为教师、作为法律教育者最大的价值所在。

法学教育的改革，本质上是价值层面、理念层面的问题。我们需要重新思考：教育到底意味着什么？法律又意味着什么？我们希望学生成为怎样的法律人，他们将如何理解社会现实和法律制度，以及走近每一个真实的人和具体的问题？只有意识到这些问题，改革才会找到方向。所以我认为，法学教育的改革必须是一个慢而深的过程，需要持续反思、不断实践，也需要在具体教学中一点点探索。只要方向正确，即使每一步都很小，走着走着，我们终究能走到那个更好的法学教育未来。

Q16：您的论文集题为《过渡时代的民法问题研究》，这个名称给我留下了很深的印象。阅读时我就在想，为什么会用“过渡时代”来界定这一时期？这是否意味着，在您看来，民法的问题往往发生在一种过渡状态的后期？也想请您谈谈，当初为何以这个概念作为论文集的题目，背后有没有您特别想强调的背景或思考呢？

“过渡时代”指的是中国法学处于一个尚不成熟的发展阶段。相较于那些已高度成熟的法律体系，我们的法学仍显稚嫩，正处在从零向成熟迈进的过程中，大致还在 0 到 60 分之间，尚未“及格”，但确实在不断努力。我在论文集中提到，我们目前所讨论的问题，其实很多都是非常初级的，有些甚至是西方早在一百多年前就已深入讨论过的课题，而我们在探讨这些问题时，在水准和深度上仍然有限。

我也曾在文中指出，这种状态和一个机构或事业的初创期很相似：缺乏成熟模式，充满探索、试错，甚至常有不规范的操作。但正因如此，它充满机会与激情，甚至失败本身也充满意义，因为失败意味着空间、意味着可以再尝试。而成熟往往伴随着形式化、教条化，逐渐趋于僵化和平淡，开始进入审美疲劳的阶段。

应该说，在事业发展的初期阶段，人们的努力留下的痕迹更激动人心。在这个意义上，我倒是倾向于认为过渡时代是一个好的时代。过渡时期蕴含了很多的机会和可能性。没有哪个时代是完美的，我宁愿生活在一个过渡的时代。

Q17:葛老师在与同学们的交流中,常常谈到法律与法学学习的意义。从您的教学和观察来看,法学教育相比其他学科,最大的独特性和价值体现在哪里?它又是如何通过独特的课程设置和思维训练,帮助学生理解社会、理解人,从而成长为更健全、更理性的人?

我认为,从思维训练的强度到知识的广度与深度,法学可能是最有助于培养健全的人格、批判性思维的一个学科。比如,学习刑法中正当防卫、紧急避险等概念时,会接触到一些极具思考价值的案例,比如在轮船失事时,为争夺木板而将他人踢入海中致死的案件,以及著名的"洞穴奇案"。虽然课堂时间有限,无法深入探讨每一个细节,但通过对典型案件的讨论,仍能帮助我们更深入地理解人类行为与道德判断的复杂性。我认为,在当今法律与社会科学快速发展的时代,法律人的深刻性恰恰体现在对不确定性与多元价值的敏感,因为我们并没有一个统一、简单的理论框架。每一条法律规范都是从复杂的社会现实中凝练出来的,经过反复推敲与权衡,才最终以规范的形式固定下来。而这些规范背后,都包含着价值判断与利益取舍,这种取舍体现着不同主体间直接的利益冲突,规范未必都完全合理,但都与特定历史背景和社会习惯密切相关。学了法律,会更明白"什么是生活"。在法学院的课堂上,我们不断引导学生去探讨法律条文背后的道理、习惯与历史基础,这种持续的反思,本身就非常有价值。

对法律规范的理解,也有助于我们看清许多社会现象。比如,"事实"的认定并不容易,它需要依靠证据;但即使有证据,作出最终判断仍需一种介于理性与经验之间的"内心确信"。这种确信并非还原全部真相,而是基于经验法则与常识推理(有时也借助科学手段),得出一个可以被确信的结论。这种判断方式不仅适用于法律案件,也可以延伸至生活中的各种事务——从国家大事到日常琐事。它教会我们在信息有限的情况下,既要冷静权衡,也要果断判断,尽可能做出最合理的选择。从这个角度来看,我认为法律人在专业训练中所获得的能力,往往超过其他学科所能提供的训练。法学不仅通向一条专业道路,也是通识教育的一种重要形式,它能真正帮助我们成为更健全的人。

Q18:2025 年恰逢您从教 30 周年,30 年教学生涯一定积累了许多珍贵的体会和回忆。在这个特别的时间节点上,您有没有什么想对今天的法学院学生,或者未来将走上法律之路的同学们的寄语呢?

我刚才谈到日常思维时,确实认为法律思维对它有一定的替代性。但需要强调的是,我并不认为法律思维应该支配一切。在我们不断积累法律规范知识的同时,还要独立培养健全的常识和价值观。换句话说,你的内心要同时有两个“小人儿”：一个是专业的法律人，另一个是有健全常识和价值观的人。这两者之间是互动的关系，很多常识的形成确实和法律有关，法律提供了一些重要的素材和知识基础。但常识和价值观并不能完全依赖法律来决定，它们必须通过我们自己的独立思考来发展。

因此，法律思维和基于常识、价值观的思维需要经常展开健康的对话。内心的“法律人”在进行法律判断时，应该问问另一个“小人儿”：这个结论在道德上是否妥当？是否符合人们日常生活中的常识和正义观念？如果不一致，此时至少应当展开反思，探讨冲突产生的原因。同时，还要思考：那些看起来像“常识”的道理，是如何在法律中被表达出来的？这种表达背后也有它自身的专业逻辑和技术要求。所以我认为，在未来的学习和工作中，这两个“小人儿”始终应该齐头并进、相辅相成、彼此成就。这也是我对大家的期望：不要让其中一个“小人儿”压制另一个，而是让它们共同成长。

作者简介及代表性研究成果

葛云松，北京大学法学院教授、博士生导师。研究领域为民法总则、物权法、债权法、法学教育、法学方法论。主要讲授“民法总论”“物权法”“债权法”“民法案例研习”等基础课程，发表《法学教育的理想》等代表性教学改革研究论文。北京大学首届教学卓越奖(2018 年)获得者。曾作为主要参与者之一获得北京市高等教育教学成果一等奖、北京大学教学成果特等奖。

我的行政法案例教学

何海波*

《行政法案例研讨》是清华法学院本科生行政法课组之一，定位于法律技能课程。该课程旨在提供对行政法现实运作的多角度理解，培养学生解决行政法实践问题的兴趣和能力，帮助学生在未来尽快适应工作岗位。课程附带学习法律文书和法学论文的写作，帮助学生提升学术素养。

《行政法案例研讨》自 2015 年起开设，两年讲授一次，迄今开过 5 次，均由我一个人主讲。课程为 3 学分。选课学生主要为法学院二至三年级本科生，也有少量外系学生。课程在近年的教学评估中取得了比较理想的效果，也实现了教学相长。

一、课程设计的基本思路

案例教学的课程设计、教材使用与实践培训，应当符合国家培养法治人才的需要，符合法学专业课程体系的总体设置，实现老师与学生的互动、理论与实践的结合，从而形成更加完整的行政法课程模块。

(一)课程衔接与设计

在清华大学，除了大一本科生的必修课《行政法与行政诉讼法》，行政法本科生课组目前只有专业选修课《比较宪法与行政法》(近年停上)和《行政法案例研讨》。行政法研究生课组则开设了《行政法专题研究》《中国行政诉讼法》《外国行政法》《部门行政法》等课程，也供本科生选修。在行政法课程之外，我还面向法学院本科生开设了《法学论文写作》；面向不同学院、不同年级的学生开设了《法治》课程。选修《行政法案例研讨》的同学，基本都上过《行政法与行政诉讼法》，对行政法理论知识有所了解。

---

* 清华大学法学院教授、博士生导师。

《行政法案例研讨》不是以案例的方式重复行政法知识，更不是单纯为了应付法律资格考试或研究生考试所做的培训；而是运用既有知识、提升实践技能。首先，课程进一步巩固了学生已学的《行政法与行政诉讼法》等相关知识，夯实了专业基础。其次，课程引导学生去了解现实中的行政法运作与实践，观察案件发生的整个过程，体会每个社会角色所面对的不同法律关系。再次，教会学生掌握行政法案例分析的基本方法，使学生初步具备运用行政法案例展开研究的能力，使其能运用行政法的知识与原理分析、解决行政法实务问题。最后，通过行政法案例的研讨与文书写作，为学生未来撰写毕业论文或其他学术论文、通过法律资格考试和从事法律实务工作奠定基础。

（二）传统行政法教学的不足

1. 偏重理论知识与法律法规

传统的行政法教学侧重基础理论知识的传授，欠缺对学生实践能力的培养，导致理论知识与社会实践之间存在着相互脱节的现象。传统行政法教学以书本知识为教学重点，课堂偏重对法学理论、法律概念和法律条文的分析和解读，缺乏对现实问题的分析和解决方案的讲解；忽视了对学生法律实践操作能力的培养和法律职业技能的塑造，使学生难以把知识应用于实践。此外，侧重理论与法律法规的教学对于刚刚进入大学、法学基础薄弱的学生来说，无疑会使之感到枯燥乏味、兴趣不足。

针对法学学科应用性与理论性兼顾的特点，案例教学通过现实案例，让学生比较容易理解和掌握专业理论知识。这不仅有助于提高学生的思维能力和解决实际问题的能力，而且突破了法学教育以往偏重书面理论的教学方法，力求法学理论与法律实践的结合。

2. 学生被动接受知识

侧重书本知识讲解的传统行政法教学模式，导致了“老师单向传授、学生被动吸收”的局面。教师在针对基本理论及法律法规的讲解过程中，虽然可以通过提问等方式邀请学生参与其中，但作为认知主体的学生在整个教学过程中都始终处于被动地接受知识的位置，教学无法调动学生的主动性，难以让学生更加深入地进行思考。

与“老师单向传授、学生被动吸收”的传统教学模式不同，案例教学主张“教师主导，学生主体”的教学原则。教师更多的是引导学生自主思考问题并与之进行互动。一方面，教师组织学生进行课前准备和参与课上讨论，为学生提供展示自我和互动思考的平台；另一方面，课程模拟现实中的法律冲突，引导学生围绕案件争议点展开多视角的思考与论证，形成对焦点问题的论辩和思维的碰撞,激发学生的学习兴趣。

3. 实践课程内容有限

传统的法律实践课程主要从法官的视角思考如何适用法律并作出裁判来进行法律分析与教学。以法官为基点的思考视角,主要站在司法机关的立场上衡量行政行为的合法性,分析案件中争议双方的权利义务关系,解决案件事实如何确认、法律如何适用等问题。这种模式的局限性在于学生无法变换身份,难以用不同视角和身份来感受法律的运作与实践。此外,在已经开展实践性教学的高校里,案例教学、法律诊所、课外法律实践等教学活动还缺乏统一标准和周密设计,实践性教学的质量有待提高。以法院和律所实习为例,同学们大多只是接触相关的程序性内容,学生很难做到案件的全过程参与。实习更像"走过场、一张纸、敲个章",学生无法发现行政法实践中的"真问题"。

对比之下,案例教学通过不同法律主体的设定,学生根据要求模拟不同的身份角色,身临其境地感受案件发生的全过程,从而熟悉和了解不同法律角色所面对的法律关系。来自法官、律师、当事人、学者等不同视角的论证思路与方法,判决书、辩护词、上诉状、专家意见等不同类型法律文书的撰写,使学生在开拓视野的同时也可以掌握完整的行政法运行体系,从而多角度、全方位、不同层次地对案例进行分析。

(三)学生走向社会的需要

法学从根本上是一门实践的学科。法学本科教育的重点在于培养学生理论知识与社会实践的结合能力,学生发展的最终目的是要走向社会,成为国家发展需要的人才。在这种背景下,让学生了解与学习法律的现实运作与技能,就显得尤为重要。虽然法学院没有严格意义上的理工实验课,但法律实务与司法实践同样注重对于知识的现实运用。现有的法律实践教育,假定学生的就业去向主要是法官和律师,他们运用法律和法学理论的典型场景是法庭。但现实情况是很多学生的就业选择不仅是法院,也包括立法机关、行政执行机关、复议机关、政府的法制部门等。学生们可能直接参与行政决策;或从事行政决定的审核、规范性文件的审查起草;甚至有一些直接参与规范性文件的制定、参与国家立法。这些学生所做的工作与传统法律职业有很大区别,传统的法律教育能提供的帮助也比较有限。书本里往往只讲"如何正确适用法律",而不是"如何制定良好的法律"。因此《行政法案例研讨》要教给学生的不是现有的法律知识和法学理论,知识可能会过时,理论也会发生变化;要教给学生的是一种法律思维与技能,这种技能可以伴随学生一生。

《行政法案例研讨》课程主要面向本科二、三年级学生开设。这些刚刚进入大学一两年的本科生，对于社会中的法律实践与运行了解不多，有的从未跟政府或法院打过交道。以理论知识传授为主的教学模式，忽略了学生法律实践技能的培养。学生们常常是学了知识不知如何应用，即使是期末考试中成绩很好的学生，在面对法律实务问题时仍然一头雾水。案例教学的内容和立足点基于行政法相关的社会现象与法律现象，目标是让学生从课堂中学有所得，学以致用。其核心不是让学生死记硬背既成的行政法规范和原理，而是能够实现行政法理论与知识的实际运用，解决现实中真实存在的行政法问题。

二、教学内容与安排

（一）教学案例

案例教学首先要回答的问题是“何为案例”。

案例教学不是把学过的知识用案例的方式重复一遍，而重在培养学生的法律素养和实践技能；案例研讨的对象不是“张三李四”“洞穴奇案”等经过剪裁的或者虚拟的案例，种类也不限于司法案例或国内案例，而是涵盖了学生今后工作中所要面对的司法、执法、立法中的真实案例。

一方面，案例教学课程要求学生根据不同的角色定位，从助理、当事人、法官、学者、普通民众等不同视角分别撰写裁判摘要、上诉状、判决书、专家意见、判决预测、案例评析等；还要求学生完成行政决策分析、尝试立法草拟、申请政府信息公开等任务。具体的教学内容和要求，则根据课程需要动态调整。

案例教学的出发点是让学生基于不同身份、从不同视角来理解案例，并进行相关法律文书的撰写。从原告角度写上诉状，像原告一样去维权；从律师角度写辩护词，像律师一样去论辩；从法官角度写判决书，像法官一样去说理；从学者角度写法律评论，像学者一样去评说；从官员角度进行政治或司法决策，像官员一样做决策；从人民代表的角度来草拟法条，像立法者一样思考。

另一方面，案例教学以案例为基本立足点，案例类别既可以是法院判决的司法案例，如内幕交易处罚、违纪学生开除、博士学位撤销、冒名结婚登记等案例的司法判决；也可以是有关行政行为的行政案例，如信息公开申请、电动自行车整治、外地人口清退、雾霾治理等行政行为；还可以是与法律草拟、制定相关的立法案例，如《姓名登记管理办法》《课程成绩评定细则》《学位法（草案）》等法律法规。

案例范围从“行政法判例”到“行政法案例”，涵盖行政决策、行政立法、行政判决、行政执法等多方面。案例研讨的目的既可以是从规范的视角讨论法律适用,也可以是基于改革的视角提出立法对策,还可以是从经验的视角进行实证研究。案例数量既可以是某个案件,也可以是同种类别同种性质的类案,还可以是不同类别比较的众案。分析方式既可以是对一个案例抽丝剥茧的分析,也可以是对多个案例按照特定主题的论述,还可以是对众多案例的统计分析。

(二)模拟情境

《行政法案例研讨》选用案例的特色在于,模拟不同的法律职业和角色,做不同的事情。学生完成之后,会对不同角色要求和思维方式的差异深有感触。模拟情境总共有 10 个模块,根据学生的反馈和实时性案例,每学期选取 6 至 8 个模块进行讲授。

1. 当助手,写摘要

这是学生未来到法院和律所的第一课,也是《行政法案例研讨》的第一课。教师指导学生从律师助理的视角,进行裁判文书的阅读和文书摘要的写作。教师给学生提供 8000—10000 字的判决书,要求学生用不超过 1000 字的篇幅,提炼判决书要点,并用准确、直白、精炼的文字加以表达,撰写裁判摘要,符合作业格式要求。此模块多次使用的案例是最高人民法院审理的“贤成大厦诉深圳市招商局和工商局案”。此案不但案情复杂,而且影响巨大,有较好的示范作用。该模块假定的场景是学生到律所实习,带队律师关注到案件但没有时间细读,需要学生撰写裁判摘要,方便律师快速掌握案情。

在 1000 字的字数限制下,裁判摘要的撰写须非常精简。许多学生不知如何入手,因此会出现很多问题:有的学生将涉及的几家公司名称全部写上,没有区分案件主体和第三人,浪费了很多字数;有的学生照抄原裁判文书,将案件涉及的相关时间全部具体到年、月、日,没有区分重要时间与一般时间;有的学生只写了案件的实体争议内容,忽略了对程序性事项的关注,如“一审未参与审理的第三人二审是否可以加入诉讼”等问题。学会在撰写裁判摘要时如何识别重要信息和一般信息,去掉冗余信息,精简文字,做到简洁、流畅、准确的表达,这是学生在该模块学习中所需要掌握的。此训练对于学生之后的法律文书写作和论文写作都是有帮助的。

2. 做律师,写诉状

教师提供给学生全部的案件材料,要求学生撰写上诉状。以“郭某诉证监会案”“颜某明诉证监会案”为例,指导同学们从律师视角写上诉状或代理词,培养“三分道理说七分”的论辩能力。鼓励学生为他人提供力所能及的法律援助。上诉状的核心是理由阐明部分,而并非传统教学所注重的格式问题。该模块的重点在于训练学生短时间内从大量的案件材料中找到有效信息的技能，培养学生快速阅读和提取核心内容的能力。在授课教师的介绍下，课堂上曾有两位本科生代理了一个治安行政处罚的复议案件。尽管复议结果不理想，但这两位学生反映还是从实践中学到了很多书本上学不到的东西。自己亲历的事件，是学习法律的最好入口。

3. 做法官，写判决

以“于某茹诉北京大学案”“甘某诉暨南大学案”为例，要求每个小组合作查找北京大学撤销于某茹博士学位案的媒体报道，并以这些媒体报道为根据叙述案件事实。对案件事实的叙述应当注明资料来源，添加相应脚注，资料来源应当权威。在获取案件事实的基础上，每个小组成员自选裁判立场，并准备一份裁判文书的要点。课后每人从法官视角拟写一份判决书的理由说明，要求说理周详、清晰，文字精到。该模块重点仍关注理由说明部分，即原判决书中的“本院认为”部分。重写判决书的立场既可以跟原判决一致，也可以相反，关键在于讲出理由。一般的模块作业以两次为标准，但该模块却经常需要三次作业的训练。以“于某茹诉北京大学案”为例，大多学生都站在支持于某茹胜诉的角度来思考，却很少有人考虑北京大学的理由。第三次作业要求学生基于北京大学的立场进行判决，简称“判北京大学赢”。

4. 当专家，写意见

专家意见不仅在仲裁案件中经常被使用，在法庭上也时常出现。本模块以教师本人作为中国政府专家参与的“德国海乐公司诉中国案”为例，教授学生如何撰写专家意见。专家意见与法官的判决书，律师的代理词、辩论词相比，要求更加平和沉稳。律师在法庭辩论时，可以激情流露，但专家意见却要避免此现象出现。与学术论文不同，专家意见往往采取短段落的写作形式，字数太多不利于讨论和质证，因为在国际仲裁庭上专家意见是要接受交叉询问的。为了节约时间，对方律师可能会说专家意见第几段，而不是第几页、第几段、第几行。短段落的写作方式在法庭上很有帮助，有时一段仅仅是一句话，以便于交叉询问。专家意见采用的短段落的写作方式对写作的逻辑要求高，在伦理价值观上也要求中立。

5. 读案例，做评析

教师提供已经作出裁判的案例信息，要求学生像学者一样阅读一份裁判文书，并对相关问题进行有深度、有条理的评析，提出自己个人的思考和建议。案例评析对于低年级同学来说，是一个很好的找到论文写作中“问题”的方法。相对来说，案例中的法律问题比较具体和确定，更方便同学们进行讨论。如果问题太大，学生可能无法把握。此模块最常使用的案例是最高人民法院公报案例,如“秋实公司诉人民防空办公室案”。此案涉及对某房地产公司的处罚及收取异地建设费的问题。针对此类问题,该模块要求学生去关注案子的发生背景,了解中国房地产市场的情况。尽管案例评析仍以法律条文、司法案例、学术文献为材料基础,但在评析过程中引导同学们去关注社会现实,把学生的理解带到法律解释当中去,仍是有意义的。有学生根据课堂作业,写出了《法槌下的正当程序》这样的优秀文章;还有一位目前任教于苏州大学的施立栋教授,曾在课堂上基于一个滥用职权的案例,写了《被滥用的“滥用职权”》一文,发表在《政治与法律》上。这些成果都是基于案例评析所引起的后续思考形成的。

6. 找案例,做预测

此模块下教师提供案件信息,要求学生学会独立检索行政判决案例并进行专业阅读,发现并描述司法判决中法律实践的规律,进行判决预测,做一个敏锐的法律观察者。这个作业曾用“行政裁量合理性的司法审查”为主题进行过,也曾在一次旁听庭审之后,让学生预测判决结果。预测判决的能力是十分必要的,因为其可以指导我们下一步的法律行动。同学们根据法庭上的表现,有时会做出与法院判决相反的预测,这说明学生对法律的判断跟实际是存在差异的。做预测跟写上诉状不同,有时预测是符合法律的,但法官可能有其他因素的考量,因此常常会做出跟学生预测不一致的判决。在旁听之后,授课教师还会邀请案件律师来课堂上讲述他的经验与思考,顺带与同学们分享法律职业选择的问题。有时,教师也会邀请案件法官开展讲座。碍于审判者的身份,法官不适合对案件的具体细节做过多评判。但法官可以分享自己在审理过程中的思维逻辑与判断标准,让同学们从审判者的角度理解案件的最终结果。

7. 做调查,述案情

以媒体报道或身边发生的案例为讨论对象,指导学生在面对扑朔迷离的案情时,通过自己的检索、调查和分析,像记者一样去澄清误解,重构事实,给出真相。由于信息获取手段的限制,这个作业只做过一次,当时用的案例是“唐某劳教案”。

8. 衡利弊,做抉择

该模块要求学生假定自己处在一个特定的行政职位上,面对纷乱的社会现实、不同的利益诉求,思考如何做出一个合法合理的决策,并进行相关的行政法分析。曾使用过的案例有城市电动车管理、外来人口管理、雾霾治理、城市拆迁等。学生假定自己是改革者,在权衡不同的利益关系下,发现并定位问题,为制度改革作系统性的思考。以外来人口管理为例,有的学生基于实地调研进行了“大清退”的合法性分析。有学生把注意力集中在“打工子弟”，走访了多个子弟学校，访谈相关老师和教育局工作人员，撰写调研报告并开展分析。有学生将低收入群体作为城市发展的公共政策类问题来讨论，关注了我国的政府体制和影响此类决策的可能因素。也有学生基于“微信指数”和“360趋势”，专门探讨“大清退”事件中的舆论冲击与回应。这种对行政决策的研究，超出了一般传统法学教育的范畴，但对于学生的未来发展，是很有帮助的。

9. 做立法，拟法条

当下的行政法教学，假设的场景基本上是法庭，但学生毕业后往往要从事立法和规范性文件的起草或审查工作。该模块下教师指定法律草案，假定学生是立法机构人员，面对特定立法项目，拟写法律条文，像立法者一样去思考和实践。该模块曾要求学生登录立法机关的网站，选择一部正在征求意见的法律或行政法规草案，提出意见；也曾以《政府信息公开条例（修订草案）》《档案法（修订草案初稿）》《学位法（草案）》为对象，让学生提出修改意见。具体而言，受“北雁云依姓名登记案”的启发，要求学生起草一个“姓名登记管理办法”。作为一个行政法规或规章层面的草案，因为立法权限的不同，所以规定的事项范围也不一样。如果仅仅是公安部制定的“姓名登记规章”，其不能规定其他部门的职责。具体操作则让学生自己去衡量，起草行政法规抑或是规章。考虑到课程分数与学生息息相关，该模块也曾让学生起草一个“本科课程分数评定办法”的规范性文件。假定学生是法学院主管教务的副院长，或学校教务部门，需要起草一个适用于法学院或适用于整个学校的成绩评定办法。从实际情况看，这种模拟立法是接近实际、培养实践技能的有效办法。

（三）教学安排

案例教学要回答的另一个问题是“如何研讨”。

案例教学除了教师的课堂讲授和评点，学生需要在课外完成资料阅读、作业写作，在课堂上进行成果汇报和主题研讨。下面从课程组织、课堂讨论、作业要求、课外交流四个方面，介绍如何开展有成效的研讨。

首先，案例研讨以“小班制”模式进行，主要面向本科二至三年级学生。从实际情况来看，最终选课人数在 13 至 32 人之间。研讨过程由同学们分组进行，分工合作；4 人一组，自愿组合。分组所面临的问题是：同学临时退课；小组之间水平不均。为避免临时退课所造成的组员短缺，该课程允许学生在第 3 次课前选择退课，从第 3 次课开始禁止退课；为避免分组水平不均，该课曾尝试按选课学生院系、年级、性别设组，但学生需要较长磨合过程。有时会采取“根据意愿、助教指定”的方式进行分组。上课时，每位同学配有姓名桌签，一方面使得研讨更正式化,另一方面便于老师更快熟悉学生。课程要求学生根据每次的课堂内容和下次课的研讨方向,在课后进行自学,完成阅读文献、提出问题、撰写文书等相关任务。如果轮到自己小组的课堂报告,同学们还需要分工合作完成课堂汇报和 PPT 制作。

其次,在作业要求上,每个模块都会设置相应的作业,授课教师会明确规定分数标准。作业内容应当基于第一手案例材料,以研讨的问题为主线,由学生独立完成。以小组合作形式或借助人工智能完成的作业必须单独注明。在作业格式规范上,授课教师会从正文、标题、注释、字数等方面进行具体要求,重点关注学生的排版格式和引注规范:在标点符号的使用上是否正确、恰当;在引用法条和文献时是否简练、符合学术规范。授课教师以此培养学生撰写专业法律文书的能力。作业字数强调不是越多越好,每次以 5000 字为限,避免学生"凭字数取胜"和老师无力批改的问题。在 PPT 制作上,要求简洁美观而不是"内容堆砌"和"绚丽夺目"。在时间上,授课教师会严格设定作业的最晚提交时间,除非给出有证明力的理由,否则逾期不候。以此培养学生严格的规则意识。针对学生的作业,授课教师会每份进行手写批阅并附上针对性的评语和改进意见,并在下次上课前发给学生,做到"及时批阅,及时修改"。在课程分数上,案例教学不设置统一的期末考试,避免学生"临时抱佛脚"的投机行为。而是以课堂汇报、问题研讨、课后作业等模块进行综合评价,强调学生"全过程、沉浸式"的课程参与。

最后,在课堂讨论上,对报告人采取"自愿报名 + 临时指定"的方式,让每堂课基本都有学生进行汇报和展示,也让学生保持一个随时准备的状态。一般来说,每次课要求 2 个小组进行报告。在汇报的基础上再展开问题研讨。在汇报前,授课教师会给汇报人限定汇报时间,掐表计时,以此锻炼学生的归纳能力。在汇报时,强调汇报人与其他同学和老师保持眼神接触,而不能盯着 PPT 或者稿子念。这既能锻炼汇报人的表达能力,也可让其他同学保持专注。在汇报后,授课教师会基于报告内容邀请其他同学进行提问,并在学生讨论的基础上进行追问和点评。在学生讨论过程中,教师不做过多干涉,但要求学生的发言要有理有据,言简意赅,既能充分表达自己的看法,也能倾听他人的分析与建议。

在课堂之外,授课教师还对学生进行课外辅导与交流,带领学生参与校外实践。交流方式主要是办公室开放时间研讨和课后食堂边就餐边研讨。校外实践包括旁听法院审理、进行实地调研、参与立法讨论等。授课教师设置有办公室开放时间,但学生来得不多;约学生课后到教工食堂或咖啡馆吃饭,倒是深受学生欢迎。每次 2 至 4 位同学,边吃边聊,教师买单。所讨论的主题不限于课程内容,也涉及同学们的日常学习生活。曾有毕业生评价:在清华最好的课堂就是咖啡馆,最好的课是跟何老师在咖啡馆里的聊天。学有余力、仍有兴趣的同学,授课教师会继续指导他们就感兴趣的问题展开深入研究。何老师曾多次指导SRT(Student Research Training,大学生研究训练)项目,学生的多篇论文在“挑战杯”论文比赛中获奖,或在全国性学术会议和期刊上分享和发表。基于政府信息公开作业的研究报告《政府信息公开之路道阻且长》,曾获清华大学挑战杯论文比赛一等奖;由4位本科生金文璇、张碧珊、赵曜、关雯月合作的《大图之谓——中国法学院藏书情况调查》,全文发表于《清华法律评论》第10卷第1辑(2021年),主要内容曾分10期在《法治日报》上连载。

三、教学实践及特色

《行政法案例研讨》的重要特点是注重教学实践。教学实践的方式包括以下几种。

(一)申请政府信息公开

该作业要求学生根据自己的选择,依据《政府信息公开条例》的规定,向有关行政机关提出一项政府信息公开申请,并将申请内容、对象、方式、过程、结果和感想写成报告。此作业在开学之初布置,要求在课程结束时提交报告。作业旨在帮助同学们从普通公民的角度,了解政府机构的设置和政府信息公开申请的途径和程序,观察行政的运作方式。申请的结果不是考核的重点,即使行政机关没有给到所申请的信息,但是申请的问题有意义,申请书内容、申请对象正确,学生也跟行政机关做了一些必要的沟通,此作业仍可取得满分。学生需要重点论述如何跟行政机关打交道,自身对申请过程的感想;申请的内容必须属于政府信息,并且至少看上去应当是可以公开的、有意义的信息。学生在申请中常常遇到困难,包括如何找到相关信息的主管部门、如何与行政人员进行有效沟通,这也是作业评分时的考量因素。《行政法案例研讨》的学生以大二、大三为主,社会经验比较缺乏,有的学生甚至从未跟行政机关接触过。作业完成后学生普遍反映收获很大,因为他们真正去接触、了解了社会,体会了行政机关的运作。

(二)旁听法院庭审,邀请法官律师进课堂

法庭是开展行政法教学实践最好的地方。每个学期,授课教师会根据不同的教学内容,联系不同法院,组织学生参加各类法庭庭审。这些年里,旁听

的庭审涉及北京市高级人民法院、北京市第一中级人民法院、北京市海淀区人民法院的法庭审理。通过参与旁听,学生们可以亲自观察法庭调查、法庭辩论、最后陈述等司法环节,切身感受案件审理的全过程。庭审结束后,由审判人员与在场学生进行交流互动,结合法院审判实践的真实案例,深入浅出、生动形象地向学生介绍真实的案例情况,并现场解答学生提出的问题。通过"以案释法"的方式,学生可以观察并分析法官、律师、证人等各方的表现,对案件进行独立的思考。这有助于培养学生的批判性思维,提高他们分析与解决现实法律问题的能力。

旁听庭审后,授课教师邀请参与庭审的法官、律师走入课堂,与同学们进行进一步的探讨、交流与学习,以使同学们获得对所旁听案件更加深入的理解、分析和认识。授课教师曾先后邀请北京一中院行政庭的薛峰庭长、四中院的程琥副院长和一位律师来到课堂,讲解他们审理(代理)的案件。法官和律师分享他们对于法律的现实操作和理解,加深了同学们对法律现实运作的体会。这种理论和实践的互动不仅丰富了学生所学知识,也缩短了理想与现实的差距,促进了法学教育和法律职业的有机连接和良性互动。

"法学专家进课堂"环节,不仅为学生带来了第一手案件素材,还为教师了解法律职业对法学教育的客观需求提供了契机。这有助于授课教师不断完善课堂教学的内容与形式,为法律职业培养打下良好的教学基础。在教师与专家的配合下,协同教学模式构建出一个开放互动的教学环境。教师与专家、专家与学生以及师生之间积极论辩质疑,在探讨、辩论和批评中实现一种动态化、情景化教学。"法学专家进课堂"不仅可以发挥来自不同领域的专家与教师的特长,同时激发了教师的创新能力,扩宽了教师教学与学术研究的视野。

(三)拟定立法草案或规范性文件

在进行案例教学的几年里,课程恰巧赶上了《立法法》《行政复议法》《学位法》等重要法律的修订。在授课教师的指导下,部分学生作为一个团队,针对修法积极提出建议,得到了全国人大常委会法制工作委员会等相关部门的认可,让学生切实体会到了"学有所用"。2023 年,在《行政复议法》修订过程中,选课学生在讨论基础上形成了一份修改意见,寄送全国人大常委会法工委,得到了相关部门领导的重视。在全国人大常委会法制工作委员会委托清华大学法学院举办的《行政复议法》修订研讨会中,本科生代表葛昕潼同学受邀汇报了研讨小组关于行政复议前置问题的看法与建议。2024 年,围绕正在审议中的《学位法》草案,选课同学在作业中提出了诸多修改意见,课程助教马颖娜同学整理了大家的意见,寄送了全国人大常委会法工委。在得到法工委领导重视与反馈的同时,后续出台的《学位法草案》也对同学们的作业予以了认可。

四、教材选用及特色

《行政法案例研讨》课程没有固定的参考教材。案例教学的方式区别于传统的教科书传授,决定了该课程不是根据某一教材而来,而是从案例出发,以研讨为核心,重点在于学生自身的思考与成长。目前市面上也没有一本适合这种教学目的和教学方式的教材。

授课教师在课堂上曾介绍过几本学者、法官、律师、政府人员编写的案例汇编,供学生课外阅读和参考,但没有作为教材使用。例如,余凌云教授的《行政法案例分析和研究方法》、蔡小雪法官的《审判业务专家是怎样炼成的》、袁裕来律师的《特别代理:民告官手记》。授课教师自己撰写的著作中,有两本教材与课程有关:一是《行政诉讼法》;二是《法学论文写作》。《行政诉讼法》曾获"清华大学优秀教材特等奖",《法学论文写作》曾获"清华大学优秀教材一等奖"。二者在业界都颇受好评,被一些法学院作为相关课程的教材或参考书。

课程涉及相关主题时,授课教师会推荐一些文章(包括授课教师自己的文章)供学生参考。例如,要求学生作为律师进行法庭辩论时,授课教师会给学生提供自己写过的"刘燕文诉北京大学案"的法律辩论词;作为专家发表法律意见时,会向学生提供自己作为中国政府所邀专家就"德国海乐诉中国案"向国际仲裁庭出具的专家意见;作为学者评析案件时,授课教师会推荐自己写的《通过判决发展法律:评田永案件中行政法原则的运用》《何以合法?对"二奶继承案"的追问》等文章;要求学生提出立法修改意见时,授课教师会把自己提交给全国人大法工委的意见作为范例。

接下来几年,授课教师会考虑将案例教学的课堂内容在整理后结集出版,作为该课程的介绍性经验教材。该教材主要展示"行政法案例教学"如何进行,而不是可以根据它来照本宣科地教学。

五、课程教学效果及评价

"行攻法案例教学"在近年清华大学的教学评估中取得了优异成绩。近5年来,相关课程教学评估成绩均在90分以上;在全校740门同等规模的课程中,得分位居前5%。在国务院学位办和教育部组织的"学位授权点合格评估"中,《行政法案例研讨》曾作为专家组的观摩课程,并得到了专家组的肯定。

案例课程对学生而言,他们不但可以了解法律的运作,而且掌握了排版、引注、制作PPT、撰写学术论文的基本技能,同时也锻炼了吃苦、探索和创新的能力。学生在不同场合也谈到过他们对这门课的感受。在2015年清华大学法学院毕业典礼上,本科生代表李若愚曾说:"至今仍记得何海波老师……让我们通过政府信息公开申请,接触现实中最真实的政府。"校友返校,有的还提到:"何海波老师的课程,虽然虐我们千百遍,但确实受益匪浅。""知乎"App上提问"在清华上过最牛的课",一个得到高赞的答案是一位清华本科毕业生的"与何(海波)老师在咖啡馆的聊天"。

案例教学也实现了教学相长。对老师而言,学生在课程中的表现,是授课教师了解学生的重要渠道和评价学生的主要依据。由于班级规模不大、互动频繁,至少在结课的时候,授课教师能做到认识班上每一位学生。授课教师努力做到对他们在课堂上的表现给予公正评价,而不仅仅是"给一个分数"。授课教师乐于为熟悉的优秀学生写推荐信,并成功推荐了多位同学去往哈佛、牛津等学府深造。在推荐信中,授课教师一般会具体介绍该同学在课程中的表现。授课教师自身也从课程教学中得到了许多启发与进一步思考的机会,获益匪浅。授课教师发表在《中外法学》上的论文《司法决策的合法性——以尚俊俊"被结婚"案为例》就受益于学生的课程作业和课堂讨论,授课教师在文章题注中还就此做了说明和感谢。

该课程也有一些经验教训。

首先,对同学们来说,课程压力大,需要投入大量时间。根据调查,每位同学在课外大概需要6至10个小时才能完成作业,有的甚至更多。这样就导致了该课程与其他课程之间的资源争夺,因此使许多学生不敢选这门课。当然,好处也是有的:这过滤了希望"混学分"的学生,选课的同学都志在学习"真东西"。

其次,对教师的要求高。第一,案例的实时变动和新颖性,要求授课教师在每个学期进行更新和备课。第二,作业批改需要占用大量时间,影响教师正常的科研和其他教学。第三,打分的公平性与可行性。因为小组作业的原因,教师需要评判每位同学在作业中的任务量与投入精力;还要考量基于一分之差所导致的"ABCD"成绩的等级区分。

最后,避免出现"教学事故"。在申请政府信息公开或进行调查研究时,由于同学们社会经验较少,有时会无意识地触及社会的敏感区乃至现实中的禁区。这些问题需要教师有所预见,给学生一些必要的提示和指导,既保障学生能够大胆地开展调研,积极地思考与写作,也避免不必要的麻烦。

《行政法案例研讨》课程最终提出的灵魂之问是:第一,我们想教出什么样的学生？第二，我们能给学生提供什么样的东西？第三，作为老师愿意在学生身上投入多少时间？

作者简介及代表性研究成果

何海波，清华大学法学院教授、博士生导师。北京大学法学硕士、博士，英国杜伦大学法学硕士，耶鲁大学法学院、哈佛大学法学院、早稻田大学法学部访问学者。

何海波教授主要研究行政法与行政诉讼法，著有《行政诉讼法》《实质法治：寻求行政判决的合法性》《司法审查的合法性基础——英国话题》《法学论文写作》《法治的晨光》等。整理编写过《法治的脚步声：中国行政法大事记》《与法同行：应松年口述》《行政法治奠基时：1989年〈行政诉讼法〉史料荟萃》《中外行政诉讼法汇编》等。

课堂
门启

课堂映象

一般侵权中的因果关系

孙维飞*

一、引言

侵权责任法中，若受害人获得赔偿须以其能证明行为人有过错为前提，则此类侵权被称为一般侵权，其规定在我国《民法典》第 1165 条第 1 款：“行为人因过错侵害他人民事权益造成损害的，应当承担侵权责任。”此款中“因”和“造成”揭示了一般侵权构成中对因果关系的要求。

对《民法典》第 1165 条第 1 款中因果关系要件之构造有多种解释的可能，一种可能是采取责任成立因果关系和责任范围因果关系的二分法。所谓责任成立因果关系是指“因过错侵害他人民事权益”，即过错行为和侵害（民事权益）之间的因果关系；所谓责任范围因果关系则指“侵害他人民事权益造成损害”，即侵害（民事权益）和损害之间的因果关系。比如，甲打伤乙致使其花费医药费若干。这里，过错行为是“打人”，侵害（民事权益）是“侵害乙的健康权”，损害则是指“支出医药费的财产损害”。这种对一般侵权中因果关系要件的分析框架与德国法类似，其特点是必须在“过错”要件之外将“侵害”要件独立出来，这在我国司法实践中很少采用。很少采用的原因在于：只要“侵害”要件本身不限定，比如，不限于侵害“权利”，则一个人有过错行为，就一定侵害了他人民事权益（权利和其他合法利益），所谓过错行为自然就是指“过错侵害他人民事权益”的行为，“侵害”要件无须独立。而规定一般侵权的《德国民法典》第 823 条第 1 款则不同，对“侵害”要件本身做出限定，仅限于侵害“权利”的行为，侵害“其他合法利益”的行为一律不属于该款保护范围，因此，在德国法分

---

* 华东政法大学法律学院副教授，北京大学国际法学院访问教授。本文节选于孙维飞：《〈民法典〉第 1165 条第 1 款（过错责任一般规定）评注》，载《法学家》2024 年第 4 期，略作改动。

析一般侵权中的因果关系要件时,必须将“侵害”要件独立出来,从而形成责任成立和责任范围因果关系的二分法。在我国《民法典》第1165条第1款有关一般侵权的规定中,“侵害”要件本身并无限定于侵害“权利”的要求,侵害“权利”或侵害“其他合法利益”皆可,因此,并无必要严格采用上述二分法。

虽然《民法典》第1165条第1款明文规定了“侵害他人民事权益”,但是本文主张在分析案件时无须将其独立于过错(行为)或损害要件之外,可将其附着于损害或过错要件的说明中。附着于损害要件时,所谓损害是指可赔偿的损害,即合法权益受侵害而产生的损害;附着于过错要件时,所谓过错是指以侵害他人民事权益为前提的过错,即无民事权益受侵害时,谈不上有法律上的过错。由此无须严守责任成立因果关系和责任范围因果关系的区分,因为此区分必然以“侵害”要件独立为前提,将之作为果,分析其与行为的因果关系(责任成立);将之作为因,分析其与损害之间的因果关系(责任范围)。此种区分将因果关系在事件发展进程上进行“二分”,对于我国法上一般侵权的分析框架来说,并无必要。有必要的是分析层次或观念认识上的“二分”,即先分析事实因果关系(亦称为事实上的因果关系),然后用法律因果关系(亦称为法律上的因果关系)对可能的责任范围进行限制。只有责任范围确定,责任也才能真正确定。如此,则引发损害赔偿责任的一般侵权的构成要件分别为可赔偿的损害、过错行为以及因果关系,其中因果关系又分为事实因果关系和法律因果关系。

因果关系分析重点在于损害赔偿范围的确定,因此,法律就损害赔偿范围(赔偿项目、计算标准、计算时点等)有明确规定(如《民法典》第7编“侵权责任编”第2章“损害赔偿”)时,径直以该规定分析即可,无须再以因果关系语言分析之。当该规定须结合因果关系分析才能更好适用时,不妨加入因果关系的分析。① 例如,最高人民法院《关于审理人身损害赔偿案件适用法律若干问题的解释》(法释〔2022〕14号)第6条就人身损害赔偿中的“医疗费”项目有较为细致的规定,但具体案件中医疗费是否因过错行为引起,仍有依因果关系理论作探讨的余地。② 由于无须依照责任成立因果关系和责任范围因果关系的阶段“二分”法,就过错行为和损害结果之间的因果关系进行具体分析时,侧重点

---

① 主要是需加入事实因果关系的分析,因为法律规定更多涉及的是法律政策上赔偿范围的确定,其以有事实因果关系为前提。

② 比如有法院判决:“但原告本身患有十二指肠球部溃疡穿孔、急性弥漫性腹膜炎,由此而产生的相关医药费与被告的过错无因果关系,应予扣除。”参见晏某某与皖南医学院弋矶山医院医疗损害赔偿纠纷案,安徽省芜湖市镜湖区人民法院(2012)镜民一初字第02688号民事判决书。

可以灵活，随需要而定。例如，殴打致人受伤住院，住院期间伤者家中首饰被盗。[①] 致人受伤没有疑问，医药费计算等也不在争议范围，因果关系分析的重点即为殴打的过错行为和首饰被盗损失之间的事实因果关系和法律因果关系，完全不用在意此因果关系属于责任成立因果关系还是责任范围因果关系。[②]

二、事实因果关系

侵权法不处理未遂，因为其不具有惩罚性，因此，一个人不论实施了道德上怎样邪恶的行为，如果事实上没产生后果，则在侵权法上无须负责。在有损害结果的情况下，须考察行为和结果之间是否具有事实因果关系。因果关系是前后相继事件之间的关系，且这种关系具有因果连接的特点（因果性）。前后相继的事件可从观测中得到说明，而因果性无法从观测本身看出，需要分析。在侵权责任法视角下分析事实因果关系，遵循的是一般的不局限于法学的逻辑，多采用反事实条件句（counterfactual conditional）的语法[③]，即“如果不”准则（the but - for test）：假如没有过错行为——这是反事实的条件，因为事实上已经有过错行为，那么损害结果不会发生。符合此准则时，则有事实因果关系；反之，即使没有过错行为损害结果也会发生，则事实因果关系不成立。[④] 就此，可通过一则公报案例加以说明。[⑤] 此案例中，某顾客在饭店包厢就餐时自带了酒水，服务员开启其酒瓶时爆炸，炸倒了包厢间的木板隔墙，爆炸造成了

---

① 案例设计取材于：马某与杨某、于某波身体权纠纷案，吉林省吉林市船营区人民法院（2016）吉0204民初343号民事判决书。

② 在意此“二分”法时，会将首饰被盗的损失在责任范围因果关系中分析，看重的是初始侵害（身体受伤）与结果侵害（首饰被盗）的区别。参见王泽鉴：《侵权行为法》（第3版），北京大学出版社2016年版，第232页。其实，即使在德国法模式下，未看出不能将首饰被盗在责任成立因果关系中分析的理由，即直接分析殴打行为和首饰被盗的所有权受侵害后果之间因果关系似乎也谈不上不妥当。不在意此“二分”法，当可避免此类选择定性上的烦恼。

③ 哲学上对有关原因陈述的分析，主要有反事实分析和规律分析两种，后者强调此结果随彼原因而出现并非任意，而是规律使然。侵权责任法上分析事实因果关系虽然多采用反事实条件句的语法，但没必要排斥哲学上的规律分析。在刑法学中即有“合法则性条件”的理论，强调作为原因的在先事件和结果之间的规律性联系，参见［德］乌尔斯·金德霍伊泽尔：《刑法总论教科书》，蔡桂生译，北京大学出版社2015年版，第81页。有关因果关系的反事实分析和规律分析，See J. L. Mackie, *The Cement of the Universe: A Study of Causation*, Oxford University Press, 1980, p. 29 - 87.

④ “如果不”准则是对生活中有关原因陈述的逻辑分析，并不需要使用原因陈述的人有明确的认识和表述。

⑤ 李某某、龚某某诉五月花公司人身伤害赔偿纠纷案，载《最高人民法院公报》2002年第2期。

隔壁顾客死伤的结果。酒瓶爆炸乃第三人故意犯罪导致,其他各方就此都没有过错。其中,争议的问题之一为:假如木板隔墙因阻燃性能不合格而不符合消防安全标准,就木板砸伤导致的损失,饭店是否应承担责任?法院认为阻燃性能和抗爆性能没有关系,饭店不应就此承担责任。用"如果不"准则分析,其中逻辑如下:假设饭店是有过错的,用了阻燃性能不合格的木板隔墙;即使饭店没有过错行为,用的是阻燃性能合格的隔墙,那么,由于抗爆性能并不因此而增强,砸伤所致的损失依然会发生,所以,其过错行为和砸伤结果之间欠缺事实因果关系。

对此案的分析也反映了侵权法在运用"如果不"准则时特有的考量,即如何选择反事实条件或前提。其方法是去掉过错行为中过错性因素,替换使之成为没有过错的行为,此案中即体现为将"使用阻燃性能不合格的隔墙"变成"使用阻燃性能合格的隔墙"。如果过错行为是一种不作为,那么就要将其替换为作为,从而成为没有过错的行为。[①] 在"无证驾驶案型"中如何选择反事实条件或前提的问题有赖于对法律政策或价值的考量。所谓"无证驾驶案型"是指机动车一方无证驾驶,但其他驾驶行为皆合格,但发生了两车相撞事故而造成他人受伤。实践中法院多认为此种情况下驾驶人无须承担侵权责任,理由是:"无证驾驶……,与本次……交通事故没有必然的因果关系"[②]或"无牌驾驶无证车辆系行政部门管理的事项,与本起交通事故的发生没有必然的因果关系"[③]。此种处理的实质是将无证驾驶的过错行为替换为假设有证时的驾驶,从而认为即使有证,若驾驶行为合格,本次事故依然会发生,因此,无证驾驶行为和事故之间无事实因果关系。换个视角,若将无证驾驶的过错行为替换为无证从而不驾驶,则如果不驾驶,则本次事故不会发生,从而无证驾驶行为和事故之间即具有事实因果关系。在反事实条件或前提上选择的不同,所反映出的差别在于:认为无事实因果关系,实质是认为即使无证,驾驶本身并非侵权法上的过错;认为有事实因果关系,实质是认为若无证,驾驶本身即为侵权法上的过错。这个差别也就是法律政策或价值考量上的不同。[④]

---

① 例如,若过错行为是未尽到合理的安全保障义务,那么"如果不"准则运用时,反事实条件或前提就是"假如尽到了合理的安全保障义务",此时,何谓"合理的"问题对于"如果不"准则的运用就很重要。

② 刘某明、长安责任保险股份有限公司襄阳中心支公司机动车交通事故责任纠纷案,湖北省襄阳市中级人民法院(2019)鄂06民终1709号民事判决书。

③ 中国人民财产保险股份有限公司天津市分公司电子商务营业部与闫某耀等机动车交通事故责任纠纷上诉案,山西省临汾市中级人民法院(2017)晋10民终566号民事判决书。

④ 比较法上的介绍,参见[德]恩斯特·冯·克默雷尔:《私法中的因果关系问题》,徐建刚译,载《经贸法律评论》2019年第4期。

侵权损害赔偿案件中事实因果关系的分析,"如果不"准则在特殊情况下会遇到困难或疑难,就此困难或疑难的解决,应结合侵权责任法的规范意旨加以解决。困难或疑难多体现在以下两个方面:事实不确定性问题和原因多重性问题,且这两方面也常相互联系。下面就此说明。

(一)事实不确定性问题

医疗损害责任"参与度"案型

在医疗损害责任纠纷中,以"参与度"为由使有过错的医院一方仅须赔偿一定比例的损害,此种现象普遍存在,这是由事实不确定所致,也具有正当性。① 试举一例,在最高人民法院审理的一起医疗损害责任纠纷案中,法院支持按"参与度"判决医院仅承担一定比例的损害赔偿责任,并认为:患者的"死亡原因系脓毒败血症继发全身多器官功能衰竭所致,主要与其个人体质和所患疾病有关;但……医疗行为存在过错,并与患者死亡之间存在着一定的因果关系,应当承担次要责任"。② 这里,所谓医院应"承担次要责任",虽然意味着患者应"承担主要责任",但显然不会是指患者有过错,且法院也没有引用过错相抵的规定,其含义应通过事实因果关系来理解。此理解在一审法院的观点中更明确地体现出来:"治疗行为存在过错。但……死亡后果与其所患疾病的凶险性存在密切关联,其自身疾病的自然转归是直接因素,……医院的过错行为是……死亡后果的诱发或促进因素。"③用"如果不"准则进行分析如下:即使医院诊疗没有过错(反事实的条件或前提),那么,由于患者自身疾病较为凶险,仍有发生死亡后果的可能(同时也意味着也有不发生死亡后果的可能)。④也就是说,如果没有过错行为,损害结果是否依然发生面临不确定性,运用"如果不"准则的判断无法给出确定的答案。此时所谓"参与度"即可从假如医院没有过错行为则损害后果不会发生的概率进行理解,此种概率实际就是患者不发生损害结果的机会(如存活机会)。医疗过错行为剥夺了此种机会,并实际产生了损害结果时,依据"参与度"确定赔偿的比例,意味着事实因果关系此

① 笔者于2025年3月22日在北大法宝"司法案例"数据库检索案由"医疗损害责任纠纷",共195879篇,其中含"参与度",共51274篇。

② 最高人民法院民事判决书,(2013)民抗字第55号。

③ 最高人民法院民事判决书,(2013)民抗字第55号。

④ 参见彭书雅、夏文涛:《机会丧失医疗纠纷因果关系及参与程度鉴定分析》,载《证据科学》2013年第4期。

时并非全有全无,而是可以体现为一定概率的比例因果关系。① 依据“参与度”确定赔偿的比例,此做法在《侵权责任法》之前于2002年实施的《医疗事故处理条例》第49条第1款第3项中即有相当明确的体现。该项规定:“医疗事故赔偿,应当考虑下列因素,确定具体赔偿数额:……(三)医疗事故损害后果与患者原有疾病状况之间的关系。”②适用比例因果关系的“参与度”案型是针对损害结果(如死亡)已经发生的情况,即潜在变成了现实。③ 若潜在的死亡尚未变成现实,但患者死亡的风险因医疗过错而上升,或者存活的机会因医疗过错而下降时,比如患者因被漏诊或漏检错过了治疗从而由早期癌症变成了晚期癌症。此时不妨认为构成健康权受侵害,其无益的治疗费用等财产损害与精神损害可能得到赔偿。其中,健康权受侵害与漏诊行为之间依然有可能适用比例因果关系,其事实因果关系分析运用“如果不”准则的逻辑为:假如不漏诊从而可以及时治疗,患者的早期癌症依然有可能变成晚期癌症。④

从根本上讲,医疗损害责任“参与度”案型中适用比例因果关系的正当性在于:若在此类案型中采用“全有全无”的处理办法,则只能是设置赔偿要求的证明标准须达到一定的盖然性阈值,此阈值以下的“全无”,以上的“全有”。但是,以死亡为例,从统计上看,诸多凶险疾病即使采取合适的诊疗,其存活的概率事先即可判断会低于所设置的阈值,因此,不论诊疗有无过错,将注定无须赔偿。如此,则难以激励恰当的积极诊疗,反而助长挑选存活概率低的病人进行诊疗。比例因果关系有助于避免此种不当激励。⑤ 也因此,医疗损害责任

---

① 因此,“参与度”理论不是为了进行因果关系的事实推定,而是改变事实因果关系的要求。从因果关系事实推定对“参与度”理论的理解,参见叶名怡:《医疗侵权责任中因果关系的认定》,载《中外法学》2012年第1期。从比例因果关系角度对“参与度”的理解,参见杨垠红:《丧失生存机会侵权中比例责任之适用》,载《华东政法大学学报》2016年第1期。

② 《关于审理医疗损害责任纠纷案件适用法律若干问题的解释》(2020修正)第11条第2款第2项规定实际延续的也是这种做法:“下列专门性问题可以作为申请医疗损害鉴定的事项:……(二)诊疗行为与损害后果之间是否存在因果关系以及原因力大小……”“原因力”一词及其诸多阐述常常让人不知所云,此处应从事实因果关系的“如果不”准则分析的角度才能有恰当衡平的理解。

③ 特殊情况下,若因为医疗过错,患者存活机会被减少,但减少的机会下,幸运的是,诊疗后还是活过来了,潜在被消除。此种情形为“虚惊一场”——向好的机会被减少,但好的结果依然实现了。该“虚惊一场”情形下的损害赔偿,司法实践中尚未见到。

④ 类似案例参见石某荣诉南京明基医院有限公司未对体检报告重要指标异常情况作出说明医疗损害赔偿纠纷案,江苏法院(2013)参阅案例69号。在潜在的死亡尚未变成现实时,可以就升高的死亡风险从健康权受侵害角度进行观察,参见季若望:《侵权法上生存机会丧失的损害赔偿论——以美国法为借鉴》,载《华东政法大学学报》2018年第3期。

⑤ Steven Shavell, *Uncertainty over Causation and the Determination of Civil Liability*, 28 Journal of Law and Economics 587, 587 – 588(1985); Omer Y. Pelled, *All – or – Nothing, or Something: Proportional Liability in Private Law*, 22 Theoretical Inquiries in Law 159, 174 – 178(2021).

“参与度”案型中适用比例因果关系的做法可以推广到其他较容易存在受害人潜在存活机会较低情形的领域。例如，在一些安全保障义务案型中，违反及时提供救助义务而有过错行为时，也常常存在事实因果关系上的不确定性：即使及时救助，也不能确保损害结果一定不会发生。此时，法院判决过错行为人承担“相应的责任”，其道理和医疗损害责任中的“参与度”有相通性。[①]

（二）原因多重性问题

以造成死亡为例，若受害人由于某致命因素影响虽然没死亡但注定要死亡，此时，致命的侵权行为发生，使受害人提前死亡。这里，主要问题不在于不确定性，因为某致命因素和致命的侵权行为“单独足以”导致受害人死亡，没有不确定性；主要问题在于原因多重性，即相互间“单独足以”的两因素导致损害结果出现时[②]，如何承担责任？就此问题，《民法典》第 1171 条规定：“二人以上分别实施侵权行为造成同一损害，每个人的侵权行为都足以造成全部损害的，行为人承担连带责任。”该规定仅适用于两因素皆构成侵权行为的情形，若其中一因素不构成侵权行为，侵权行为人如何承担责任将有赖于对事实因果关系的分析。

（非数人侵权时的）相互间“单独足以”案型

在一起案件中，一中毒者夜间躺在高速公路上遭车辆碾压。鉴定书载明：“死者……系因氨基比林中毒、濒死期遭受机动车辆作用造成全身多组织器官损伤，导致中枢、呼吸、循环系统功能障碍死亡。”[③]假设已经濒死状态的中毒者即使被发现送医也不可能救活，且假设并非他人实施投毒等侵权行为所致，那么此案特点在于：机动车一方作为侵权方，其侵权行为“单独足以”造成死亡，因为即使没中毒也会被碾压致死；中毒因素不涉及他人侵权，但该因素也“单独足以”造成死亡，因为即使被发现送医也不可能救活。在这种相互间“单独

① 可从此角度理解的案例，参见永安财产保险股份有限公司大理中心支公司、大理市栖谷温泉有限公司人身保险合同纠纷案，云南省大理白族自治州中级人民法院民事判决书，（2021）云 29 民终 2065 号。另外，关于安全保障义务相应的补充责任与因果关系不明的关系，参见洪国盛：《论第三人行为与违反安全保障义务的责任承担》，载《法学》2020 年第 9 期。

② 在前述“参与度”案型中，虽然医生诊疗规范患者依然有死亡的可能，即患者有“单独足以”的可能，但是假如没有患者的病情，仅医生诊疗不规范，一定不会造成患者死亡，不具有“单独足以”的可能。因此，“参与度”案型并不符合相互间“单独足以”的特点。如果“参与度”案型变换下，医生诊疗不规范是让患者服用了砒霜，这样医生行为就符合了“单独足以”的特点。“参与度”案型如此变换后，就更接近此处相互间“单独足以”的案型了。

③ 中国太平洋财产保险股份有限公司营口中心支公司与毛某国等机动车交通事故责任纠纷上诉案，辽宁省沈阳市中级人民法院（2015）沈中民一终字第 00401 号民事判决书。就此案例的探讨，亦参见李晓伟：《论侵权责任法中假设原因抗辩的法律效果》，载《政治与法律》2015 年第 9 期。

足以"案型中,对侵权事实因果关系依据"如果不"准则分析:假如没有碾压的侵权行为,则受害人不会"提前"死亡,因此,碾压行为和"提前"死亡之间有因果关系;而由于人注定要死亡,所有造成死亡的侵犯生命权行为都是使"提前"死亡。[①] 因此,碾压和死亡之间有事实因果关系。由于人具有人格,活着和死了有实质差别,上述分析不能推广到濒死马等被碾压致死的案型,活着的马和死了的马都是人之所有权的客体,不会有生命权和健康权的差别。若此案例变换为中毒的马,则碾压者应当几乎无须赔偿才对,因为致害客体已经几乎全部丧失财产价值。[②] 此时即体现着侵权法不处理未遂的精神,碾压人幸运地逃过了赔偿。不过,虽然因为人格平等下人死和马死不可同日而语,但因年龄而产生的预期剩余寿命的大小在法律政策上已经确认可以影响死亡赔偿金,即同样的侵权生命权但死亡赔偿金并不相同。此即最高人民法院《关于审理人身损害赔偿案件适用法律若干问题的解释》(法释〔2022〕14 号)第 15 条之规定:"死亡赔偿金按照受诉法院所在地上一年度城镇居民人均可支配收入标准,按二十年计算。但六十周岁以上的,年龄每增加一岁减少一年;七十五周岁以上的,按五年计算。"在年龄以外的情形(如无可挽救的致命的中毒)而导致预期剩余寿命较小的场合,是否可以类推适用该条扣减侵权人(如将中毒者碾压致死)死亡赔偿金的赔偿额,是尚待研究的话题。

(三)事实不确定性问题和原因多重性问题的结合

前文体现事实不确定性问题的医疗损害责任"参与度"案型中,医疗过错行为不符合"单独足以"的特点,而患者病情凶险在"单独足以"的特点上有不确定性——即使无医疗过错行为也会死亡仅为可能而非确定的事件。前文体现原因多重性问题的相互间"单独足以"案型中,可确定的是:两个因素都"单独足以"导致死亡结果之发生,但确定的是其中一个因素(碾压)"着急地"先发制人地(preemptively)引发了结果,压制了另一个因素(中毒)走向结果的进程。有时,两个因素若发挥作用都"单独足以"导致死亡结果,却不知是哪一个因素发挥了作用,因此,原因多重性问题结合了事实不确定性问题,由此产生

---

① 参见金燚:《论合义务替代行为之本体构造与规范适用》,载《南京大学法律评论》2019 年秋季卷,第 288 页。另外,相互间"单独足以"案型也可以称之为"假设因果关系"或"超越因果关系"等案型,相关讨论可参见廖焕国:《假设因果关系与损害赔偿》,载《法学研究》2010 年第 1 期;黄文煌:《论侵权法上的假设因果关系》,载《中外法学》2011 年第 3 期。

② 中毒是由他人侵权行为所致时也不应例外。中毒马因马厩失火而丧生,此类案型在比较法上的讨论,参见[荷]J. 施皮尔主编:《侵权法的统一:因果关系》,易继明等译,法律出版社 2009 年版,第 4、20、35、56、75、95、103、113、136、156、173 页。

“替代因果关系”案型。例如:“因登山者 A 疏忽导致落石飞下,而另外一个落石是由小羚羊蹬落的,但最终无法查明,击中 V 的落石究竟是登山者 A 还是小羚羊蹬落的?”[①]此时,若另外一个落石是另一登山者 B 疏忽导致落下,则可适用《民法典》第 1171 条作为“共同危险”行为处理。但是此例属于(非数人侵权时的)替代因果关系案型,无法直接适用第 1171 条,因为小羚羊的举动(假设野生且无人须负责)不构成侵权,无法产生连带责任。可以考虑的是类推适用第 1171 条。从承担终局责任看,第 1171 条适用的结果是:因为连带责任者之间的追偿权(《民法典》第 519 条),单个侵权人最终因自己的侵权行为承担部分责任。因此,疏忽的登山者有过错行为,在类似第 1171 条的“替代因果关系”的上述案例情形,仅承担部分责任,由于不存在追偿,此部分责任即为其终局责任。

三、法律因果关系

当损害结果与过错行为之间仅有事实因果关系时,尚不足以使行为人负侵权责任,仍须依侵权责任法的宗旨对责任作适当的限定。例如,一个人被打伤改签下一趟航班,该航班飞机不幸爆炸,打人对于受害人死于飞机爆炸而言,只是触发了受害人自身的生活风险,因为符合“如果不”准则,是死亡的条件,与过错行为有事实因果关系,但是法律上不应让打人者就受害人自身的生活风险负责。在符合事实因果关系的前提下,需要过错行为人负责的损害结果,可称其与过错行为有法律上(须负责)的因果关系,简称法律因果关系。法律因果关系是在符合事实因果关系以后,依侵权责任法的规范意旨,对责任承担做进一步的限定。这体现了因果关系分析的“二分法”,不过这不是事件发展进程上的“二分法”,而是观念认识上的“二分法”。

“法律因果关系”一词仅提示须进一步的限定,如何限定却并未提示。有进一步提示如何限定时,学说和司法实践多用“相当因果关系”一语。[②] 法院如何判断“相当因果关系”,这里以法官所写的最高人民法院指导案例 142 号的理解与参照为例加以说明。该案涉及的问题之一为:原告近亲属在被被告劝阻后死亡,劝阻和死亡之间是否具有相当因果关系?法官持否定观点,并认

---

① 案例来源,参见[奥]海尔穆特·库奇奥:《替代因果关系问题的解决路径》,朱岩、张玉东译,载《中外法学》2009 年第 5 期。

② 我国学说从必然因果关系说向相当因果关系说的转变发展史,参见程啸:《中国侵权法四十年》,载《法学评论》2019 年第 2 期。司法判决中,仅提及“法律因果关系”的居多,其中极少数会进一步提示“相当因果关系”的限定办法。

为:有同一条件可发生同种的结果时才有相当因果关系,而被劝阻后死亡是一件"概率极低"的事件,与劝阻行为之间不满足相当因果关系之要求。① 此种认识在最高人民法院案例指导工作办公室工作人员所撰写的最高人民法院指导案例24号的理解与参照中亦有体现,后者认为相当因果关系须具备"相当性",即"有此行为,通常即生此种损害"。② 不同于对相当因果关系的严格表述,上述两种表述都采用了"一种较为随意的形式",强调某种结果伴随某种条件的趋势。③

从比较法上看,英美法上就法律因果关系称为近因(proximate cause),多采"可预见说",即理性人处于行为人地位时应当预见的损害与过错行为之间有法律因果关系。不过,美国《侵权法第三次重述》对责任限定采用"风险范围理论",即行为人须负责的损害限定于判定行为有过错时所针对的风险得以实现的范围。也就是说,过错行为人应防范而未能防范的风险若实现而生的损害,此损害与过错行为有法律因果关系。④ 下面试以一例说明上述判断标准的相通性。

违章停车被攀爬案型

三个小孩上下攀爬一辆违章停放在路边的摩托车玩耍,导致车辆侧翻压伤其中一人。此例中,违章停车影响道路交通安全,停车人违反了风险预见和风险避免义务,即违反了注意义务而有过错。若不违章停车,路边也无其他摩托车,三个小孩无从攀爬,从而受伤结果不会发生,因此,受伤和违章停车之间有事实因果关系。但是,从法律因果关系责任限定的不同角度看,"相当性"并不具备,因为不能说"有此停车行为,通常会发生此种被攀爬侧翻压人的损害";"可预见"也不具备,因为理性人可以预见违章停车影响来往人员的交通便利和安全,但无法预见被攀爬侧翻压人;也没落在过错对应的"风险范围",因为判定违章停车有过错时所针对的风险乃是影响交通便利和安全的风险,

① 参见朱正宏:《刘明莲、郭丽丽、郭双双诉孙伟、河南兰庭物业管理有限公司信阳分公司生命权纠纷案的理解与参照——合理劝阻的行为人不承担被劝阻人因自身疾病发生猝死的责任》,载《人民司法·案例》2022年第14期。

② 石磊:《〈荣宝英诉王阳、永诚财产保险股份有限公司江阴支公司机动车交通事故责任纠纷案〉的理解与参照个人体质特殊不属于减轻侵权人责任的情形》,载《人民司法·案例》2015年第12期。

③ 从"客观概然性"增加的角度进行表述才会有较为严格的形式,参见[美]H. L. A. 哈特、[美]托尼·奥诺尔:《法律中的因果关系》(第2版),张绍谦、孙战国译,中国政法大学出版社2005年版,第425页。另外,较为随意的形式也是教科书常用的表述,参见陈聪富:《侵权行为法原理》,台北,元照出版有限公司2018年版,第362页。

④ 参见郑永宽:《论责任范围限定中的侵权过失与因果关系》,载《法律科学(西北政法大学学报)》2016年第2期。

被攀爬侧翻压人致损并非此种风险的实现。[①] "相当性""可预见"和"风险范围"三者中的共通性即为"可预见"标准:通常即生此种损害,也意味着可预见,因为异常则不可预见;过错责任下,无法预见的行为风险不应由行为人承担,因此,不在过错对应风险范围的其他风险的实现也常意味着不可预见。将不可预见的损害类型排除出责任范围,反映了对人的自主性的尊重,因为其出于自我意志而实施行为时无法预见到的损害结果并不能真正体现其自主意志。[②]

不过,由于人们不能期待无风险地活在世界上,正义和效率都可能要求每一个人承受一定的应承受的生活风险,因此,并非行为人预见到的一切风险其都有防范的义务。另外,在过错行为已经构成的前提下,意味着已经有"某种"可预见且能避免的不合理风险行为人未能予以避免,即使案件中的"这种"损害结果无法预见,让行为人承担责任并不意味着完全无视其自主意志,因为其只要遵循"不为过错行为"的戒律,保持自己的无过错,即可不受对无法预见损害结果的赔偿压力。因此,从最终来看,对与过错行为有事实因果关系的损害结果的归责如何限定,将哪些风险实现形成的损害排除出归责范围,根本上仍离不开政策分析与价值判断,须结合对《民法典》第 1165 条第 1 款以及其他与侵权损害赔偿相关法规的规范意旨的分析而决定。这也就是法律因果关系判断中的"规范保护目的"理论。[③] 下面通过三则案型对其加以说明。

虚假标识引发纯粹经济损失案型

在一起案例中,因生产厂家的虚假标识,消费者因此误以为其所购"助力车"为非机动车,无须投保交强险,因而未投保。消费者使用该车辆发生交通事故后,其因未购买交强险自己需向受害人承担赔偿损失的责任。就其向他人赔偿给自己造成的纯粹经济损失,法院认为虽然产品质量并无问题,但应支持其向生产者要求侵权损害赔偿。法官总结裁判要旨为:"纯粹经济损失这一类法益损害具有可赔偿性。应在充分考量因果关系、行为人预见性等因素的前提下确定适当的赔偿范围。"[④]不采德国法模式时,纯粹经济损失是否应予以

---

① 此例情节参考自姜杨:《停放车辆引发损害的定性及责任承担》,载《人民司法·案例》2013 年第 12 期。参考该案例时有重要修改,原案情中,并非摩托车,而是一辆垃圾清运卡车,且挡板挂钩未挂上,小孩攀爬致挡板打开并脱落。此案中,法院认定车挡板没有挂上为过失行为。因此,就原案情而言,车挡板没有挂上的过错行为所对应的风险可以包括脱落致人损害的风险。

② See David G. Owen, *Figuring Foreseeability*, 44 Wake Forest Law Review 1277, 1294 (2009).

③ [奥地利]海尔穆特·库齐奥:《侵权责任法的基本问题》(第 1 卷),朱岩译,北京大学出版社 2017 年版,第 283 – 294 页。

④ 江河:《纯粹经济损失具有可赔偿性——重庆沙坪坝法院判决宋正辉诉华帆公司道路交通事故损害赔偿纠纷案》,载《人民法院报》2013 年 10 月 31 日,第 6 版。

赔偿除前述从可赔偿损害视角考量,也可依情况在因果关系视角下考量。本案事实因果关系显然成立,无须多言。法官实际上是从预见性角度认可法律因果关系也存在,从而支持了赔偿。从规范保护目的角度看,购买交强险为机动车所有人的重要生活利益,依据《民法典》第1165条第1款认定错误标识为过错行为时,规范保护目的不应当将此种重要生活利益排除在外,且也不会产生其他纯粹经济损失赔偿可能引发诉讼洪水的问题。此时,规范保护目的理论分析的结果与可预见标准分析的结果较为一致,这应当是常态,由此也可以说,可预见说在常态案件中本身就是规范保护目的理论之要求。

酒驾引发纯粹经济损失案型

在一起案例中,公司组织职工饮酒,职工饮酒过多后自行驾驶摩托车回家,公司未能安排人员护送。该职工途中交通肇事,赔偿他人若干元。就此纯粹经济损失,法院认为:一方面,公司作为饮酒活动组织者未能安排人员护送,违反注意义务,构成过错;另一方面,该职工的损失"不应认定为侵权责任法所保护的财产权益",且公司的"消极侵权行为并无直接损害后果"。[①] 假如赞同法院不予以赔偿的结论(不见得正确),且运用规范保护目的理论进行分析,可认为:此案中,由于可预见到职工驾驶不安全,也就会预见到有可能撞伤他人,因此,很难说职工赔偿他人而引起的纯粹经济损失没有可预见性,但是,依据《民法典》第1165条第1款要求组织者对饮酒职工护送有注意义务,该义务设定的目的在于应保障其人身或随身财物安全,而不包括对他人的伤害以及由此引发的损失。此时,规范保护目的理论分析的结果与可预见说分析的结果会并不一致,规范保护目的说起到对常态下适用的可预见标准的调整。

最高人民法院指导案例24号案型

在该案例中,被告驾驶车辆不当碰擦原告致其骨折,原告因年老而骨质疏松,一审判决:因为在损伤参与度中原告的个人体质因素占25%,所以扣减相应赔偿额。二审支持了全额赔偿,理由是:个人体质并非过错,不适用过错相抵,因而赔偿额不予扣减。[②] 关于此案,涉及受害人特殊体质问题,分两点阐述如下。

首先,应将此案与医疗损害责任"参与度"案型区分开来,防止损伤参与度鉴定的不当适用。在事实因果关系层面,本案并无不确定性;而在医疗损害责

① 洪德记诉厦门洪氏企业有限公司侵权责任纠纷案,福建省厦门市海沧区人民法院(2012)海民初字第2544号民事判决书。

② 参见荣某英诉王某、永诚财产保险股份有限公司江阴支公司机动车交通事故责任纠纷案,最高人民法院指导案例24号。

任“参与度”案型中,事实因果关系有不确定性。本案中,假如被告不碰擦原告,原告不会骨折,没有不确定性。而在医疗损害责任“参与度”案型中,由于须治疗的疾病较为凶险,即使诊疗规范,仍然有可能发生死亡等损害后果,因此诊疗不规范与损害结果之间的事实因果关系判断有不确定性。[①] 这也是医疗损害责任“参与度”案型常常会在机会丧失主题下讨论的原因,而似乎无人会在机会丧失主题下讨论最高人民法院指导案例 24 号案型。讨论受害人特殊体质问题,应区分问题的层面是在事实因果关系层面还是法律因果关系层面。最高人民法院指导案例 24 号案型辐射范围应首先限定于事实因果关系没有不确定性的场合。此时,不应直接适用损伤“参与度”扣减损害,应依赖对法律因果关系的分析给出解决方案,其中的价值判断问题也常常超出医学专家的专业范围,二审否定一审对该案“参与度”鉴定的依赖是正确的。

其次,最高人民法院指导案例 24 号的案情涉及受害人老年骨质疏松,该体质并非那么特殊,因为骨质疏松、高血压、心脏病等在生活中也较为常见。本案的正当解读不妨为:就此类生活中常见的特殊体质,除非受害人有过错,否则,即使其特殊体质非行为人所能合理预见,也不影响法律因果关系之成立。受害人明知自己有心脏病等,在互骂互殴中未能注意适当保护自己的,可以考虑适用过错相抵。[②] 法律因果关系之成立,其理由在规范保护目的理论之视角下不妨为:就此类生活中常见的特殊体质,不宜认为受害人正常参与社会活动本身即为过错,因此若扣减其赔偿额,势必引导建立该类特殊体质的人就不该参与社会活动的观念,不符合人的尊严和平等。[③] 因此,虽然行为人可能无法合理预见眼前的受害人有生活中常见的此类特殊体质[④],但也不影响法律因果关系的建立。此时,规范保护目的理论对可预见说也起到了调整的作用,与“酒驾引发纯粹经济损失案型”中的调整方向相反。

---

① 参见徐银波:《侵害特殊体质者的赔偿责任承担——从最高人民法院指导案例 24 号谈起》,载《法学》2017 年第 6 期。

② 例如:程某与马某身体权、健康权纠纷案,河南省开封市中级人民法院(2009)汴民终字第 700 号民事判决书;杨某华与刘某辉生命权、健康权、身体权纠纷上诉案,北京市第二中级人民法院(2016)京 02 民终 3448 号民事判决书。

③ 在相当因果关系说视角下,有一种相当性理论认为:在事后评估相当性时,也考虑可预见性,但是应假设掌握了行为时所客观存在的一切情况下考虑是否可预见,类似英美法处理特殊体质时的“接受受害人既存现状”的做法。此种“客观的后发症候说”的相当性理论之介绍,参见史尚宽:《债法总论》,中国政法大学出版社 2000 年版,第 168 页。关于英美法处理特殊体质问题处理的介绍,See P. J. Row, *The Demise of the Thin Skull Rule*?, 40 The Modern Law Review 377, 377 – 388 (1977).

④ 也就是说,虽然在生活中常见,但此时在我眼前不一定常见。

四、结语

由于我国《民法典》中一般侵权的构成并未像《德国民法典》第 823 条第 1 款仅限于侵害“权利”，因此，对因果关系的分析无须采用责任成立和责任范围因果关系的“二分法”，而适宜采用事实因果关系和法律因果关系的“二分法”。事实因果关系分析的核心是经由反事实条件句的探寻，即假如没有过错行为，损害结果是否依然会发生，此即“如果不”准则。在面临事实不确定性问题和原因多重性问题时，“如果不”准则的运用会有困难或疑难，应结合侵权责任法的规范意旨加以解决。在有事实因果关系的情形下，责任是否成立尚不能最终确定，须经法律因果关系的限定后，才能最终判断是否应承担责任。法律因果关系的判断准则主要是看事件发展的“相当性”，即“有此行为，通常即生此种损害”，其实也可称其为“通常性”，类似的说法则为“可预见性”。不过，一定情形下是否允许对“相当性”准则做出偏离，须结合“规范保护目的理论”加以探讨。总的来说，对因果关系问题的法律分析，抽象的甚至仅是语词的争论常无益处，更重要的是结合具体案型依据规范意旨进行的探讨。

“中国高级法律检索与写作”：法律规范

茅少伟*

法律适用，就是法律规范的适用，就是将法律规范适用于个案事实，给个案中的问题一个法律上的解答或者解决。关于法律适用，有两种很常见的“迷思”。第一种“迷思”是，只要我们足够完整且正确地掌握了有关法律规范和个案事实的信息，通过法律适用程序“生产”个案裁判结果的过程，就与通过机器生产工业产品的过程一样，是能够客观化、标准化的，完全可控制、可预测的。第二种“迷思”是，法律适用过程充满了裁判者的主观性，实际影响裁判结果的因素（例如裁判者的出身背景、政治立场、价值倾向等）很少被坦诚揭示出来，形式上的法律依据和法律论证不过是一种“冠冕堂皇”。

这两种想法看似方向相反，却可能导向相同的主张——例如，认为人在法律适用过程中的作用要么是多余的（前者），要么是有害的（后者），但都是可被替代的。既然人难免具有主观性并且持续学习的能力有限，由更聪明、更客观、更不知疲倦因而可能更有效率、更公正的机器（人工智能）替代人做法律适用的工作，就不仅是在技术上可以想象的，而且是在伦理上值得期待的。①

我们认为，这两种“迷思”分别在一些重要维度上误解了法律和法律适用，导致第一种“迷思”高估了法律适用的客观性，第二种“迷思”高估了法律适用的主观性。要更准确地理解法律适用，不仅需要更适切地理解静态意义上法律适用的基本要素（例如作为大前提的法律规范以及小前提中的个案事实），还需要更适切地理解动态意义上法律适用的一般过程（例如大前提和小前提的“交织”、论证和判断在法律适用中的意义）。我们还是先从法律规范讲起。

---

* 北京大学国际法学院助理教授。自 2015 年起，在国际法学院开设“中国高级法律检索与写作”（Chinese Advanced Legal Research and Writing）课程，本文是第二讲“法律适用”讲义的节选。

① 关于人工智能和数据科学在法律实践和法学研究中的运用，参见刘庄、卢圣华：《机器能取代法官吗？：人工智能、数据科学与法律》，北京大学出版社 2025 年版。

一、法律规范的逻辑结构

(一)成文法条与法律规范

什么是法律规范？法律规范是否等同于法条？或者，我们可以先问一个乍一听有点奇怪的问题：什么是法条？法条为什么叫作法条？请阅读《立法法》下列条文。

第六十五条　法律根据内容需要，可以分编、章、节、条、款、项、目。

编、章、节、条的序号用中文数字依次表述，款不编序号，项的序号用中文数字加括号依次表述，目的序号用阿拉伯数字依次表述。

法律标题的题注应当载明制定机关、通过日期。经过修改的法律，应当依次载明修改机关、修改日期。

全国人民代表大会常务委员会工作机构编制立法技术规范。

可见，“条”其实是成文法编纂技术的一部分。在“条”之上，是成文法的外部结构，分为编(以及分编)、章、节三级；在“条”之下，是法律条文的内部结构，可再分为款、项、目三级。较简短的法律文本可以不分编、章、节，较简单的法律条文可以不再拆分款、项、目，但“条”总是需要的，即体现为我们已经习以为常的“第×条”——这就是法条。在成文法的世界里，法律规范最基本的栖息地就是法条。我们看两个例子：

【例示1】《民法典》

第六百六十三条　受赠人有下列情形之一的，赠与人可以撤销赠与：

(一)严重侵害赠与人或者赠与人近亲属的合法权益；

(二)对赠与人有扶养义务而不履行；

(三)不履行赠与合同约定的义务。

赠与人的撤销权，自知道或者应当知道撤销原因之日起一年内行使。

【例示2】《烟草专卖法实施条例》

第五十二条　依照《烟草专卖法》第二十九条规定处罚的，按照下列规定执行：

(一)无准运证或者超过准运证规定的数量托运或者自运烟草专卖品的，处以违法运输的烟草专卖品价值20%以上50%以下的罚款，可以按照查获地省级烟草专卖行政主管部门出具的上年度烟叶平均收购价格的70%收购违法运输的烟叶，以及按照市场批发价格的70%收购违法运输的除烟叶外的其他烟草专卖品。

(二)有下列情形之一的,没收违法运输的烟草专卖品和违法所得:

1. 非法运输的烟草专卖品价值超过5万元或者运输卷烟数量超过100件(每1万支为1件)的;

2. 被烟草专卖行政主管部门处罚两次以上的;

3. 抗拒烟草专卖行政主管部门的监督检查人员依法实施检查的;

4. 非法运输走私烟草专卖品的;

5. 运输无烟草专卖生产企业许可证的企业生产的烟草专卖品的;

6. 利用伪装非法运输烟草专卖品的;

7. 利用特种车辆运输烟草专卖品逃避检查的;

8. 其他非法运输行为,情节严重的。

(三)承运人明知是烟草专卖品而为无准运证的单位、个人运输的,没收违法所得,可以并处违法运输的烟草专卖品价值10%以上20%以下的罚款。

(四)邮寄、异地携带烟叶、烟草制品超过国务院有关部门规定的限量1倍以上的,依照本条第(一)项的规定处罚。

"编"是成文法最外层的结构,具有较强烈的体系化编纂意味,通常只有篇幅巨大的法律才会使用(如《刑法》《民事诉讼法》等)。在"编"之下,有需要的,还可以设"分编"。"章"是更常见的编纂单位;章内条文较多的,可以设"节"。编、章、节构成法条所在的外部体系,对法条的解释适用有重要影响。《民法典》是鸿篇巨制,共有7编1260条,是我国法律体系中目前条文最多、体量最大、编章结构最为完整和复杂的一部法律。《民法典》第663条就位于第三编合同下第二分编典型合同的第十一章赠与合同之中。[①] 该条有两款,但各款前不编序号,体现为独立的自然段;其中,第1款有3项。因此,如果我们要处理的案件涉及受赠人"不履行赠与合同约定的义务",从而赠与人想要撤销赠与合同的情形,其法律依据,应当准确引用为《民法典》第663条第1款第3项。[②]

《烟草专卖法实施条例》第52条较长,字数较多,但只有1款,因此可以直

---

① 法律设章、节的,在正文前须列"目录"将各章、节的名称按序排列表述,各章下的节单独排序。参见全国人民代表大会常务委员会法制工作委员会《立法技术规范(试行)(一)》(法工委发〔2009〕62号)。

② 在裁判文书写作等正式场合,法条引用应当采取规范的表达方式,例如"第×条""第(×)项"应当按照法条原文使用中文数字。为了便利,在日常写作场合,我们经常使用阿拉伯数字表达,例如"《民法典》第六百六十三条第一款第(三)项"也可以写为"《民法典》第663条第1款第3项"。

接说第 52 条第 1 项，而不需要说第 52 条第 1 款第 1 项。该条有 4 项，其中第 2 项有 8 目。“目”是最小的编纂单位，相对较少使用，其序号用阿拉伯数字表述。

那么，法律规范是否等同于法条？显然并非如此。通过对法律渊源的学习，我们很容易能想到第一个理由：尽管法条是成文法最基本的组成单位，而成文法是我国最重要的法律渊源，但成文法并非唯一的法律渊源，也并非法律规范的唯一来源（例如，习惯法乃至当事人订立的合同或者制定的章程也可以供给规范），因此法律规范不能等同于法条。

鉴于成文法的显著重要性，我们仍然不妨首先从法条、从成文法开始理解法律规范。那么，在成文法范围内，法律规范是否等同于法条呢？仍然不能。为什么？第二个理由是：法条总需要被解释。法条是解释的素材和起点，法律规范内容则是解释的终点，连接法条和法律规范的是一个解释过程。如果说法律拟规制的社会现实是一种“客观实在”，试图规制现实的法律是一种“精神建构”；那么，也可以说，当法律已经体现为特定法条时，法条就变成了一种可见的“实在”，而法条所要表达的法律规范则是新一重的“建构”。

法律规范的建构有时是非常复杂的。一方面，同样的法条，在法学方法允许的范围内可能存在多种合理的解释方案。“一千个读者眼中有一千个哈姆雷特”，对于法律解释来说有点太夸张了；但同样的法条在不同读者眼中有几个“哈姆雷特”，却是完全可能的。例如，《民法典》第 148 条规定的欺诈，是否需要不法性作为构成要件？《民法典》第 154 条规定恶意串通的法律行为无效，该法律效果到底是绝对无效还是相对无效？《民法典》第 1198 条第 2 款规定因第三人行为造成他人损害的，未尽到安全保障义务的经营者、管理者或者组织者应当承担相应的补充责任，那么，什么构成这里所说的“因第三人的行为造成他人损害”的情形，“补充责任”又是什么意思？①另一方面，不同的法条表述也可能被认为包含了同样的法律规范内容。例如，从 1986 年《民法通则》第 106 条第 2 款，到 2009 年《侵权责任法》第 6 条第 1 款，再到 2020 年《民法典》第 1165 条第 1 款，法条的表述并不完全相同，很多法律人对该规范（中国法上的一般侵权行为条款）的阐释却并未发生任何实质性的变化。

---

① 2024 年初在网上引起热议的上海“羽毛球馆打球被投喂猫绊倒案”，不仅涉及投喂行为是否使投喂人变成饲养人的问题（《民法典》第 1245 条），也涉及《民法典》第 1198 条第 2 款及其与第 1172 条之间关系的问题。参见《在羽毛球馆打球被投喂猫绊倒，责任谁来担》，载微信公众号“上海闵行法院”2024 年 7 月 24 日，https://mp.weixin.qq.com/s/－KaB4U50pJj0AmVZUle42w。

（二）完全规范的逻辑结构

法条不能等同于法律规范，是否还有其他理由呢？我们可以对比观察以下两张“禁止吸烟”标识（见图1）：

图1　不同的“禁止吸烟”标识

左边这张图很简洁，但给出的信息量也比较少，三种表达方式（中文、英文、图示）主要就传达了一个单纯的禁令：“禁止吸烟”。对比而言，右边这张图的信息量就大得多，除同样以三种方式表达“禁止吸烟”外，还提供了如下信息：(1)这一禁令的来源（来自深圳市人民政府，而非某个私主体）；(2)更清晰地阐明了该禁令实施的空间范围（“本区域”）和对象（不仅禁止普通香烟，也禁止电子烟）；(3)违反该禁令的后果，即罚款50—500元，结合禁令的来源，这是一项具有法律强制力的后果。① 第三点尤为重要，只有加上后果，这才真正是一个法律上的禁令，这个禁令才“完整”了。

由此，我们可以给出法律规范不能等同于法条的第三个理由：作为一种“建构”，法律规范必须具备一种完整的逻辑结构；而作为一种“实在”，一个特定、具体的法条可能包含一个法律规范，可能包含多个法律规范，也可能不包含任何完整的法律规范。

一个完整的法律规范（完全规范）需要具备怎样的逻辑结构呢？它通常包括三个组成部分（见图2），即构成要件、法律效果以及连接二者的规范模态词。一个完全规范的基本结构，体现为“如果……那么……”格式的条件程式（假言

① 《深圳经济特区控制吸烟条例》（2019年修正）第36条第1款规定：“违反本条例规定，在禁止吸烟场所吸烟的，由卫生健康主管部门、本条例第三十二条规定的有关部门按照职责范围责令改正，处五十元罚款并当场收缴；拒不改正的，处二百元罚款；有阻碍执法等情形的，处五百元罚款。”

命题):“如果存在特定的构成要件(德语 Tatbestand),那么就会出现特定的法律效果(德语 Rechtsfolge)”,用符号表示即为“T→R”。[①] 如果把它当作一个公式的话,这或许是法律世界中最基础、最重要的公式。

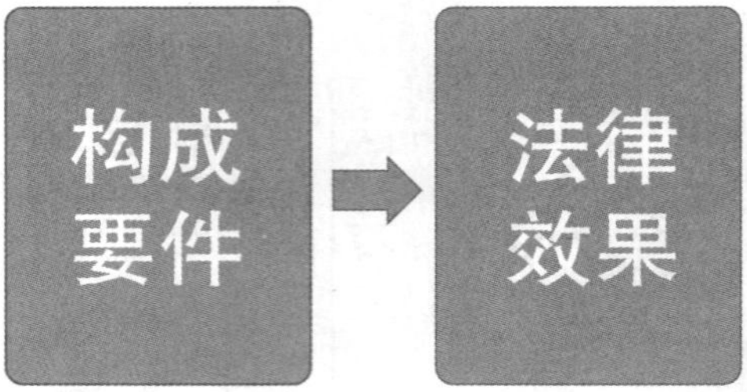

图 2 法律规范的逻辑结构

法律规范的第一个组成部分是构成要件。构成要件是为了要得到特定法律效果所需要满足的全部条件。[②] 假设构成要件有四项,其中任何一项不满足,法律效果都不能发生。我们也可以反过来观察这个问题:为了得到特定的法律效果,我们到底需要多少构成要件?构成要件是太多或者太严(因此导致法律效果发生的情形太少),还是太少或者太松(因此导致法律效果发生的情形太多)?构成要件是对法律拟规制的社会生活事实的提炼和描述。正因为其为一种提炼,且通常以抽象的语言文字描述,构成要件的数量和内容都需要阐释。

法律规范的第二个组成部分是法律效果。法律效果是在全部构成要件都满足的情况下所得到的法律上的后果。法律效果既可能是积极的(比如取得一项权利),也可能是消极的(比如承担民事、行政或者刑事责任),还可能是中性的(比如具有监护资格)。

法律规范的第三个组成部分是连接构成要件与法律效果的规范模态词(causal term),这种连接词表达了一种规范意义上(而非事实意义上)的“因果”连接。一方面,它将特定的构成要件与特定的法律效果,在同一个法律规范中“黏合”起来,表明“如果这些构成要件全部满足,就可以得到这种法律效果”。另一方面,不同的连接词也表明了此种“因果”连接的性质(也就表明了该法律规范的性质):有的法律规范是强制性的,比如要求特定主体(私主体或

---

① 参见朱庆育:《民法总论》(第 2 版),北京大学出版社 2016 年版,第 46 页;[德]齐佩利乌斯:《法学方法论》,金振豹译,法律出版社 2009 年版,第 40 页。

② 此处是一种简化的说法。构成要件又分为积极要件和消极要件。要得到特定法律效果,所有积极要件都需要满足(任一积极要件的不满足都会导致法律效果不能出现),而所有消极要件都需要避免(任一消极要件的满足都会导致法律效果不能出现)。

者公权力主体)必须做什么(mandatory)或者不得做什么(prohibitory);有的法律规范是任意性的(discretional)或者赋权性的(enabling),比如表明特定主体可以做什么或者有权做什么。[①]

对于一个完全规范来说,以上三者均不可或缺。一个完全规范中凝结了该规范所欲处理的特定社会事实问题(构成要件)、处理该问题的特定法律技术以及应当如何处理该问题的特定价值判断(法律效果及其与构成要件的连接)。尤其不能忽略构成要件和法律效果在同一规范表达中的"连接",正是二者的这种连接才产生了法律规范,表达了立法者的特定价值判断(将特定法律效果赋予特定事实构成)。请阅读《民法典》下列规定。

第一千零二十四条　民事主体享有名誉权。任何组织或者个人不得以侮辱、诽谤等方式侵害他人的名誉权。

名誉是对民事主体的品德、声望、才能、信用等的社会评价。

第一百七十九条　承担民事责任的方式主要有:(一)停止侵害;(二)排除妨碍;(三)消除危险;(四)返还财产;(五)恢复原状;(六)修理、重作、更换;(七)继续履行;(八)赔偿损失;(九)支付违约金;(十)消除影响、恢复名誉;(十一)赔礼道歉。

法律规定惩罚性赔偿的,依照其规定。

本条规定的承担民事责任的方式,可以单独适用,也可以合并适用。

由以上两个法条,我们能得到一个完全法律规范吗?我们能据此得出结论说,某人以侮辱、诽谤等方式侵害他人名誉权的,应当承担消除影响、恢复名誉的民事责任吗?不能。《民法典》第1024条规定了民事主体享有名誉权,解释了什么是"名誉"(作为名誉权保护的客体),同时规定了一个没有法律后果的禁令,即"任何组织或者个人不得以侮辱、诽谤等方式侵害他人的名誉权"。《民法典》第179条规定了民事责任的各种承担方式,其中"消除影响、恢复名誉"甚至是专属于名誉权侵害的民事责任形式。但是,我们仍然缺乏一个连接词!少了一个连接词,将特定构成要件(仅就构成要件而言,《民法典》第1024条也是不完整的)与特定法律效果在同一个规范表达中有效连接起来——也就是说,不存在这样一个法律规范。

完成该使命的是另一个法条,即《民法典》第1165条第1款:"行为人因过错侵害他人民事权益造成损害的,应当承担侵权责任。"该款规定虽然抽象(不

---

① See Richard K. Neumann Jr., Ellie Margolis & Kathryn M. Stanchi eds. *Legal Reasoning and Legal Writing*, 9th ed., Wolters Kluwer, 2021, "Chapter 2: Rule-based Reasoning".

限于侵害名誉权情形），却很完整（包括构成要件、法律效果和连接词三个部分）。因其完整，所以可以成为法律适用的中心，可以“生产”裁判的大前提[①]；因其抽象，所以需要其他法律规定“帮忙”——第1024条可以帮助充实部分构成要件（名誉权是“他人民事权益”的一种），第179条（以及第995条、第1000条等）可以帮助解释法律效果（“侵权责任”的具体承担形式和范围）。

需要特别提醒的是，从学习者的角度来说，对社会事实的研究似乎产生了一种“客观知识”（社会科学），对法律技术的研究也产生了一种“客观知识”（法学方法），对于法律规范的研究同样产生了一种“客观知识”（法教义学），这种学习知识的普遍心态可能导致一种误解，即“法律规范”本身也仅仅是一种“客观知识”，而忽视了其中最重要的、普遍存在的价值判断因素。实际上，法律规范既然是一种“规范”（norm），首先反映的就是一种价值判断，一种应然（而非实然）的尺度，提供了当事人应当遵循的行为规范和裁判者应当遵循的裁判规范。实现法律价值判断最基本的技术，就是将特定法律效果与特定构成要件（社会生活事实）连接起来。某些社会生活事实可能一直存在（甚至可能已经在其他地方被提炼为其他规范的构成要件），某些法律效果在法体系中可能也一直存在，但某种特定的“连接”却是全新的，而通过这种新的“连接”，法律确立或者改变了某种价值判断。

以酒驾（醉驾）为例，这种社会生活事实一直存在，并且造成了严重的社会后果。拘役、罚金等刑事法律效果也一直存在。[②] 但是，在有一个具体的《刑法》条文将醉驾行为与拘役、罚金等特定刑罚后果直接连接起来之前，就不存在对醉驾行为的刑法规制（罪刑法定），尽管当时其他法律（例如《道路交通安全法》）已经对醉驾行为施加了行政的和民事的法律后果。直到2011年，《刑法修正案（八）》增加了第一百三十三条之一，明确规定“在道路上驾驶机动车追逐竞驶，情节恶劣的，或者在道路上醉酒驾驶机动车的，处拘役，并处罚金”，这才使得“酒驾入刑”。通过增加最严重的刑事法律后果，该法律修正也表达了立法者对于严格治理酒驾行为的力度和决心，即体现了一种重大的价值判断。

---

① 以《民法通则》第101条（相当于《民法典》第1024条）和第134条第1款（相当于《民法典》第179条第1款）为裁判依据，而未能找到第106条第2款（相当于《民法典》第1165条第1款）的判决，例如湖北省武汉市江汉区人民法院民事判决书，(2005)汉民一初字第1834号。实际上，很多裁判文书尽管在形式上使用了不少裁判依据，细审之下，就会发现，这些充当裁判依据的法条都“缺胳膊少腿”，并不能供给任何一个完全规范。此时，严格来讲，法院很可能并没有“依法裁判”，因为其并没有建构出一个完全规范作为法律适用的大前提。

② 参见《刑法》第三章第一节刑罚的种类、第三节拘役、第六节罚金等。

为执行该规范,最高人民法院、最高人民检察院、公安部《关于办理醉酒驾驶机动车刑事案件适用法律若干问题的意见》(法发〔2013〕15 号),对构成要件和法律效果都补充了若干必要的具体化规定。时移世易,该规范在实践中又出现了一些新的问题(如酒驾一律入刑是否妥当),最新的执行意见即最高人民法院、最高人民检察院、公安部、司法部《关于办理醉酒危险驾驶刑事案件的意见》(高检发办字〔2023〕187 号)修改了部分判定尺度,体现了价值判断的变化。①

价值判断的变化通常是因应社会生活事实的变化而来,也偶尔反映了纯粹的价值观念变迁,而最终体现为法律技术的调整。我们在学习法律时,经常学习的只是知识;当我们学习法律知识时,经常学到的只是一个干巴巴的结论,很少能够"穿透"法条的文本,找到其欲解决的社会事实问题是什么,理解为什么在若干可选的法律技术中选择了这一种,明了该解决方案背后的价值判断以及可能的政策后果。这正是方法和理论学习的价值所在,即我们要培养一种能够把法律制度背后的"社会事实""法律技术"和"价值判断"揭示出来的眼光和能力。

二、法律规范与法条理论

(一)完全法条

根据法条在供给法律规范上的不同功能,我们可以把法条分为两大类:第一类是完全法条,即供给了(至少)一个完全法律规范的法条,其包含一个完全规范所必需的三个组成部分(构成要件、法律效果以及连接二者的规范模态词);第二类是不完全法条,即未能供给完全法律规范的法条,比如仅规定了法律后果而缺乏相应的构成要件(如《民法典》第 179 条),或者仅规定了部分构成要件而缺乏相应的法律效果(如《民法典》第 1024 条)。一方面,可以说,"完

① 例如,该意见第 12 条规定了几种不追究刑事责任的例外情形。第 12 条规定:"醉驾具有下列情形之一,且不具有本意见第十条规定情形的,可以认定为情节显著轻微、危害不大,依照刑法第十三条、刑事诉讼法第十六条的规定处理:(一)血液酒精含量不满 150 毫克/100 毫升的;(二)出于急救伤病人员等紧急情况驾驶机动车,且不构成紧急避险的;(三)在居民小区、停车场等场所因挪车、停车入位等短距离驾驶机动车的;(四)由他人驾驶至居民小区、停车场等场所短距离接替驾驶停放机动车的,或者为了交由他人驾驶,自居民小区、停车场等场所短距离驶出的;(五)其他情节显著轻微的情形。醉酒后出于急救伤病人员等紧急情况,不得已驾驶机动车,构成紧急避险的,依照刑法第二十一条的规定处理。"这既可以理解为是价值判断结果的微调,也可以理解为是在边缘案件中(此类案件,相较于规范预设的典型案例,由于事实不那么典型,价值判断也没那么清晰),澄清或者确认了价值判断的应有尺度。

全”与“不完全”只是程度问题,“不完全法条”的存在本身就暗示“完全法条”并不真的完整、自足,两者是唇齿相依、互相配合的;另一方面,法律体系以数量较少但独立性更强的完全法条为中心建构,数量更多而独立性更弱的不完全法条与之配合,共同编织了一张涵盖面足够大、又足够简省和灵活的恢恢“法网”。①

为了更好地理解完全法条的结构,我们再来看几个《民法典》中的例子。

第十三条　自然人从出生时起到死亡时止,具有民事权利能力,依法享有民事权利,承担民事义务。

第十八条第一款　成年人为完全民事行为能力人,可以独立实施民事法律行为。

第二百三十五条　无权占有不动产或者动产的,权利人可以请求返还原物。

第二百三十六条　妨害物权或者可能妨害物权的,权利人可以请求排除妨害或者消除危险。

第五百条　当事人在订立合同过程中有下列情形之一,造成对方损失的,应当承担赔偿责任:(一)假借订立合同,恶意进行磋商;(二)故意隐瞒与订立合同有关的重要事实或者提供虚假情况;(三)有其他违背诚信原则的行为。

《民法典》第235条(原物返还请求权)和《民法典》第500条(缔约过失损害赔偿责任)都是典型的完全法条,分别供给了一项重要的法律规范。但说是“完全法条”,不代表它们就是完全“自足”的。显然,《民法典》第235条中占有人是“无权占有”还是“有权占有”(构成要件),《民法典》第500条中“赔偿责任”的内容和范围(法律效果),都需要结合其他条文判定。

与《民法典》第235条相比,《民法典》第500条的构成要件更加开放,除了明确列举的两项情形,还包括一个兜底规定(“有其他违背诚信原则的行为”),这就更暴露了此种“完整性”有时只是形式上的——此处可以认为,立法者明确授权法官根据具体情形填补部分构成要件的“空缺”。尽管如此,我们还认为它们是完全法条,因为它们确实供给了重要的法律规范;而就该法律规范的供给来说,没有其他条文比它们更完整。换句话说,正因为有这两个条文,我国法上存在这两项规范才更确凿无疑。

《民法典》第236条也是完全法条。从语法上说,该条的写法不科学,容易

---

①　关于法条理论,可进一步参阅[德]卡尔·拉伦茨:《法学方法论》,黄家镇译,商务印书馆2020年版,第319－352页,第二部分第二章,“法条理论”;黄茂荣:《法律规定之逻辑结构》,载黄茂荣:《法学方法与现代民法》(第7版),厦门大学出版社2024年版,第四章。

造成歧义。我们可以比较一下《民法典》第236条和《民法典》第500条。经解释,《民法典》第500条供给了一项法律规范,只不过其部分构成要件("存在违反先合同义务的行为")是择一即可的,构成要件a、b或者c(其中c并非实指一种具体情形,而是对于其他可能情形的兜底规定)均可导向法律效果x(也就是存在三种情形:a→x、b→x以及c→x)。《民法典》第236条的构成要件和法律效果看上去都是择一的,即构成要件a或者b,可以导向法律效果x或者y(也就是存在四种情形:a→x、a→y,以及b→x、b→y)。实际上,经解释,我们认为,《民法典》第236条并非仅供给了一项法律规范(其中包含四种情形),而是供给了两项不同的法律规范,即物权人的排除妨害请求权(a→x)和消除危险请求权(b→y)。该条完全可以更清晰地写成两句(或者两款):妨害物权的,权利人可以请求排除妨害。可能妨害物权的,权利人可以请求消除危险。

《民法典》第13条同样是完全法条,可以说,它供给了两项(或许是最重要的)法律规范,即(1)自然人出生的(构成要件),享有民事权利能力(法律效果);(2)自然人死亡的(构成要件),丧失民事权利能力(法律效果)。《民法典》第18条第1款类似,也供给了一项基础法律规范,即自然人成年的(构成要件),享有完全民事行为能力(法律效果)。这几项法律规范很少单独适用,却构成整个民事法律制度的基础——试想,合同、物权、侵权、婚姻、继承等各个领域的法律制度,哪个能离开这几项规范呢?就法律效果而言,对什么是"民事权利能力",第13条进行了解释,即"依法享有民事权利,承担民事义务"的法律资格;对什么是"民事行为能力",第18条第1款也进行了解释,即"可以独立实施民事法律行为"。就构成要件而言,对什么是"出生""死亡""成年",显然都有待进一步的说明。

其中,对何谓"成年",《民法典》第17条有清晰的界定,即"十八周岁以上的自然人为成年人"。"成年"本身并非一种法律效果,因此《民法典》第17条并非完全法条——其并未供给一项完全法律规范。但是,《民法典》第17条的界定对于《民法典》第18条第1款的解释是不可或缺的,其提供了后者的核心构成要件"成年"的具体标准("十八周岁以上")。第18条第1款在形式上是完全法条,但只有结合《民法典》第17条这个不完全法条,《民法典》第18条第1款的构成要件才能真正被澄清。

(二)不完全法条

为了更好地理解不完全法条的类型与功能,我们接着看《民法典》中的下列条文。

第五十七条　法人是具有民事权利能力和民事行为能力,依法独立享有民事权利和承担民事义务的组织。

第一百九十六条　下列请求权不适用诉讼时效的规定:(一)请求停止侵害、排除妨碍、消除危险;(二)不动产物权和登记的动产物权的权利人请求返还财产;(三)请求支付抚养费、赡养费或者扶养费;(四)依法不适用诉讼时效的其他请求权。

第四百六十四条第一款　合同是民事主体之间设立、变更、终止民事法律关系的协议。

第四百七十二条　要约是希望与他人订立合同的意思表示,该意思表示应当符合下列条件:(一)内容具体确定;(二)表明经受要约人承诺,要约人即受该意思表示约束。

第四百七十四条　要约生效的时间适用本法第一百三十七条的规定。

第四百七十六条　要约可以撤销,但是有下列情形之一的除外:(一)要约人以确定承诺期限或者其他形式明示要约不可撤销;(二)受要约人有理由认为要约是不可撤销的,并已经为履行合同做了合理准备工作。

第四百七十九条　承诺是受要约人同意要约的意思表示。

第四百八十五条　承诺可以撤回。承诺的撤回适用本法第一百四十一条的规定。

第五百零八条　本编对合同的效力没有规定的,适用本法第一编第六章的有关规定。

第五百四十五条第一款　债权人可以将债权的全部或者部分转让给第三人,但是有下列情形之一的除外:(一)根据债权性质不得转让;(二)按照当事人约定不得转让;(三)依照法律规定不得转让。

第五百五十六条　合同的权利和义务一并转让的,适用债权转让、债务转移的有关规定。

第五百八十条第一款　当事人一方不履行非金钱债务或者履行非金钱债务不符合约定的,对方可以请求履行,但是有下列情形之一的除外:(一)法律上或者事实上不能履行;(二)债务的标的不适于强制履行或者履行费用过高;(三)债权人在合理期限内未请求履行。

第五百八十四条　当事人一方不履行合同义务或者履行合同义务不符合约定,造成对方损失的,损失赔偿额应当相当于因违约所造成的损失,包括合同履行后可以获得的利益;但是,不得超过违约一方订立合同时预见到或者应当预见到的因违约可能造成的损失。

第五百九十五条　买卖合同是出卖人转移标的物的所有权于买受人,买受人支付价款的合同。

第六百八十一条　保证合同是为保障债权的实现，保证人和债权人约定，当债务人不履行到期债务或者发生当事人约定的情形时，保证人履行债务或者承担责任的合同。

第九百七十九条　管理人没有法定的或者约定的义务，为避免他人利益受损失而管理他人事务的，可以请求受益人偿还因管理事务而支出的必要费用；管理人因管理事务受到损失的，可以请求受益人给予适当补偿。

管理事务不符合受益人真实意思的，管理人不享有前款规定的权利；但是，受益人的真实意思违反法律或者违背公序良俗的除外。

第九百八十五条　得利人没有法律根据取得不当利益的，受损失的人可以请求得利人返还取得的利益，但是有下列情形之一的除外：（一）为履行道德义务进行的给付；（二）债务到期之前的清偿；（三）明知无给付义务而进行的债务清偿。

第一千零二十五条　行为人为公共利益实施新闻报道、舆论监督等行为，影响他人名誉的，不承担民事责任，但是有下列情形之一的除外：（一）捏造、歪曲事实；（二）对他人提供的严重失实内容未尽到合理核实义务；（三）使用侮辱性言辞等贬损他人名誉。

第一千零二十六条　认定行为人是否尽到前条第二项规定的合理核实义务，应当考虑下列因素：（一）内容来源的可信度；（二）对明显可能引发争议的内容是否进行了必要的调查；（三）内容的时限性；（四）内容与公序良俗的关联性；（五）受害人名誉受贬损的可能性；（六）核实能力和核实成本。

第一千二百零八条　机动车发生交通事故造成损害的，依照道路交通安全法律和本法的有关规定承担赔偿责任。

完全法条在形式上是法律适用的中心，根据在规范建构中发挥的不同功能，不完全法条可以分为说明性法条、限制性法条、参引性法条、拟制性法条、推定性法条、解释规则、补充规范等。[①] 其中说明性法条、限制性法条和参引性法条最为常见，在这里再稍加说明。

说明性法条，旨在对某完全法条（构成要件或法律效果）或者其他不完全

---

① 拟制（如《民法典》第18条第2款、第159条）和推定（如《民法典》第216条第1款、第544条）是两种相似但不同的法技术，有时较难区分；解释规则（如《民法典》第142条、第466条第2款、第734条第1款）和补充规范（如《民法典》第510条、第511条）都与民法（法律行为/合同）关系密切，这里不拟详细讨论。参见朱庆育：《民法总论》（第2版），北京大学出版社2016年版，第46－50页。

法条中使用的概念、语词进一步地解释说明。从法律适用的角度，归根结底，说明性法条所说明的对象，通常要么与某完全规范的构成要件有关，要么与某完全规范的法律效果有关。说明的方式，有时是对立法使用的概念提供某种构成性的定义或者规定在本法中某些语词的用法①，例如什么是要约（《民法典》第 472 条）、什么是承诺（《民法典》第 479 条），各种有名合同的定义（《民法典》第 595 条、《民法典》第 681 条），乃至更一般性的，什么是“法人”（《民法典》第 57 条）、什么是“合同”（《民法典》第 464 条第 1 款）等。有时是对较抽象的概念补充更具体的标准，例如违约损害赔偿的范围（《民法典》第 584 条，法律效果相关）、“合理核实义务”的考量因素（《民法典》第 1026 条，构成要件相关）等。

限制性法条，旨在对某完全法条中原本表述过宽的构成要件或者法律效果进行限制，以更准确地确定特定规范应当适用的条件和范围。其中，对构成要件的限制更为常见，其意义实际上是为该规范的适用添加一个或多个消极要件，以排除不应适用的若干情形。

有时，同一法条同时包含了基本规定（其本身通常是一个完全法条，例如《民法典》第 580 条第 1 款、《民法典》第 979 条第 1 款、《民法典》第 985 条等）及其限制（通常以但书表达，即“但是……除外”）。例如，要约原则上可以撤销，但存在限制（《民法典》第 476 条但书）；债权原则上可以转让，但存在限制（《民法典》第 545 条第 1 款但书）；债务人不履行非金钱债务或者履行非金钱债务不符合约定的，债权人可以请求债务人继续履行，但存在若干限制（《民法典》第 580 条第 1 款但书）；在“为履行道德义务进行的给付”“债务到期之前的清偿”“明知无给付义务而进行的债务清偿”等情形下，排除不当得利返还请求权的适用（《民法典》第 985 条但书）。有时，这种限制性法条体现为单独的条文，例如债权请求权通常应适用诉讼时效的规定（《民法典》第 188 条），但存在不适用的若干例外情形（《民法典》第 196 条）。

对某限制性法条的适用，又可以再作限制，构成所谓“例外的例外”。例如，《民法典》第 979 条第 2 款第 1 分句是对第 1 款的限制（管理事务不符合受益人真实意思的，不构成正当无因管理），而第 2 款第 2 分句又构成第 1 分句的例外（受益人的真实意思违反法律或者违背公序良俗的，即使管理事务不符合受益人的真实意思，也不妨碍成立正当无因管理）。又如，《民法典》第 1025 条

---

① 此种提供立法定义的技术在综合性立法中尤为常见，例如《能源法》第 75 条、《未成年人保护法》（2024 年修正）第 130 条、《公司法》（2023 年修订）第 265 条、《海洋环境保护法》（2023 年修订）第 120 条等。

但书之前的规定(行为人为公共利益实施新闻报道、舆论监督等行为,影响他人名誉的,不承担民事责任)构成对《民法典》第 1165 条第 1 款(在名誉权侵权场合下)的限制,《民法典》第 1025 条的但书规定则又对该限制设置了例外(这些情形须回归基本规定处理)。

说明性法条和限制性法条都直接针对法律规范的实质内容(构成要件或者法律效果),因此判断某一不完全法条到底是说明性的还是限制性的,有赖于解释。有时,某一不完全法条可以同时包含说明性和限制性的内容,例如《民法典》第 584 条有两个分句,第 1 分句(但书之前)是对违约损害赔偿范围的概括性说明,即"损失赔偿额应当相当于因违约所造成的损失,包括合同履行后可以获得的利益";第 2 分句(但书规定)则以"可预见性"标准对违约损害赔偿范围作出了限制,即"不得超过违约一方订立合同时预见到或者应当预见到的因违约可能造成的损失"。[①] 如果说,忽视相关的说明性法条,可能会使完全法条的适用变得困难或者不准确(意义不清晰);忽视相关的限制性法条,则可能使完全法条的适用变成错误(要件不完整),即在应当排除适用的时候却仍然适用该规范。

参引性法条,其内容通常并不包括实质性的构成要件或者法律效果,而是利用法条参引的技术,指示该条规定的情形应当适用其他法律规范处理。参引性规定,有时是针对一个较大的规范群(《民法典》第 508 条、《民法典》第 556 条),有时是针对某具体规定;经常是在本法(以及本编/章/节)内部参引,有时也参引外部法律规定(《民法典》第 1028 条)。就具体规定的参引,有时是参引整个法律基础(构成要件与法律效果,如《民法典》第 485 条),有时仅参引法律效果(《民法典》第 474 条)。如果使用得当,参引性法条既可以提示法律适用的方向,又可以避免重复规定的烦冗。[②] 同时,动态参引技术还可以避免

---

① 参见孙维飞:《〈民法典〉第 584 条(违约损害赔偿范围)评注》,载《交大法学》2022 年第 1 期。

② 有一种情形值得注意,我国各种综合性立法存在一种立法技术倾向,即在前几章先规定各种行为要求或者禁令,在后面专辟一章规定"法律责任",这就使得某个具体法律规范的构成要件(行为模式)与法律效果(法律责任)被分开规定,且经常相隔较远,进而不得不大量使用内部参引技术(在规定法律责任的地方,须参引前文规定的构成要件)。有的是概括参引,例如《大气污染防治法》第七章第 98 条至第 124 条规定各种违法行为的法律责任的条文,均以"违反本法规定"开头;有的是具体参引,例如《公司法》第 40 条和第 251 条、《反不正当竞争法》第 6 条和第 18 条、《妇女权益保障法》第 22 条和第 79 条等。

由于被参引法条的修改而造成的法律冲突或者漏洞。①

(三)基本规定与注意规定

理解完全法条与不完全法条的分类,首先需要理解法律规范的逻辑结构,完全法条包含法律规范的三个必要组成部分(构成要件、法律效果以及连接词),从而供给了一项完全规范。完全法条经常并不真的完整自足,无论是构成要件还是法律效果,都需要被不完全法条说明、补充或者限制。然而,毕竟是完全法条决定了法律体系中是否存在某项法律规范("从0到1"),不完全法条的功能则在与完全法条的互动中体现("从1到n")。就此而言,考虑到我国立法的实际状况,还有一个现象值得注意。请阅读下列条文。

《民法典》第三百一十一条　无处分权人将不动产或者动产转让给受让人的,所有权人有权追回;除法律另有规定外,符合下列情形的,受让人取得该不动产或者动产的所有权:(一)受让人受让该不动产或者动产时是善意;(二)以合理的价格转让;(三)转让的不动产或者动产依照法律规定应当登记的已经登记,不需要登记的已经交付给受让人。

受让人依据前款规定取得不动产或者动产的所有权的,原所有权人有权向无处分权人请求损害赔偿。

当事人善意取得其他物权的,参照适用前两款规定。

最高人民法院《关于适用〈中华人民共和国民法典〉物权编的解释(一)》[法释〔2020〕24号,以下简称《物权编解释(一)》]第十四条　受让人受让不动

---

① 如果就特定问题,特别法(A法)并不试图供给不同的规则,则完全可以不予规定,而直接适用已提供相关规则的一般法(B法,如《民法典》或者《民法通则》)。如果认为需要在A法中做一点法律适用的提示,则可以采用动态援引技术,即在A法中提供一个参引性法条,并表述为"某某问题,依照B法的规定"——这样,如果B法的相关规定修改了,该参引性条文无须修改,就可以指向B法修改后的新规定。相反,如果采用静态援引技术,即在A法中直接重复B法的具体规定(例如在特别民法中重复原《民法通则》规定的2年普通诉讼时效期间),那么,在B法的相关规定修改后,A法的规定就很"尴尬",也会造成法律适用上的困扰。动态援引的一个范例是原《合同法》(1999年施行)第113条第2款的规定,即"经营者对消费者提供商品或者服务有欺诈行为的,依照《中华人民共和国消费者权益保护法》的规定承担损害赔偿责任"。在《合同法》实施期间,《消费者权益保护法》(1994年施行)中关于经营者欺诈行为的赔偿规定经历了重大变化(旧法规定了双倍惩罚性赔偿,2013年修正后变为三倍惩罚性赔偿),但《合同法》无须修改,即可指向《消费者权益保护法》的新规定。民法上另一个动态援引的著名例子是现行司法解释中有关民间借贷利率上限的规定,即民间借贷的利率不得超过"合同成立时一年期贷款市场报价利率四倍"。"一年期贷款市场报价利率",是指中国人民银行授权全国银行间同业拆借中心自2019年8月20日起每月发布的一年期贷款市场报价利率。参见最高人民法院《关于审理民间借贷案件适用法律若干问题的规定》(法释〔2015〕18号,经法释〔2020〕6号、法释〔2020〕17号修正)第25条、第27条、第28条、第29条。

产或者动产时，不知道转让人无处分权，且无重大过失的，应当认定受让人为善意。

真实权利人主张受让人不构成善意的，应当承担举证证明责任。

《物权编解释（一）》第十五条　具有下列情形之一的，应当认定不动产受让人知道转让人无处分权：（一）登记簿上存在有效的异议登记；（二）预告登记有效期内，未经预告登记的权利人同意；（三）登记簿上已经记载司法机关或者行政机关依法裁定、决定查封或者以其他形式限制不动产权利的有关事项；（四）受让人知道登记簿上记载的权利主体错误；（五）受让人知道他人已经依法享有不动产物权。

真实权利人有证据证明不动产受让人应当知道转让人无处分权的，应当认定受让人具有重大过失。

《物权编解释（一）》第十六条　受让人受让动产时，交易的对象、场所或者时机等不符合交易习惯的，应当认定受让人具有重大过失。

《物权编解释（一）》第十七条　民法典第三百一十一条第一款第一项所称的"受让人受让该不动产或者动产时"，是指依法完成不动产物权转移登记或者动产交付之时。

当事人以民法典第二百二十六条规定的方式交付动产的，转让动产民事法律行为生效时为动产交付之时；当事人以民法典第二百二十七条规定的方式交付动产的，转让人与受让人之间有关转让返还原物请求权的协议生效时为动产交付之时。

法律对不动产、动产物权的设立另有规定的，应当按照法律规定的时间认定权利人是否为善意。

《物权编解释（一）》第十八条　民法典第三百一十一条第一款第二项所称"合理的价格"，应当根据转让标的物的性质、数量以及付款方式等具体情况，参考转让时交易地市场价格以及交易习惯等因素综合认定。

《物权编解释（一）》第十九条　转让人将民法典第二百二十五条规定的船舶、航空器和机动车等交付给受让人的，应当认定符合民法典第三百一十一条第一款第三项规定的善意取得的条件。

《物权编解释（一）》第二十条　具有下列情形之一，受让人主张依据民法典第三百一十一条规定取得所有权的，不予支持：（一）转让合同被认定无效；（二）转让合同被撤销。

《民法典》第311条分为三款。第1款有两个分句。第1分句，即"无处分权人将不动产或者动产转让给受让人的，所有权人有权追回"，看上去也具有完全法条的表征（构成要件、法律效果和连接词齐备），但从内容上看，似乎只是对《民法典》第235条的重述，即如果此时受让人不能取得所有权的，则为无权占有，所有权人当然可以请求其返还原物。该分句只是提供了应由《民法典》第235条处理的一种情境，不具有法律适用上的独立意义。《民法典》第311条第1款第2分句是我国法上善意取得制度的基本规定，即在处分人没有处分权时，受让人要取得所有权，需要满足该款规定的三项（并列而非择一的）构成要件。因此，第1款第2分句是一个完全法条，供给了一项重要的法律规范。

但是，第1款第2分句的规定真的"完整"吗？显然并非如此。《物权编解释（一）》第14条至第19条，对三项构成要件中的若干核心问题，例如何谓"受让该不动产或者动产时"，何谓"善意"（以及衍生出来的何谓受让人具有"重大过失"），何谓"合理的价格"，特殊动产是适用登记还是交付标准等，作出了进一步的解释说明——即这几条是配合《民法典》第311条第1款适用的不完全法条（说明性法条）。这其实是一种较常见也较妥当的司法解释供给方式，即直接针对立法中的具体语词进行阐释说明，并明确指出其阐释的条文对象。《物权编解释（一）》第20条则进一步表明，在转让合同被认定无效或者被撤销这两种例外情形下，尽管满足了《民法典》第311条第1款的全部构成要件，也不能获得该款规定的法律效果。换句话说，《物权编解释（一）》第20条也是一项重要的不完全法条（从其规定方式看，接近限制性法条），其作用是实质限制了《民法典》第311条第1款的适用范围。①

《民法典》第311条第2款同样具有完全法条的表征。这里可能的问题不在法律效果，而在构成要件，即在受让人善意取得不动产或者动产的所有权，从而原权利人失去所有权的情况下（构成要件），原权利人是否均有权向无处分权人请求损害赔偿（法律效果）？如果该损害赔偿是违约性质的，是否构成违约应当依合同判断，无须在此处专门说明。如果该损害赔偿是侵权性质的，与以其他方式侵害所有权相比，以无权处分的方式侵害所有权似乎并无理由

---

①　令人生疑的是，《物权法解释（一）》第20条为什么只规定这两种情形呢？如果转让合同不是被认定无效或者被撤销，而是由于其他原因未成立或者未生效（例如，未能获得法律或者行政法规要求的行政审批），受让人能够主张善意取得吗？如果同样不能，那么对该条更好的解释方式，就不是认为其只是在这两种情形下限制了《民法典》第311条第1款的适用，而是认为其以此种方式补充说明了要获得第311条第1款的法律效果所必须满足的另一项积极要件，即转让合同应当有效（进而也就确认了对基于法律行为的物权变动，《民法典》采纳的是有因的物权形式主义模式）。参见茅少伟：《民法典编纂视野下物权变动的解释论》，载《南京大学学报（哲学·人文科学·社会科学）》2020年第2期。不同意见，参见朱庆育：《中国法上的买卖契约与物权变动》，载《比较法研究》2024年第3期。

得到更严苛的评价。那么《民法典》第 311 条第 2 款规定的构成要件就是不完整的，至少无处分权人需要具有过错，才应当承担赔偿责任。因此，与该条第 1 款第 1 分句类似，第 2 款也不具有法律适用上的独立意义，而只是提供了《民法典》第 1165 条第 1 款的一个适用场景。

《民法典》第 311 条第 3 款是一个参引性法条，其目的是表明在当事人善意取得其他物权的场合，可以参照适用所有权善意取得的规定。[①] 问题是，应当如何参照呢？是主要参照法律效果（即可以善意取得其他物权），还是连同构成要件一起参照？明显无法参照的地方（例如抵押权的设立不存在“合理的价格”，留置权的成立不存在“转让”），应当如何变通呢？

通过上述对《民法典》第 311 条的简要阐释，我们能更好地理解，完全法条和不完全法条为何总是需要配合以及如何配合使用的。一个令人困惑的问题是，《民法典》第 311 条所供给的法律规范已经足够重要、足够复杂了，为何还要掺入那些几乎没有实益却可能造成理解困扰的冗余信息（第 1 款第 1 分句、第 2 款）呢？我们可以再来看几个《民法典》中的例子。

第一百五十七条　民事法律行为无效、被撤销或者确定不发生效力后，行为人因该行为取得的财产，应当予以返还；不能返还或者没有必要返还的，应当折价补偿。有过错的一方应当赔偿对方由此所受到的损失；各方都有过错的，应当各自承担相应的责任。法律另有规定的，依照其规定。

第一百六十四条　代理人不履行或者不完全履行职责，造成被代理人损害的，应当承担民事责任。

代理人和相对人恶意串通，损害被代理人合法权益的，代理人和相对人应当承担连带责任。

第二百三十三条　物权受到侵害的，权利人可以通过和解、调解、仲裁、诉讼等途径解决。

第二百三十八条　侵害物权，造成权利人损害的，权利人可以依法请求损害赔偿，也可以依法请求承担其他民事责任。

《民法典》第 233 条是一个普法性质的条文，看上去最“人畜无害”，于法律适用虽然无益，但也没什么坏处。《民法典》第 238 条的“冗余”感就要强得多，其构成要件并不完整，“依法”则表明权利人可以请求损害赔偿或者请求承担

---

① 参见最高人民法院《关于适用〈中华人民共和国民法典〉有关担保制度的解释》（法释〔2020〕28 号）第 37 条第 1 款：“当事人以所有权、使用权不明或者有争议的财产抵押，经审查构成无权处分的，人民法院应当依照民法典第三百一十一条的规定处理。”

其他民事责任的法律基础并不在本条。[①]

《民法典》第 164 条初看起来似乎并不冗余。第 1 款和第 2 款规定都具有完全法条的表征。然而,第 1 款规定的代理人对被代理人的民事责任,其构成要件为何,法律效果为何,均取决于代理人与被代理人之间的基础关系(例如是否存在委托合同等),无须依赖本款规定。第 2 款规定的"代理人和相对人恶意串通,损害被代理人合法权益的"情形,实际上是共同侵权(《民法典》第 1168 条)的一种具体案型,法律效果("连带责任")也是完全一致的。

类似《民法典》第 164 条和《民法典》第 311 条第 2 款的规定,立法者的初衷或许只是提示裁判者或者当事人注意有关法律适用情形(不妨称之为"注意规定"),在实践中却经常具有误导性。[②] 这类规范有完全法条的全部外观,却并不具有法律适用上的独立价值,要么构成要件不完整(因此直接适用可能导致法律适用错误),要么只是提示了一个已经存在的更完整、更一般的法律规范(不妨称之为"基本规定")可以适用的情境,而并没有提供其他任何有价值的信息——在最好的情况下,即针对某种更具体的情境,如果注意规定能够比较准确地"复述"基本规定的构成要件和法律效果,其效果也只相当于一个说明性法条。对此,我们可以做一个简单的思想实验:如果删掉某法条,我们的法律体系有无损失?也就是说,对于该规定涉及的情形,是否有什么法律效果因此而无法获得?如果答案为否,则该法条即为注意规定。

《民法典》第 157 条则更加复杂。具有共识的是该条涉及在民事法律行为无效、被撤销或者确定不发生效力的场合,当事人之间可能具有的物权性返还请求权、不当得利返还请求权和缔约过失损害赔偿请求权。核心分歧则在于,《民法典》第 157 条具有独立的法律适用价值,即其可以作为该场合下这三项请求权的法律基础;抑或该条仅为注意规定,该场合下这三项请求权的适用仍须回归相应的基本规定(《民法典》第 235 条、第 500 条及第 985 条以下规定)处理。[③]

---

① 《民法典》第 238 条的"前身"是《物权法》第 37 条,该条规定:"侵害物权,造成权利人损害的,权利人可以请求损害赔偿,也可以请求承担其他民事责任。"《物权法》的规定少了"依法"二字,显然更具有误导性,即其具有完全法条的外观,却又缺少核心的构成要件(例如侵权人的过错)。

② 更多讨论,参见贺剑:《民法的法条病理学——以僵尸法条或注意规定为中心》,载《法学》2019 年第 8 期;吴香香:《请求权基础视角下〈民法典〉的规范类型》,载《南京大学学报(哲学·人文科学·社会科学)》2021 年第 4 期。

③ 参见叶名怡:《〈民法典〉第 157 条(法律行为无效之法律后果)评注》,载《法学家》2022 年第 1 期;周江洪:《法律行为效力瑕疵情形的返还清算》,载《法学研究》2024 年第 4 期;茅少伟:《恶意串通、债权人撤销权及合同无效的法律后果——最高人民法院指导案例 33 号的实体法评释》,载《当代法学》2018 年第 2 期。

由此可见,某些法条是否冗余,是否无益甚至有害,当然也是我们解释的结果。无可争辩的是,我国法上确实存在很多这样的注意规定,且时不时会造成困扰乃至误导。一个重要原因是,我国的制定法是在较短的时间里逐步发展起来的,部门法"各自为战"的实用属性较强,"瞻前顾后"的体系意识较弱。即便出现了法典编纂的契机,整合旧法的力度也不够。以《民法典》中的条文为例,第 164 条源于原《民法通则》(1987 年施行)第 66 条,第 157 条源于原《合同法》(1999 年施行)第 58 条,第 238 条源于原《物权法》(2007 年施行)第 37 条,此后又有了《侵权责任法》(2009 年施行),在将这些来自不同年代不同法律的法条整合进《民法典》时,各种规定之间的体系"褶皱"并没有被着意熨平,从而造成了很多的重复和冗余。①

我们认为,对此合适的态度仍然是回到法律适用的立场来看法律规范。对于法律适用来说,有两件关于法律规范的事是真正重要的。第一件事是,现行法下是否存在某项法律规范;如果答案是肯定的,第二件事是,法律规范的内容(构成要件和法律效果)是什么。至于该项法律规范是由哪个具有完全法条形式的规定(以及相关不完全法条)所支撑起来的,则是次要的技术问题和形式问题。换句话说,如果我们认可现行法下存在某项法律规范,且对该法律规范的基本内容并无分歧,那么,在相应场合下,是适用《民法典》第 164 条第 2 款还是第 1168 条,是统一适用《民法典》第 157 条还是分别适用《民法典》第 235 条、第 500 条和第 985 条,这类有关法律依据的争议并不重要。相反,如果对现行法下是否存在某项法律规范,或者对该法律规范的内容有实质性解释分歧,这类有关法律依据的争议才变得重要。

三、小结

法律适用就是法律规范的适用。法律规范是法律制度的"基本粒子"。理解法律规范是理解法律适用的必要条件。一个完全法律规范包含了对其所欲处理的社会生活事实类型的描述(构成要件)、对该类事实所欲赋予的法律后果(法律效果)以及将这两者连接起来的规范模态词。"对法律后果的安排总是包含了立法者对法定的事实构成所涉及的生活事实过程进行的法律评价"——也就是说,法律规范的内容总是蕴含了立法者的价值判断,立法者借此部分表达了如何组织社会的设想(例如什么是禁止的,什么是允许的,什么

① 参见茅少伟:《民法典的规则供给与规范配置——基于〈民法总则〉的观察与批评》,载《中外法学》2018 年第 1 期。

是适当的,什么是正义的),从而“法律适用就意味着在具体的个案中实现法定的价值判断”。[①]

只有完全规范可以充当法律适用的大前提。严格来讲,在找到一个可适用的完全规范之前,不存在真正的法律适用。因此,能够供给完全规范的法条(完全法条)意义重大。结合制定法的不同权威类型(见表1),不妨认为,能够充当裁判依据的完全法条(类型①)在法律适用中处于中心地位。当然,完全法条的这种中心地位有时更多是形式上的。完全规范内容的确定不只依靠完全法条,经常还需要若干不完全法条的辅助或者限制;而能够澄清构成要件或者法律效果意义的法源性资料,也未必属于裁判依据,可能只是裁判说理的依据。[②] 因此,其他类型的材料(类型②、③、④)也都应当检索,在个案法律适用中实际发挥关键作用的材料可能就在其中。

表1　法律适用视角下的规范类型

规范类型	权威类型	
	裁判依据	说理依据
完全法条	类型①	类型③
不完全法条	类型②	类型④

---

① ［德］魏德士:《法理学》,丁晓春、吴越译,法律出版社2013年版,第61页。

② 这里“裁判依据”和“裁判说理的依据”的区分采纳的是最高人民法院《关于裁判文书引用法律、法规等规范性法律文件的规定》(法释〔2009〕14号)使用的形式性区分标准。

会 计 法

——面向商业律师的财务会计*

刘 燕**

大家好,欢迎来到"会计法与审计法"的课堂。这门课的名称虽然包含两个部分,但是二者不可等量齐观。因为审计本质上是对会计活动的外部审查和监督,其核心依据仍是会计知识,所以我们的课程实际上以会计法为主。那我们具体学什么?是会计法的法律文本吗?大家只要看过《会计法》(2024 修正)就能感受到,它和民法、刑法、诉讼法等部门法都不太一样,因为它的文本和大白话几乎没有区别,所传递的理念也非常简单直观,就是"说真话,不能骗人",完全不像我们学习其他法律一样,能够立马增加一门法律的知识或一套法律的工具。

实际上,我们的课程核心并不是会计法的法律文本,而是"面向商业律师的财务会计"①,国外的大学称之为"Accounting for Lawyers","商业"二字都无必要。那么,律师为什么要了解财务会计呢?作为一个律师,如果要履行法律人定分止争的使命,特别是处理商业活动中的纠纷,首先就得理解纠纷是什么。我们常说,"以事实为依据,以法律为准绳",因此,查明"事实"是法律适用的前提。而一旦进入商业世界,我们所面临的现象可能远比家长里短、暴力行凶要复杂,极易产生事实层面的困扰。那么,怎样才能理解这些现象?一个最好的方式就是用商业语言去理解问题,而这个语言就是会计。我们学习会计,不是奔着考注册会计师的目标,而是立足于律师特别是商业律师的知识需求,

---

* 本文为刘燕老师的"会计法与审计法"课程(2024 年秋季学期)第一讲的教学讲义。讲义材料整理人:杨骐玮,北京大学法学院博士研究生。

** 北京大学法学院教授、博士生导师。

① "会计法与审计法"的前身是 20 世纪七八十年代北京大学经济法专业的必修课"会计基础"。"会计基础"由经济学院的会计学专业教师讲授,侧重会计基础训练;1991 年后由法学院教师讲授,更名为"会计法与审计法",以"面向商业律师的财务会计"为核心内容,主要培养学生用会计方法辅助解决法律问题的能力,相比前者更体现法律与会计交叉研究的特色。

掌握会计最基本的逻辑、术语、表达方式,并学习如何将这套语言应用于相关部门法。在本学期的32课时里,我会带大家了解这门商业语言的基本运作范式,使它能够真正变成同学们作为法律人的知识结构的一部分。

今天是第一堂课,首先,我会向大家说明一下课程目的;其次,我们进入绪论,来初步了解什么是会计、什么是会计法。在这部分,我希望同学们能够感知到法律和会计之间微妙的紧张关系,以及对法律人而言,会计可以成为有用的辅助工具。

一、为什么要开这门课?

(一)对法学教育的反思

本科教育是塑造一个人的思维模式的关键阶段,而法学教育由于重心在逻辑演绎,因此规训思维方式的功能尤其强大。各位作为法学院的本科生,想必都熟悉并接受了这个法谚,"Thinking like a lawyer"。当然,这里的"lawyer"并非单指律师,而是包括法官、检察官甚至学者在内的"法律人",或者"法律共同体"。

不过,冯象老师早在二十多年前就指出了法学教育的局限性:"中国大学的专业定向过早过细,可能会限制一部分学生的潜力和发展机会。这在法学尤其显著,因为法律不是一门可以转换利用的知识。我的观察,本科学法律的进入其他专业,比本科学其他专业的进入法律,要困难得多。"①

冯老师本人的跨学科、跨文化背景——本科英语专业,硕士到美国留学,研究中古英语外加法学院JD项目,后来又任教于香港大学与清华大学法学院——可能令他更敏锐地意识到法学教育的问题。同学们或许对此也有同感。比如,身边很少有本科学法律的同学会报考其他专业的研究生,因为这样难度很大;但相反,有非常多其他专业的同学在报考法学研究生,不仅我们的法律硕士项目专门面向非法学本科学生,而且在以学术研究为导向法学硕士项目中,也不乏非法律本科的学生。

当然,讲法学教育的局限性并不是想挫败大家对法学的学习热情,因为在接下来的两年里,你们还需要继续夯实法律的思维方式。然而从另一个角度看,当一个人的思维方式、理解世界的方法在本科阶段就被法学教育框定、形塑,其实是有些遗憾的。规整的形塑在某种意义上也是严格的桎梏。传统的

① 冯象:《政法笔记》,江苏人民出版社2004年版,第242－243页。

法学教育能够训练你成为一名熟练的法律操作工和解剖师，游刃有余地在法律概念体系下应对各式题目，然而与此同时，你可能会逐渐丧失对真实社会生活的感知能力，因为你已太习惯于按照法律训练的套路去思考，而不会先想想，作为普通人会怎样看待这件事。

我们的课程，就像是往法律思维训练这个高速运转的机器中掺沙子，让它慢下来，让你接地气，通过会计这把"钥匙"打开真实商业世界的大门，去体会什么叫普通人的感知或常识(common sense)，从而跳出本科法学教育对思维的束缚。

(二)商业律师的知识结构

作为国际通用的商业语言，会计是商业律师知识结构中不可或缺的一部分，甚至成为成功处理复杂商业纠纷的前提。我们的课程希望把这门商业语言嵌入法律人的知识结构，为大家提供一个理解事实的入口。

商人再聪明不过了，他们自己如果能把纠纷搞明白，是不需要律师的，因为咨询、打官司都要花费成本。然而，商人们有时深陷利益纠葛而难以跳脱出来、思路清晰地分析问题，所以需要有个头脑清醒、逻辑性很强的人来帮他捋清这堆乱麻，这便是一个合格的商业律师的工作。但是在实践中我们常看到，面对公司的财务报表、付款单、发票、票据等各样证据，律师一头雾水，分辨不出证据背后的商业逻辑，遑论基于混沌的事实而清晰地表述核心冲突之所在；打官司时，法庭也不知所措，以至在请会计师等专业人士来解释、鉴定后，茫然依旧。在这种情况下，"葫芦僧断葫芦案"几乎是必然的结果，当事人也会心有不甘，怨叹一声白花冤枉钱。

一个人的知识不敷使用，或许可归咎于个人的懒惰或能力不足；但如果一群法律人的知识结构存在短板，则很难说法学教育对此全无责任。在诸如哈佛大学法学院等域外的顶级法学院里，Accounting for Lawyers 都是基础课程，他们认为这是一门跟实践密切相关的商法课程，与海商法、保险法、票据法并列。但是在国内，Accounting for Lawyers 还是游离于法学教学体系的异类，乃至很多大学的法学院都没开这门课。商业律师对会计知识的现实需求强烈呼唤着法学教学体系的革新。

(三)法律人与社会的互动

会计的英文单词"accounting"，与"accountability"(责任/问责)、"accountable"(负责任的)共用一个词根。由此，会计自然而然地成为责任的隐喻，传达着负责任的观念。[①] 尽管自20世纪起，受新自由主义思想的影响，会计作为责任隐喻的意义在不断消减，更多被视作纯粹提供信息的技术工具，但是，我还是希望能通过这门课程培养大家的责任观、责任感。

会计，既是一项专业行为，其实也是一个人思维方式和行为方式的组成部分。会计最基础但又最核心的原理——"资产 - 负债 = 所有者权益"这个会计恒等式，其底层逻辑就是商业世界的责任观，我们在后面的课上会具体地展开。大家可以下载一个记账 App 试试，你会发现，当开始记账，你的行为模式会不知不觉地改变，与父母亲人和其他人之间的关系也会发生潜移默化的变化，因为你的责任意识增强了。法律人只是我们的一个标签，我们都是更广大世界中的一分子，身处于庞大的社会关系中。在与他人、与社会的互动里，我们不仅可以在观念上不断提醒自己，我要成为什么样的人，还可以用会计这种工具来帮助自己成为想要成为的人。这也是我们这门课希望达到的效果。

二、什么是会计？

（一）会计的定义

到底什么是会计？有两种非常不同的定义方式，一种是管理论的，另一种是信息论的。

- 定义一：以货币为计量单位，运用专门的方法，对特定主体的经济活动进行连续、全面、系统的核算和监督，旨在提高经济效益的一种管理活动。
- 定义二：提供一个企业有关财务状况、业绩以及财务状况变动的信息，以便让各类潜在信息使用者作出经济决策时使用。

定义一就属于"管理工具论"的定义，它直白地描述了会计是做什么的，方便我们理解会计的功能。我很喜欢这个定义，可惜在现在的会计教科书里几乎找不到了。

定义二属于"信息论"的定义，是近年来会计学教材的主流定义。但定义二有鲜明的"理中客"特点，不存在任何主观色彩，从中也看不出任何人的行动，只能看到一个"黑匣子"产出许多关于企业财务状况的信息。而何谓企业财务状况，何谓财务状况的变动，还需要进一步解释。所以，对于初学者、非会计系的学生来说，定义二不太友好。而从定义一中，我们可以更清晰地感知到会计是一种什么样的活动，并总结出会计的如下属性。

---

① 参见刘燕：《从"会计法"到"法律与会计"的嬗变——我国会计法与会计法学三十年发展》，载《政治与法律》2010 年第 2 期。

（二）会计的属性

第一，会计反映的对象是经济活动中的资金运动。在会计产生的早期，会计对经济活动的反映主要是计数，无论是结绳记事，还是竹简、石板刻字，都在计量、记录财产物资的收支与结存。而当商品货币经济充分发展后，货币成为计量工具，会计作为人们衡量生产投入与产出的技术手段，对资金运动的价值量进行计量、记录、汇总反映。①

第二，会计用专门的方法来反映经济活动中的资金运动。所谓专门的方法，最主要的就是复式记账法，即将每一笔业务都进行“借”与“贷”的双重记录，全面反映经济活动的来龙去脉。1494 年，意大利僧侣帕乔利在《算术、几何、比及比例概要》一书中对复式记账法进行了最早的详细论述，将意大利银行家关于记账的实践经验上升为规范化、系统化的知识，影响极其深远。

第三，会计的基本职能是会计核算。任何一个主体，小到企业，大到国家，只要诞生，经济活动就开始持续不断地发生，会计能够连续、系统、全面、综合地反映相关资金运动，并最终以财务报表的形式反映会计主体的经济活动及其结果。对企业来讲，不管是生产、销售，还是投融资、利润分配，只要涉及资金流动，就要进行全面的核算。关于会计核算的必要性，马克思曾言，“（资本运动的）过程越是按社会规律进行，越是失去纯粹的个人的性质，作为对过程的控制和观念总结的簿记就越是必要；因此，簿记对资本主义生产比对手工业和农民的分散生产更为必要，对公有制生产，比对资本主义生产更为必要”。②

第四，会计具有监督功能。正所谓“瞒天瞒地瞒不过会计”，由于能够进行连续完整、系统全面的核算，会计天然具备着“让事实说话”的威慑力量。会计监督可以让企业避免浪费，运作更加高效，提高经济效益，同时避免从事违法活动。但是，会计监督是否为单位内部会计人员的基本职能，是一个有争议的问题。

我国 1985 年《会计法》将“会计监督”规定为单位内部会计人员的基本职能，要求其对会计主体的经济活动的合法性进行监督，对于不真实、不合法的经济业务拒绝办理，或向有关负责人报告。《会计法》（1993 修正）更进一步，要求单位内部会计人员保证会计资料合法、真实、准确、完整。彼时，在全民所有制和集体所有制下，大厂职工手捧“铁饭碗”，可以很硬气地向领导说“不”，

---

① 参见刘燕：《会计法》（第 2 版），北京大学出版社 2009 年版，第 4 页。

② ［德］马克思：《资本论》（第 2 卷），中共中央马克思恩格斯列宁斯大林著作编译局译，人民出版社 1975 年版，第 152 页。

拒绝办理不真实、不合法的业务。但随着市场经济改革与企业改革的深入，用工形式变得灵活，通过合同加以规范的雇佣关系打破了“铁饭碗”。此时，法律向单位内部会计人员课加的监督义务无疑是置其于两难境地：不监督可能违法，监督则可能被辞退。于是，《会计法》（1999 修订）将会计监督的职能主要配置给有关监管部门以及进行审计的注册会计师，并明确规定单位负责人对本单位的会计工作和会计资料的真实性、完整性负责。① 这充分考虑到了单位内部会计人员的生存空间。而今天，我们看到《会计法》（2024 修正）的颁布引起了会计群体的一片哀号。新法对会计监督的强化、对个人责任的加重，导致会计人员在两难境地中更加觉得无从自处。如果缺乏雇佣劳动制度、社会基本经济制度的支持或匹配，不考虑当前社会诚信环境的真实面貌，法律“单兵突进”规定的会计监督义务在既定约束框架下实际上是难以实施的。透过有关会计监督的争议，我们再来看如今会计学界主流的会计“信息论”定义便能感受到，定义未提及会计的监督职能，其实也是对社会现象或基本经济制度的反映，某种意义上也反映了会计人的无奈。

（三）会计核算——会计的技术特征

一般人提到会计或会计核算，都会想到“记账”。其实，会计核算包括三个环节，记账只是最后一个环节，在此之前，还需要进行定性（会计确认）与定量（会计计量）两方面的专业分析工作。

会计核算的起始环节是确认（recognition），指将一项经济业务作为资产、负债、收入、费用或者其他会计要素正式列入财务报表的过程。面对纷繁复杂的经济活动，会计只能记录一部分，因为只有可以用货币计量、影响会计要素变动的活动才能被记录。确认环节可以理解为定性，即确定相关的经济活动是否需要通过会计信息系统来反映，如果是，涉及哪些会计要素。例如，两家公司签了一个买卖合同，但双方都未开始履行，在任一方，签约这个事项尚不需要会计确认；相反，一旦其中一方（如买方）开始履行合同（如预付了货款），则可能形成一方的资产/权利与另一方的债务，此时两家公司都有必要进行会计确认，分别作为资产或负债入账。

第二个环节是计量（measurement），是指为了在财务报表中确认和计列有关会计要素而确定其货币金额的过程。你可能会觉得这个环节很简单，因为合同上都记载了交易金额。但是，一项交易可能涉及多种货币价值，汇率在签订合同、销售交付、编制财报时可能上下波动，所对应的销售收入也存在差异。

---

① 参见刘燕：《会计法》（第 2 版），北京大学出版社 2009 年版，第 6－7 页。

在变化的经济环境中，会计需要选取一个合适的价值尺度，完成定量的工作，确定到底记多少。

最后是记录(bookkeeping)，是指按照特定的记账方法(如复式记账法)将有关的交易记录到有关的账户中的过程，又称为“簿记”或“记账”。这是会计的基本功，也是我们这个学期要反复练习的过程。今天，信息技术的发展使得簿记的过程自动化了，即会计电算化，但复式记账的基本逻辑仍然是我们理解财务报表、快速进入商业世界必不可少的工具。

(四)会计信息的载体

资产负债表、损益表、现金流量表等财务报表是企业对外提供信息的最主要载体。经过会计信息系统在前面事无巨细的核算，企业能够产出一组有固定格式的、载有浓缩数据的财务报表，快速输送出企业的财务状况、现金流、偿债能力、经营活动的优劣等多方面信息。

资产负债表描述在某一个特定的时点上，企业占用的资产、对外所欠的债务以及股东对企业所拥有的权益情况。它就像照相机一样，在单个时点给公司拍张照，记录并展示公司当下有多少资产、负债及所有者权益。但是到了第二天或下一个时点，这些数字可能就变了。

损益表反映企业在某一段时间内的经营活动的成果，它汇总企业生产经营活动所发生的收入、费用以及最终的结果。从损益表中，人们可以了解企业在经过一段时间的经营后，是否获得盈利和资本增值。

现金流量表反映企业在一定时期内现金及现金等价物的流入、流出状况。它是三大报表中最晚出现的报表。20 世纪 70 年代的两次石油危机导致油价高涨与高通货膨胀，材料和人工成本飙升，企业虽然账面利润增加，但实际现金储备严重不足，偿债能力和运营资金周转受到威胁。经济的动荡暴露了资产负债表和损益表的局限。于是，现金流量表开始走上历史舞台，成为衡量企业短期偿债能力和流动性的核心工具。

三、什么是会计法?

(一)会计法的定义

如果会计是一套核算的工具，那会计法是什么呢?对会计法的定义也与对会计的定义方式相似，有两种不同风格的定义。

- 定义一：会计法是调整会计关系的法律规范的总称。

● 定义二:会计法指会计规范化,或者会计关系的法律调整。

定义一是我们最为熟悉的法律教材对法律的套路化定义,即“××法是调整××关系的法律规范的总称”,但其内涵、外延都十分模糊。相比之下,定义二更加充实具体,“会计规范化”能够传递出法律之于会计的意义,或会计法的方向与目的,即让整个会计过程规范、有序、统一。因为会计早已成为经济社会结构中实施管理、处理冲突、协调利益的“基础设施”,为了保障会计信息的真实性,法律必须对会计行为以及会计系统的组织与运作进行规范。所以,会计法远非法律体系中的边缘性内容,与公司法、金融法、税法等其他法律部门也不是并列关系,而是规范社会经济最基础环节的法律。有学者认为,即便《会计法》的文本再简略,也不改“会计法属于经济法体系中的基本法”的定位。① 我感觉,将上句中“基本法”改为“基础法”可能更妥帖。正因如此,同学们通过本课程学习会计法后,再进一步学习公司法、金融法、竞争法、税法等其他专业课程会更顺畅一些。

具体而言,“会计规范化”至少包含如下两方面。

第一,会计方法的规范化。也就是对会计核算中确认、计量、记录等各个步骤所采用方法的规范化、统一化。会计是一门从“草根”中生长出来的语言,是商人们为了记录经营过程与结果而自主发明的技术,所以会计初始便具有多样、主观和可选择的特点。然而,通过五花八门的会计方法所生成的信息不具有可比性,不同利益主体对彼此提供的会计信息也互不信任。为了各主体信息交流的方便、利益分配的高效,会计方法需要得到统一,使会计信息可比、可靠,这也是社会经济运行的客观要求。于是,会计方法从商人的各种记账方式进化发展为复式记账法,而复式记账法经过提炼总结,从银行业被全面推广至其他商业以及工业企业。在这整个过程中,会计方法的规范化可能主要依赖职业团体的努力,然而职业团体有自身的职业利益诉求,其可能与其他主体发生利害冲突,所以,会计方法的规范与革新最终要靠法律制度来完成。我国《会计法》(2024 修正)对会计方法规范化的确认体现为“国家实行统一的会计制度。国家统一的会计制度由国务院财政部门根据本法制定并公布”。

第二,会计组织工作与内部控制的规范化。会计信息的真实性不仅取决于会计人员所使用的会计方法,还与会计人员本身的行为、会计信息的产出过程、企业会计工作的组织运作密切相关。因此,如何规范企业会计信息的加工程序、约束会计人员的行为,也是极为关键的问题。不过,法律并未自始就介

---

① 参见许兆铭:《试论〈会计法〉在我国经济法体系中的地位和作用》,载《上海会计》1985 年第 5 期。

入对企业会计组织工作的干预。俗话说“清官难断家务事”,企业会计的组织与运作长期以来属于企业自主决定的范畴,法律主要通过确立企业以及管理者对会计资料真实性的法律责任而间接影响会计人员的行为。但是,近几十年来,随着现代企业越来越成为经济及社会中的一种主宰力量,企业合规制度勃然而兴,其实施基础——内部控制日益受到关注,内部控制审计也成为与财务报表审计并列的审计业务重要板块。作为内部控制核心机制的“授权与审批程序”,不仅对企业的会计组织工作发挥着监督与制约作用,同时还为企业提供了符合权力制衡、风险隔离目标的管理流程。[①] 因此,内部控制为公司治理架构注入了新的生命力,并逐渐发展为合规免责的基础、前提。当我们去讨论公司虚假陈述、财务造假具体要向谁追责,董事是否履行了注意义务,都需要依托于公司内部的治理结构,以是否遵循内部控制为基本凭据。也正是在这个意义上,美国公司证券法权威乔尔·塞里格曼(Joel Seligman)教授提出了“公司治理的语言是会计”的著名论断。

(二)会计规范化的途径

在我国改革开放时期的法律重建过程中,《会计法》(1985)紧随《中外合资经营企业法》(1979)、《中外合资经营企业所得税法》(1980)和《经济合同法》(1981)出台,属于经济法制度建设的第一梯队。那时,我们还没有《公司法》《证券法》和《企业所得税法》。之所以先行推出《会计法》(1985),不仅是因为从逻辑上讲,会计法是与经济活动相关的法律的基础,更重要的原因是,面对经济百废待兴的局面,只有先建立起整个社会的会计信息系统,才能知道企业该怎么管理、国家需要做哪些工作或如何决策,从而使经济有秩序地恢复、发展——先出台《会计法》(1985)是现实的紧迫需求。

不过,域外的主要法域并没有像我国一样颁布以“会计法”为名的立法文本,那他们如何实现会计规范化呢?这个问题很大,简单地说,会计规范化如同一个自然生长的过程,体现了法律与商业组织/活动交织发展的演进轨迹。其中,商法/公司法、税法、证券法是对会计规范化有重大影响的三个主要法律部门。各国具体以何者为主导,与其经济社会发展的独特路径以及各自迥异的文化传统等因素密切相关。

商法是最早对会计进行规范的法律部门,以法国“萨瓦里法典”为代表。17世纪的法国,社会经济秩序混乱异常,商业全面崩溃。雅克·萨瓦里受法国执政大臣科尔贝之命制订法案,以整顿商业秩序。由于萨瓦里的贡献过于突

① 参见《企业内部控制基本规范》(财会〔2008〕7号)、《会计法》(2024修正)第25条。

出,这些法案被称为“萨瓦里法典”。萨瓦里非常强调建立规范的会计组织秩序,以至于以“萨瓦里法典”为蓝本的1673年《法国商法典》被视作法律系统地规范会计行为的鼻祖。例如,《法国商法典》规定商人有义务设置、使用和保存会计账簿,并接受政府官员与破产法官的监督,如果破产、倒闭而未清理账簿,商人将被视为“欺诈破产者”而判刑。观察如今大陆法系国家的商法,不难从中窥见《法国商法典》的影响。以《德国商法典》为例,诸如海商法、保险法等均已从中独立出来,但是关于商事账簿的规定一直保留在商法典中。

普通法系的英国没有编制商法典,其对商事组织的规范主要依靠公司法。工业革命的兴旺推动了法律改革,为适应工业革命带来的经济结构转变、规范不断增长扩张的企业,英国于1844年颁布《合股公司法》。该法明确规定,公司应当编制资产负债表,召开股东大会报告公司的财务状况,并且接受股东的审计监督。借由法国、英国的例子,我们能看到,对会计的约束是自然地生长于商事组织的法律规范当中的。这也成为会计规范化的主流路径。

此外,税法在会计规范化的进程中亦有建树。在企业向国家纳税前,基本上只有商人自己关心企业的财务状况,在意能获得多少利润回报。但是自19世纪后半叶,英国、日本等各国陆续开征企业所得税,于是出现了从国家的角度对企业利润、会计核算的关注。自此,税法开始对企业的会计行为加以约束,甚至具体到收入能否确认、成本如何分摊、是否承认固定资产与无形资产的折旧等事项。①

还有一条独特的路径不得不提,就是美国1934年《证券交易法》开启了以证券法规范会计行为的先河。20世纪30年代,美国股市崩盘的一个重要原因就是当时的上市公司普遍存在会计信息虚假、会计行为混乱无序的情况。而美国公司法属于州法规定的内容,各州并未对公司会计事务进行约束。因此,整肃公司的会计行为就成为联邦证券法义不容辞的使命之一。《证券交易法》对上市公司的财务报表与审计提出了系统性要求,赋予了美国证券交易委员会制定有关会计规则的权力。② 后来,2002年《萨班斯－奥克斯利法案》对《证券交易法》加以修改、补充,成立了上市公司会计监管委员会,并进一步强化了

① 在现代国家中,税务与财务会计行为之间的关系有“财务会计与税务会计一致”“财务会计与税务会计分离”两种模式,课堂上不展开介绍,具体参见刘燕:《会计法》(第2版),北京大学出版社2009年版,第20－22页。

② 实践中,美国证券交易委员会基本上只制定有关信息披露的规则,而将会计确认、计量与记录规范的制定权授予了会计职业团体——美国注册会计师协会。1973年,会计准则的制定权移交至由多方利益代表组成的独立性较强的民间会计准则制定机构——财务会计准则委员会,其制定的会计准则被称为“公认会计准则”。同时,美国证券交易委员会保留对会计职业团体制定的会计规则的最后否定权。

对审计独立性、公司内部控制机制的要求。

当然，会计作为一门商业语言，涉及面广且技术细节繁多，法律规制多停留于原则层面，具体细则尚需要会计专业人士对商业实践持续地进行总结与提炼。这就是20世纪30年代后开始出现的会计准则(accounting standard)。在美国，由于会计准则体现的是会计职业界对实践中涌现的会计方法的共识，因此会计准则又被称为“GAAP”，即“一般公认会计原则”(Generally Accepted Accounting Principles)。20世纪70年代后，随着经济全球化，特别是投资与金融的全球化，出现了国际会计准则，主要由各国会计职业团体组成的国际会计准则委员会力图协调各国会计准则的差异，提供一种国际通用的商业语言。会计准则的法律地位如何，取决于各国法律对于准则制定者之法律地位的界定，尚无一定之论。

四、会计与法律的关系

本课程自带法律与会计交叉属性。那么，法律和会计之间到底是怎样一种关系？如何更宏观地从两类群体、两种规范、两个知识领域的维度加以描述？

(一)会计人的视角：会计与法律源远流长的紧张关系

对于会计人而言，这其实是一个不太愉快的话题。在他们看来，法律和会计之间存在着“一种源远流长的紧张关系”(a historical uneasy relationship)，关系背后的核心问题是“谁掌握会计的最终话语权”，而会计人发现，这一问题的答案令人沮丧。

在公司法律制度形成的过程中，会计和法律对某些事项的看法或处理方式并不一致。例如，会计按照权责发生制确认收入与费用，进而计算出利润；在引入金融工具公允价值计量后，公允价值变动损益亦构成广义利润之一部分。然而，在公司分配利润时，公司法要求的可分配利润通常以已实现利润为基础；而当计算应税所得时，企业可能还需要根据税法规则再次调整利润，剔除某些在会计上被视为费用(如罚款)而税法上不认可的所得扣除项目。再如，会计在持续经营假设下按照历史成本或公允价值计量资产，而企业破产清算时，法律要求按照变现价值评估资产，这可能导致会计账面价值与法律清算价值差异巨大。我们在课堂上暂不考虑法律和会计的处理孰对孰错，只是通过这些例子向大家客观呈现出，在有关经济活动的法律规则中，不少法律与会计的交叉地带都隐藏着二者的分歧甚至对立。

对注册会计师执业活动的法律责任判断，是法律界与会计界冲突更为激烈的场景。因为法院对会计师执业活动的审视、对其责任的判定直接关乎会计师的声誉和饭碗,让人倍感危机。法律和会计,一个被称为“文字权威”,一个被称为“数字权威”,二者虽并列为两大职业,但是,文字权威凌驾于数字权威之上并对其“指手画脚”,亦是不争的事实。我们看到,对于公司财务造假、外部审计失职等问题,法院有权认定,证监会也有权认定,唯独会计师自己说了不算。实际上,由于法律作为裁断纠纷的最后一道机制,其最终权威的属性是与生俱来的,而且法律对会计权威的挑战与制约一定程度上也促进了审计技术的完善、会计行业的健康发展。但是从会计的角度看,不管是在相关经济活动的法律制度的形成过程中,还是在自己的执业活动中,他们难免会感到自身权威没有得到法律的尊重。

(二)法律人的视角:会计的辅佐功能

在法律人看来,会计是来辅佐自己的。这样的例子不胜枚举。除本课程后面不断浮现的公司法或税法场景外,在反垄断法领域,会计记录的企业成本结构和定价数据可以帮助判断企业是否存在滥用市场支配地位的垄断定价行为;会计提供的市场份额数据(如营业收入、利润占比)是经营者集中审查中测算市场集中度的核心依据。在劳动法领域,企业需要按法律规定的比例缴纳社保,会计则能够通过薪资表与缴费记录监督社保缴纳是否合规;会计数据还可以揭示性别、岗位间的薪酬差异,支持劳动者集体谈判。到了诉讼中,当事人或法官如果对与事实相关的会计专业问题不解,可以请具备资格的鉴定人进行鉴定,即请会计师对相关问题加以说明。会计师出具的专业意见为“鉴定意见”,属于法定证据中的一种,因而可以被质疑、被反驳,法官也不一定予以采信。所以对法律人来说,会计师出具的鉴定意见如被采纳,则可以作为认定事实的根据;如被抛弃,就一文不值。

然而,无论是会计对法律的无奈屈从,还是法律对会计居高临下的利用,不免都有些偏颇。接下来,当我们以历史的眼光纵览会计职业发展的历程、百年来法律规则与会计规则的交织互动,或许会对法律与会计的关系形成更全面的认识。

(三)会计职业发展的法律背景

会计职业的兴起至今不超过两百年。固然,会计所具备的应对社会经济活动复杂化的先天知识优势,是会计职业萌芽渐起、发展壮大的主要原因,但是,其百年间得到的数次关键助推同样重要。而几乎每一次助推都有法律的身影,甚至可以说法律在其中功不可没。

19 世纪中期的破产潮与破产法的实施直接刺激了会计职业的发展。英国的工业革命使制造业能够高效地组织起来，加上公司自由设立制度的扶持，一时间，公司数量急剧上涨。然而，这种膨胀过热的泡沫化状态终究不可持续，随之而来的后果就是大量公司破产。特别是铁路热催生的众多皮包公司纷纷陷入财务困境，引发了一轮破产潮，迫使英国议会在 1848、1849 年连续颁布《清算法案》以适应公司破产与清算的需要。按照英国的传统，处理公司清算、担任破产受托人一直是律师的业务范围。但是面临汹涌而来的破产潮，律师无力招架，分身乏术是一方面的原因，更主要的原因是清算业务中很大一部分涉及比较复杂的商业活动，比如铁路、工厂的经营，律师无法在一团乱账中厘清利益关系，所以只能请专业的会计师对公司财务状况进行解释。后来，在越来越多的破产案件中，会计师开始承担破产受托人的职责。这为职业会计师的兴起奠定了基础。

进入 20 世纪，会计职业再次迎来重大发展机遇。19 世纪末期，英国已经建立了公司强制审计制度，但并未规定审计师必须由外部人或职业会计师担任，委托人或股东可以亲自进行审计。而随着大型公众公司的崛起，公司的经营活动愈发复杂，股东也更加多元分散，审计越来越难以为一般股东所驾驭。而与此同时，会计职业在审计上逐渐展示了自己的独立价值和知识权威。因此，英国《1948 年公司法》正式赋予会计职业对审计的垄断权。公司法定审计成为会计职业安身立命的奠基石。

20 世纪中期，税务筹划进一步拓展了会计职业的发展空间。19 世纪末企业所得税的开征和二战后个人所得税的全面推广激发出企业和个人对税务筹划、追逐税收利益的诉求。传统上，解释税法属于律师的业务范畴。但是在日趋复杂的税法结构面前，会计的知识背景令其长于对比较税收利益的计算。于是，会计职业在税务筹划方面的价值逐渐得到了广泛认可，而此次成功又将其顺利带入 20 世纪下半叶发展最快的服务领域——商业咨询，也就是为企业"诊断治病"，帮助企业优化人力资源的配置、建立信息系统、增强内部控制等。

(四) 商事组织法与会计规则的交织发展

在这里，我们援引 20 世纪美国三个不同阶段法律人对法律和会计之间关系的判断，来略观商事组织法规则与会计规则的密切交织和深度互动。

- 阿道夫·伯利：让我们看看会计规则在多大程度上变成了法律规则（1932）

阿道夫·伯利（Adolf A. Berle）曾任教于哥伦比亚大学法学院，是公认的现代公司法理论奠基人，其与加德纳·米恩斯（Gardiner C. Means）合著的《现代公司与私有财产》堪称公司法的第一部经典。该书首次系统提出的所有权与控制权分离命题成为公司治理研究的核心范式,并直接启发了后来的委托代理理论。而这部经典之所以能够问世,离不开伯利教授前期分别从融资工具发展和会计发展的两个角度做的先导性研究①,二者均采用法律和会计两种视角贯通了对于公司所有权以及公司治理结构的理解。其中,在后一个研究即1932年发表的《商业会计法之要素》一文中,伯利阐释了法律和会计之间明显的融合趋势:“律师和法院日复一日地依据会计结果来判定法律后果。在许多情况下,会计规则就是法律规则;反之,法律规则也必然包含会计规则。律师和会计各自的任务紧密交织,谁都离不开谁,这种交织程度可能比其中任何一个专业所意识到的都要深入。法院实际上已经制定了约束会计人员的规则或采用了会计惯例。一旦会计规则进入法律体系,会计在后续工作中就必须依法遵循这些规则。”因此,“可以说商业会计法律体系(law of business accounting)是现实存在的,并且随着会计记录被越来越多地被用作具有法律后果之行动的依据,这一法律体系也在不断扩展”。

到了20世纪40年代,伯利的结论得到了哈佛法学院教授拉尔夫·贝克(Ralph J. Baker)的共鸣。有感于会计规则在股利分配与资本维持方面的突出作用,贝克坦言,“无论我们是否喜欢或是否意识到,会计师可能正在制定我们的法律”。②

- 威廉·哈克尼:律师应推动会计原则的变革(1969)

当时间来到20世纪60年代,美国正经历着第三次并购浪潮。这次并购浪潮并不像前两次一样在产业或技术上有鲜明的逻辑可循。第一次并购浪潮是以钢铁、石油等行业为主导的横向并购,第二次是以汽车、电力等行业为主的纵向整合,而第三次看起来有些杂乱无章,行业跨度之大令人诧异。为何会出现混合并购盛行的局面?实际上,关于并购的会计记录方法充当了幕后推手,刺激了第三次并购浪潮的产生。威廉·哈克尼(William P. Hackney)是当时美国宾夕法尼亚州的著名律师,也是美国律师协会商法委员会公司法分部的主任。在《美国示范商事公司法》的修改讨论中,他感慨道,修改公司法似乎对于改变目前并购无序膨胀的状况无甚作用,相反,是会计团体制定的会计原则主导了这场泡沫。所以,“律师应推动会计原则的变革”③,“积极审查、分析、公开

---

① See Adolf A. Berle, Jr., *Studies in the Law of Corporation Finance*, Callaghan and Company, 1928; Adolf A. Berle, Jr., *Elements of the Law of Business Accounting*, 32(4) Columbia Law Review 573(1932).

② Ralph J. Baker, *Hildebrand on Texas Corporations—A Review*, 21(2) Texas Law Review 40(1942). 此外,伯利的研究推动了美国法学教育体系的改革,20世纪40年代,美国法学院正式出现了 Accounting for Lawyers 课程。

③ William P. Hackney, *Accounting for Mergers and Acquisitions under the New Jersey Business Corporation Act*, 23(4) Rutgers Law Review 36(1968-1969).

批评会计原则,并以其他方式为会计原则的制定作出贡献”[1]。因为对于今天的并购,已远非一个公司法便能主导。

- 乔尔·塞里格曼:公司治理的语言是会计(1993)

来到20世纪80年代,敌意杠杆收购的爆发真正激活了公司控制权市场,也掀起了对董事信义义务的深入讨论。[2] 在法庭上,当事人和律师围绕着董事在并购决策中是否违反了忠实义务或注意义务激烈交锋。在这样的大背景下,美国著名公司法和证券法学者乔尔·塞里格曼于1993年精辟地指出,“公司治理的语言是会计”“参加过公司董事会会议的人,以及几乎所有参与过公司法或联邦证券欺诈案件诉讼的人,都不会对此表示怀疑”。[3] 因为在现代公司治理中,审计和内部控制对董事会的决策至关重要,“公司是否有足够的内部控制”“这一过程是否经过了充分审计”其实是对“信息是否充分”的一种更有针对性的提问方式。从这个意义上看,公司法下的信义义务无法脱离公司内部控制、会计信息流程来加以构造。

小　结

以上,就是我们在第一节课跟各位同学分享的内容。总体来看,本课程在我国当下各大学法学院的课程体系中无疑属于小众、边缘甚至不可见的课程。这并不意味着本课程不重要;相反,这种状态毋宁说是中国法学教育缺乏完整的商法教学的一个表征,它无助于大学培养适合现代社会治理需要的高素质法律人才。

当然,会计法的跨学科特点也意味着一种挑战,许多高考时选择法律专业的学生潜意识里可能存在对数学的畏惧或者对数字无感。不过,本课程数学方面的难度不会超过小学算术水平。所以,我不仅期待也相信同学们能够成功地应对挑战,掌握会计作为国际通用商业语言的基本语法,初步了解会计作为事实反映工具如何便利法律人解决公司法、税法或其他相关方面的纠纷,同时为深入学习、研究民商法、经济法的其他部门法打下一个良好的基础。

---

① William P. Hackney, *Accounting Principles in Corporation Law*, 30(4) Law and Contemporary Problems 791(1965).

② 参见刘燕:《公司财务的法律规制——路径探寻》,北京大学出版社2021年版,第71－73页。

③ Joel Seligman, *Accounting and the New Corporate Law*, 50(3) Washington and Lee Law Review 943(1993).

“环境法”课程之“环境民事公益诉讼”知识点教案

吴凯杰*

一、课程名称

《环境法》课程第十讲“环境公益诉讼”之“环境民事公益诉讼”部分。

二、基本信息(课程性质、教学时数、学分、教学对象)

课程性质为专业限选课,教学时数为51学时,学分为3学分,教学对象为法学院大三、大四的高年级本科生。

第十讲“环境公益诉讼”的总学时为3学时,其中“环境民事公益诉讼”部分为1学时(50分钟)。

三、课程目标

课程目标由低到高包括三个层次。

第一,了解和掌握环境法的基本概念、原理与制度。

第二,培养运用环境法律规范分析、处理环境纠纷的能力。

第三,尝试对环境法规范及其实施进行批判性反思。

* 北京大学法学院助理教授。

四、课程内容与教学安排

0　引入:苏州“毒地”案

【案件事实】

花85亿元巨款抢拍到的地块竟然都受到了严重污染,投入大量人力财力开发建设后不能投入运营,上市公司上海陆家嘴金融贸易区开发股分有限公司(以下简称陆家嘴公司)要求对簿公堂。

2016年,上市公司上海陆家嘴公司花85亿元巨款拍下江苏苏钢集团有限公司(以下简称苏钢集团)厂区旧址的17块地,总建筑面积超100万平方米。2021年,其中2号地块已建成雷丁学校,在申请办学许可证的过程中,陆家嘴公司陆续发现包括2号地块在内的14个地块存在污染。

2023年11月4日,陆家嘴公司发布公告,因土壤污染问题向苏钢集团及多家苏州政府机构、事业单位发起诉讼,并向苏钢集团索赔100.44亿元。陆家嘴公司认为在这块土地的出让过程中,苏钢集团存在违法违规、弄虚作假行为,苏州市政府部门则未能依法履职。

面对陆家嘴公司的起诉,苏钢集团表示陆家嘴公司一方“在2019年已知悉2号地块不符合环保要求,但未依法完成土壤污染调查和修复治理就启动了该地块项目建设。且在开发建设期间,存在施工作业不规范造成二次污染等情况”。

【提问】陆家嘴公司与苏钢集团关心的是谁来承担100.44亿元的损失,但土壤污染不仅涉及这些公司集团的私益,更涉及公共利益。同学们可能还记得常州“毒地”案,同样是在“毒地”上建了学校,但在该案件中污染问题没有被及时发现,最终导致数十个孩子因持续吸入毒气而生病住院。如果企业为私益而隐瞒真相,相关政府主管部门又不作为,社会公众等第三方监督力量如何参与修复毒地?

1　环境民事公益诉讼概述

1.1　环境民事公益诉讼的概念

环境民事公益诉讼是一种允许与争议案件无直接利害关系的原告出于保护环境公益的目的,以环境利用行为人为被告向法院提起的诉讼。

环境民事公益诉讼破除了传统诉讼中只有与诉讼标的有直接利害关系的人方可作为原告提起诉讼的限制,将公益引入诉讼从而淡化了利害关系的因素。放宽原告资格为何重要？因为直接利害关系人基于私益起诉，只能间接地救济部分公益，但无力主张与自身利益无关的公益损害。

如在苏州“毒地”案中，要是雷丁学校投入运营，学生家长可以就土壤污染问题起诉，但仅限于影响学生健康的部分，对于那些只影响其他动植物或土壤生态系统本身的污染无能为力。

1.2 中国环境民事公益诉讼的发展历程

我国环境公益诉讼制度的形成先有实践探索，后有制度构建。北京大学对环境公益诉讼制度的建立与发展作出了重大贡献。

2005 年发生了震惊中外的松花江污染事件。当时吉林中石油化工厂发生爆炸，导致大量化学物质泄漏，最终流入了松花江，造成松花江的严重污染，江面都变成了黑色。松花江是当地的重要饮用水来源，周围的居民们担心喝不上水，纷纷涌入超市抢购瓶装水，连可乐雪碧等饮料也被抢购一空。

得知这一事件后，北大法学院的汪劲、甘培忠等教授就带着学生们，代表松花江、太阳岛、鲟鳇鱼，对中石油公司提起了国内第一起以自然物（鲟鳇鱼、松花江、太阳岛）作为共同原告的环境民事公益诉讼，要求赔偿 100 亿元治理受损的松花江生态环境。虽然法院以缺乏原告资格为由没有立案，但这个案件引发了广泛关注，对环境公益诉讼制度的建立起到了重要的推动作用。

我国环境民事公益诉讼制度的建立不仅有实践需求，也在很大程度上借鉴了美国公民诉讼制度。美国经验为中国的早期实践提供了思路，不乏社会组织尝试提起诉讼，并且获得了部分勇于创新的地方法院的立案。例如，首例自然人与社会组织作为共同原告提起的环境民事公益诉讼——朱某茂、中华环保联合会与江阴港集装箱公司环境污染责任纠纷案；首例两社会组织作为共同原告提起的环境民事公益诉讼——中华环保联合会、贵阳公众环境教育中心与贵阳市乌当区定扒造纸厂水污染责任纠纷案；首例社会组织提起的环境行政公益诉讼——中华环保联合会诉贵州省清镇市国土资源局不履行收回土地使用权法定职责案。这些早期探索为立法机关确立环境民事公益诉讼制度奠定了坚实的实践基础。

1.3 中国环境民事公益诉讼的法律规定

在早期探索的基础上，2012 年修正的《民事诉讼法》首次在法律层面上确立了民事公益诉讼制度，2014 年修订的《环境保护法》则进一步确立了环境民事公益诉讼制度，并且通过一系列的法律修改、司法解释不断完善。主要规定如下：

（1）《民事诉讼法》第 58 条：对污染环境、侵害众多消费者合法权益等损害社会公共利益的行为,法律规定的机关和有关组织可以向人民法院提起诉讼。

人民检察院在履行职责中发现破坏生态环境和资源保护、食品药品安全领域侵害众多消费者合法权益等损害社会公共利益的行为,在没有前款规定的机关和组织或者前款规定的机关和组织不提起诉讼的情况下,可以向人民法院提起诉讼。前款规定的机关或者组织提起诉讼的,人民检察院可以支持起诉。

(2)《环境保护法》第58条:对污染环境、破坏生态,损害社会公共利益的行为,符合下列条件的社会组织可以向人民法院提起诉讼:

(一)依法在设区的市级以上人民政府民政部门登记;

(二)专门从事环境保护公益活动连续五年以上且无违法记录。

符合前款规定的社会组织向人民法院提起诉讼,人民法院应当依法受理。

提起诉讼的社会组织不得通过诉讼牟取经济利益。

(3)最高人民法院《关于审理环境民事公益诉讼案件适用法律若干问题的解释》(以下简称《环境民事公益诉讼解释》)

根据以上规定,我国环境民事公益诉讼是指,法律规定的机关和有关组织针对损害社会公共利益的污染环境、破坏生态的行为提起的诉讼。主要包括以下三方面要素:

原告:法律规定的机关和有关组织。

被告:污染环境、破坏生态的环境利用行为人。

对象:损害社会公共利益的污染环境、破坏生态的行为。

下面分别展开上述三个方面。

2　环境民事公益诉讼的原告资格

环境民事公益诉讼原告是指有权对损害社会公共利益的污染环境、破坏生态行为提起环境民事公益诉讼的主体。

2.1　原告的种类与顺位关系

依照《民事诉讼法》第58条等规定,环境民事公益诉讼的原告包括法律规定的机关和社会组织,其中法律规定的机关包括人民检察院。

在各类原告的起诉顺位上,其他法律规定的机关和适格的社会组织有权优先提起诉讼;如果这些主体没有提起诉讼,人民检察院可以提起诉讼。

2.2　社会组织的原告资格

社会组织提起环境公益诉讼的原告资格体现了公众参与原则这一环境法的基本原则。为了避免滥诉浪费司法资源,原告资格的放宽有其限度,并非任何社会组织都可起诉。社会组织原告资格的主要依据是《环境保护法》第58条:(1)依法在设区的市级以上人民政府民政部门登记;(2)专门从事环境保护公益活动连续五年以上;(3)无违法记录。

如何理解?依据《环境民事公益诉讼解释》第2条至第5条的规定“专门从事环境保护公益活动”是指社会组织章程确定的宗旨和主要业务范围是维护社会公共利益,且从事环境保护公益活动。与此同时,社会组织提起的诉讼所涉及的社会公共利益,应与其宗旨和业务范围具有关联性。

由此可见,《环境民事公益诉讼解释》对“专门从事环境保护公益活动”这一条件的要求非常严格,规定了三方面的要件,这在实践中引发了许多争议。

最高法指导案例75号:中国生物多样性保护与绿色发展基金会诉宁夏瑞泰科技股份有限公司环境污染公益诉讼案(腾格里沙漠案)

【案件事实】

2015年8月13日,中国环境保护与绿色发展基金会(以下简称绿发会)向宁夏回族自治区中卫市中级人民法院提起诉讼称:宁夏瑞泰科技股份有限公司(以下简称瑞泰公司)在生产过程中违规将超标废水直接排入蒸发池,造成腾格里沙漠严重污染,截至起诉时仍然没有整改完毕。

中卫市中级人民法院于2015年8月19日作出(2015)卫民公立字第6号民事裁定,以绿发会不能认定为《环境保护法》第58条规定的“专门从事环境保护公益活动”的社会组织为由,裁定对绿发会的起诉不予受理。绿发会不服,向宁夏回族自治区高级人民法院提起上诉。

【裁判要旨】

1. 社会组织的章程虽未载明维护环境公共利益,但工作内容属于保护环境要素及生态系统的,应认定符合《环境民事公益诉讼解释》第4条关于“社会组织章程确定的宗旨和主要业务范围是维护社会公共利益”的规定。

2.《环境民事公益诉讼解释》第4条规定的“环境保护公益活动”,既包括直接改善生态环境的行为,也包括与环境保护相关的有利于完善环境治理体系、提高环境治理能力、促进全社会形成环境保护广泛共识的活动。

3. 社会组织起诉的事项与其宗旨和业务范围具有对应关系,或者与其所保护的环境要素及生态系统具有一定联系的,应认定符合《环境民事公益诉讼解释》第4条关于“与其宗旨和业务范围具有关联性”的规定。

如果在法外视角下看待腾格里沙漠案,我们会发现,由于我国东部地区环境监管执法日趋严格,部分污染严重的企业就盯上了经济相对落后、监管相对宽松的西部内陆地区。这个案件就是这样,企业跑到腾格里沙漠去排放污染,就被绿发会给告了。但当地的法院担心诉讼影响当地的经济发展,因此倾向于秉持保守的立场,对社会组织的原告资格进行严格的审查。

在本案中,中卫市中级人民法院拒绝绿发会的原告资格的理由是,不能认定为《环境保护法》第58条规定的“专门从事环境保护公益活动”的社会组织。绿发会不服,一直上诉到了最高人民法院。

最高人民法院对社会组织原告资格的要求有所放松,对司法解释要求的三方面要件均作了扩大或较宽泛的解释。这一定程度上是为了应对地方法院的地方保护主义倾向。

腾格里沙漠案并非个案,在最高人民法院作出上述判决并将其作为指导性案例发布后,依然不乏地方法院用牵强的理由否定社会组织的原告资格。这次轮到了自然之友。

案例:自然之友诉江西省鄱湖低碳环保股份有限公司水污染责任纠纷案

【案情简介】

2019年8月,南昌市中级人民法院以自然之友不具备环境民事公益诉讼资格为由,裁定不予受理自然之友针对被告超标排污提起的环境民事公益诉讼。

一审法院认定,自然之友的民办非企业单位登记证书和章程载明的业务范围仅涉及固体废弃物处理的研究及推广,而本案所涉为水污染。依据《环境民事公益诉讼解释》第4条,法院认为案件涉及的社会公共利益与起诉人业务范围不具有关联性,因此裁定自然之友不具有起诉资格。

二审法院认为,一审法院依据自然之友业务范围的表述,以本案所涉为水污染,与其业务范围不具有关联性,而认定其起诉不符合司法解释规定的条件不应予以受理,系对环境保护法、环境民事公益诉讼司法解释以及环境保护内涵的不当理解导致裁定错误,因此裁定撤销一审法院民事裁定。

南昌市中级人民法院否定自然之友原告资格的理由是不具备关联性要件,因为案件涉及的是水污染,但自然之友章程载明的业务范围仅涉及固体废弃物。这显然是对前述司法解释规定的过度限缩解释,有违《环境保护法》第58条的立法原意,也不符合公众参与原则。好在江西省高级人民法院在二审中撤销了一审裁定,纠正了错误。

【有关事实】

根据最高人民法院环境资源审判庭的统计数据,自2015年1月起至2019

年7月,各级法院依法受理社会组织提起的民事公益诉讼案件298件,审结119件。被受理的案件中包括自然之友依法提起并被受理的35起环境民事公益诉讼,包括大气污染、水污染、土壤污染、生态破坏等各种类型。

由此可见,虽然目前社会组织提起环境民事公益诉讼的原告资格已经获得法律确认,但在司法实践中依然可能遭遇地方法院的拒绝。自然之友、绿发会这样经常起诉的社会组织都可能在不同法院受到不同待遇,更别说一些地方性的、力量更加弱小的社会组织。

因此,如果同学们以后到社会组织工作或者担任社会组织的代理律师,需要懂得利用法律武器为自己的原告资格辩护。同时我们也要理解地方法院驳回起诉背后的原因,从而能够更好地对症下药,拟定行动策略。

2.3　人民检察院的原告资格

在社会组织之外,人民检察院也具有提起环境民事公益诉讼的原告资格。2015年7月全国人民代表大会常务委员会授权最高人民检察院在部分地区开展公益诉讼试点工作,“人民法院应当依法审理人民检察院提起的公益诉讼案件”。2015年《检察机关提起公益诉讼改革试点方案》和《人民检察院提起公益诉讼试点工作实施办法》,为人民检察院提起公益诉讼进行规范架构。2017年全国人大常委会通过了关于修改《中华人民共和国民事诉讼法》的决定,在第55条规定了人民检察院提起民事公益诉讼的内容。

人民检察院的原告资格虽无争议,但需注意起诉顺位,人民检察院要通过诉前程序让社会组织优先起诉。《民事诉讼法》第58条规定“在没有前款规定的机关和组织或者前款规定的机关和组织不提起诉讼的情况下,可以向人民法院提起诉讼。前款规定的机关或者组织提起诉讼的,人民检察院可以支持起诉”。

社会组织优先起诉的原因是落实公众参与原则。公益诉讼突破传统诉讼原告资格限制的重要意义在于为社会公众参与维护公益提供法定渠道,人民检察院作为国家机关,参与公益诉讼有助于增强力量,但不宜因此而过度挤压社会组织的发展空间。

3　环境民事公益诉讼的受案范围

环境民事公益诉讼的受案范围是指环境公益诉讼所针对的行为。根据《环境民事公益诉讼解释》第1条,受案范围包括两类行为:

第一,已经损害社会公共利益的污染环境、破坏生态的行为;

第二,具有损害社会公共利益重大风险的污染环境、破坏生态行为。指尚未发生实际损害但是具有发生损害重大风险的污染环境、破坏生态的行为。

这一规定体现了“预防原则”。

但是,如何理解“重大风险”？这还是一个有待进一步解释的概念。最高人民法院的173号指导案例,即北京市朝阳区自然之友环境研究所诉中国水电顾问集团新平开发有限公司等民事公益诉讼案对此作了重要探索。

案例:北京市朝阳区自然之友环境研究所诉中国水电顾问集团新平开发有限公司等民事公益诉讼案(绿孔雀案)

【案情简介】

2017年7月12日,为避免绿孔雀的栖息地遭受戛洒江一级水电站建设的毁灭性破坏,自然之友向云南省楚雄彝族自治州中级人民法院提起全国首例野生动物保护预防性环境民事公益诉讼,请求判令被告消除戛洒江水电站建设对绿孔雀、苏铁等珍稀濒危野生动植物以及热带季雨林和热带雨林侵害的危险,立即停止该水电站建设,不得截流蓄水,不得对该水电站淹没区域植被进行砍伐等。

【裁判要旨】

应贯彻保护优先、预防为主原则,从被保护对象的独有价值、损害结果发生的可能性、损害后果的严重性及不可逆性等方面,综合判断被告的行为是否具有《环境民事公益诉讼解释》第1条规定的“损害社会公共利益重大风险”,推动把自然资源开发利用行为对生态环境造成的影响控制在合理范围内,维护生态安全。

依据本案查明事实,案涉项目继续建设势必导致包含国家一级重点保护动物“绿孔雀”的栖息地及国家一级重点保护植物“陈氏苏铁”的生境在内的生物生境被淹没,并对案涉淹没区整个生态系统生物多样性和生物安全构成紧迫、严重且不可逆的重大风险。

由此可见,“重大风险”的构成主要从两方面判断:一是损害发生的可能性,不论是具有高度盖然性的“危险”,还是具有不确定性的“风险”,需达到紧迫的程度;二是损害后果的严重性,需综合考量保护对象的独有价值、损害后果的不可逆性等。

4　环境民事公益诉讼的责任承担方式

4.1　责任承担方式的类型

在迈过原告资格、受案范围这两道“门槛”之后,原告需进一步考虑要求被告承担怎样的责任。根据《环境民事公益诉讼解释》第18条至第22条,环境民事公益诉讼的责任承担方式包括以下三类。

1. 预防性责任:原告为防止生态环境损害的发生和扩大,请求被告停止侵害、排除妨碍、消除危险的;原告为停止侵害、排除妨碍、消除危险采取合理预防、处置措施而发生的费用,请求被告承担的。

2. 恢复性责任:原告请求修复生态环境的,人民法院可以依法判决被告将生态环境修复到损害发生之前的状态和功能。无法完全修复的,可以准许采用替代性修复方式;人民法院可以在判决被告修复生态环境的同时,确定被告不履行修复义务时应承担的生态环境修复费用;也可以直接判决被告承担生态环境修复费用。

3. 赔偿性责任:原告请求被告赔偿生态环境受到损害至恢复原状期间服务功能损失的;原告请求被告承担检验、鉴定费用,合理的律师费以及为诉讼支出的其他合理费用的。

4.2　修复优先与费用计算

如何处理恢复性责任和赔偿性责任的适用关系是司法实践中常见的问题。目前司法解释允许"直接判决被告承担生态环境修复费用"存在争议,许多学者认为这导致地方法院为了避免麻烦,倾向于直接判决承担费用,因为判决修复还需要后续监督等工作。法院在判决赔偿修复费用后,被告缴纳的修复费用经常长时间停在账上,未能用于实际的生态修复工作。

为消解争议,《民法典》明确规定生态环境损害的修复优先。《民法典》第1234条规定,违反国家规定造成生态环境损害,生态环境能够修复的,国家规定的机关或者法律规定的组织有权请求侵权人在合理期限内承担修复责任。侵权人在期限内未修复的,国家规定的机关或者法律规定的组织可以自行或者委托他人进行修复,所需费用由侵权人负担。

在此基础上,《民法典》进一步明确了生态环境损害的赔偿范围。《民法典》第1235条规定,违反国家规定造成生态环境损害的,国家规定的机关或者法律规定的组织有权请求侵权人赔偿下列损失和费用:

(一)生态环境受到损害至修复完成期间服务功能丧失导致的损失;

(二)生态环境功能永久性损害造成的损失;

(三)生态环境损害调查、鉴定评估等费用;

(四)清除污染、修复生态环境费用;

(五)防止损害的发生和扩大所支出的合理费用。

生态环境修复费用如何计算?目前实践做法不一,存在较大争议。

<table><tr><td>
虚拟治理成本法
虚拟治理成本是按照现行的治理技术和水平治理排放到环境中的污染物所需要的支出。虚拟治理成本法适用于环境污染所致生态环境损害无法通过恢复工程完全恢复、恢复成本远远大于其收益或缺乏生态环境损害恢复评价指标的情形。虚拟治理成本法的具体计算方法见《突发环境事件应急处置阶段环境损害评估推荐方法》。
</td></tr></table>

案例:泰州市环保联合会与江苏常隆农化有限公司、泰兴锦汇化工有限公司等环境污染责任纠纷案

2012年1月至2013年2月,常隆公司等违反国家环境保护法律和危险废物管理规定,将其生产过程中产生的废盐酸、废硫酸等危险废物总计25349.47吨,以每吨20元—100元不等的价格,交给无危险废物处理资质的主体偷排进泰兴市如泰运河、泰州市高港区古马干河,导致水体严重污染,造成重大环境损害。由于河水的流动和自我净化,倾倒点水质已经得到一定程度的恢复。

总数达25349.47吨的副产酸倾倒进河流,对水生态环境产生严重危害是无可争议的事实。专家辅助人吕锡武教授的技术咨询意见,从专业角度说明大量副产酸倾倒进河流后,水体、水生物、河床等水生态环境受到了严重的损害,修复费用将远远超过正常治理成本。如泰运河、古马干河水质虽然已经恢复为Ⅲ类,但由于河水的流动,污染源必然会向下游移动,倾倒点水质好转并不意味着地区水生态环境已修复。

《推荐方法》第4.5条规定,污染修复费用难以计算的情况下,可采用虚拟治理成本法。Ⅲ类地表水的污染修复费用为虚拟治理成本的4.5—6倍。如泰运河、古马干河受污染前的水质状况均为Ⅲ类地表水,应当按照Ⅲ类地表水的污染修复费用系数,即虚拟治理成本的4.5倍计算环境污染损害赔偿。

根据江苏省环境科学学会《评估技术报告》,常隆公司等六家公司在该污染事件中违法处置的危险废物在合法处置时应花费的成本(虚拟治理成本)合计36620644元,法院在此基础上乘以4.5倍系数,判决被告合计赔偿1.6亿余元,用于泰兴地区的环境修复。

虚拟治理成本法屡屡制造"天价"赔偿案件,在落实损害担责原则的同时,也带来了是否过度赔偿的担忧。问题在于法院对赔偿金的确定不应当过度依赖行政机关或专家的专业判断,尤其是虚拟治理成本法的系数,具有很强的价值判断色彩,有学者认为这一系数的选择已经包含惩罚性因素。因此,法院在确定赔偿金额的时候需要综合考虑损害事实、修复成本等作出判断。

5　环境民事公益诉讼的特殊规则

环境民事公益诉讼的概念、原告资格、受案范围、责任承担方式是重点内容,此外还需简要了解一些诉讼程序上的特殊规则。

5.1　集中管辖制度

由于环境民事公益诉讼的特殊性,在案件管辖上除遵守一般民事诉讼中共同管辖的规则要求外,《环境民事公益诉讼解释》第7条还规定了集中管辖:“经最高人民法院批准,高级人民法院可以根据本辖区环境和生态保护的实际情况,在辖区内确定部分中级人民法院受理第一审环境民事公益诉讼案件。中级人民法院管辖环境民事公益诉讼案件的区域由高级人民法院确定。”

集中管辖制度主要是出于环境问题的专业性、跨区域性特点,规定部分中级人民法院受理一审环境民事公益诉讼案件。

5.2　支持起诉制度

环境民事公益诉讼有三难:立案难、取证难、鉴定难,尤其是对社会组织来说,支持起诉提升了社会组织作为公益诉讼原告的能力。有意思的是,在检察机关尚未获得原告资格的时候,有的地方的检察机关曾推动成立环保社会组织,如上述案件中的泰州环保联合会。

在社会组织提起环境民事公益诉讼的情形下,《环境民事公益诉讼解释》第11条规定,“检察机关、负有环境保护监督管理职责的部门及其他机关、社会组织、企业事业单位依据民事诉讼法第十五条的规定,可以通过提供法律咨询、提交书面意见、协助调查取证等方式支持社会组织依法提起环境民事公益诉讼”。

5.3　不利于被告事实的推定

不利于被告的事实推定规则旨在应对取证难的问题。由于环境问题因果关系的复杂性以及被告的信息优势,《环境民事公益诉讼解释》第13条规定,原告请求被告提供其排放的主要污染物名称、排放方式、排放浓度和总量、超标排放情况以及防治污染设施的建设和运行情况等环境信息,法律、法规、规章规定被告应当持有或者有证据证明被告持有而拒不提供,如果原告主张相关事实不利于被告的,人民法院可以推定该主张成立。

5.4　专家辅助人制度的突破

专家辅助人制度旨在应对鉴定难的问题。由于环境侵权行为因果关系的复杂性以及相关问题的技术性,《环境民事公益诉讼解释》第15条规定:“当事人申请通知有专门知识的人出庭,就鉴定人作出的鉴定意见或者就因果关系、生态环境修复方式、生态环境修复费用以及生态环境受到损害至恢复原状期间服务功能的损失等专门性问题提出意见的，人民法院可以准许。前款规定的专家意见经质证，可以作为认定事实的根据。”

五、教学方法与工具

本课程“环境民事公益诉讼”部分的教学方案与工具如下。

第一，案例引入，通过广受关注的苏州“毒地”案来引出课程主题，引发学生的兴趣与思考。

第二，结合课件讲授，在课件上列出环境民事公益诉讼的概念、原告资格、受案范围、责任承担方式、特殊规则等核心知识点，合理运用图片、视频等视听资料来辅助教学。

第三，互动讨论，就重点与难点问题作讲授之后，通过提问、讨论的方式考查学生的掌握情况，确保学生理解相关知识点。

第四，案例研习，结合真实的司法案例讲解知识点，向学生展示如何运用相关知识点处理实际案件，同时丰富对有关法律规则的理解。

第五，角色代入，在案例研习时指定部分同学代表企业、政府、公众、法院、检察院等不同主体发表观点。

六、教学重点与难点

本课程“环境民事公益诉讼”部分的教学重点与难点如下：

第一，如何认定社会组织的原告资格，尤其是如何理解“专门从事环境保护公益活动”这一限定条件。

第二，如何认定预防性环境民事公益诉讼的受案范围，尤其是如何认定“具有损害社会公共利益重大风险的污染环境、破坏生态行为”。

第三，如何计算生态环境修复费用，尤其是如何合理运用虚拟治理成本法。

七、教学评价

本课程主要采用如下评价方法。

第一，学生评价是重中之重，“金杯银杯不如学生的口碑”，通过北大课程评估系统获取学生的匿名评价，同时也与部分学生当面交流获取评价。根据学生的评价及时调整教学方式方法，提供积极反馈。

第二，专家与领导评价，邀请本专业的其他教师以及学院其他专业教师与领导来听课,对教学进行评价,提出改进建议。

第三,教师自评,在每次授课后复盘教学得失,及时记录灵光乍现的教学改进想法,并且提醒自己避免重复出现同样的问题。

八、预习任务与课后作业

本课程“环境民事公益诉讼”部分的课前预习任务主要包括两方面。

第一,阅读指定教材的相应部分。指定教材参见汪劲:《环境法学》(第4版),北京大学出版社2018年版。

第二,阅读案例判决书等资料并思考相关问题。本次课程的案例如下:(1)中国生物多样性保护与绿色发展基金会诉宁夏瑞泰科技股份有限公司环境污染公益诉讼案(腾格里沙漠案);(2)自然之友诉江西省鄱湖低碳环保股份有限公司水污染责任纠纷案;(3)北京市朝阳区自然之友环境研究所诉中国水电顾问集团新平开发有限公司等民事公益诉讼案(绿孔雀案);(4)泰州市环保联合会与江苏常隆农化有限公司、泰兴锦汇化工有限公司等环境污染责任纠纷案。

本课程的课后作业主要是基于课件复习课堂上学习的知识,在期中统一布置一次作业,以案例分析题为主,考查同学们是否了解和掌握环境法的基本概念、原理与制度,以及具备运用环境法律规范分析、处理环境纠纷的能力(对应第一项、第二项课程目标)。期末考试包括概念辨析题、案例分析题、论述题,其中论述题考查对环境法规范及其实施进行批判性反思的能力(对应第三项课程目标)。

研学小课

浪子回头案：阶层式案例分析示例

王　钢[*]

案件事实

穷困潦倒的黑帮马仔 T 企图盗窃他人财物以缓解经济压力。一天，在经过一家律所门口时，T 无意中看见律师 A 正在办公室将一幅价值数十万元的名画装订在墙上，遂起意将该画窃走。当天晚上，T 来到律所的办公楼，撬开了律所的大门，潜入了 A 的办公室。正当 T 将画取下准备装进自己的背包时，律所门口传来声响，原来是 B 律师晚上回自己办公室取材料。为避免被发现，T 赶忙将画放下，从走廊的另一头离开律所。出了办公楼，T 发现 B 律师办公室的灯光熄灭，B 已经离开。而 A 办公室的窗户却开着。于是 T 再度起意实施盗窃，从办公楼的窗户爬进 A 的办公室。当 T 再度准备将画装进背包时，却发现到手的画其实只是外观极为逼真的高仿品。虽然高仿品也价值近万元，但是离 T 的预期相差太远。T 非常失望，放下高仿画空手离去。

请分析 T 的刑事责任。

参考答案

本案中，T 在律所办公室先后实施了两次盗窃举动，但是，这两次盗窃行为是在紧密的时空联系中接续发生，且 T 最终放弃取走高仿画，可能构成犯罪中止。因此，T 在律所办公室的举止涉及在放弃重复侵害的场合应当如何认定犯

* 清华大学法学院长聘副教授、博士生导师。

罪中止的问题。如后文所述,在处理该问题时,较为妥当的立场是将行为人的多个重复侵害的举动整体上视为一个侵害行为加以考察,故本案例分析也将 T 在律所办公室的先后两次盗窃举动作为整体上的一个盗窃行为检视其可罚性。

(一) T 的行为是否根据《刑法》第 264 条就名画构成盗窃罪

根据《刑法》第 264 条的规定,T 在律所办公室可能因盗窃名画而构成盗窃罪。

构成要件符合性:

客观构成要件——窃取行为及其结果。

构成盗窃罪要求行为人客观上实施了窃取行为,即行为人必须违背权利人的意志,破除了权利人对于财物的占有,并建立起自己或者其他第三人对财物新的占有。换言之,行为人必须造成了占有转移的结果,亦即排除他人对财物的支配关系,并建立对财物新的支配关系。[①] 本案中,律师办公室客观上仅存有高仿画,故 T 不可能实现对名画的占有转移,无法完成对名画的窃取行为。因此,T 的行为不能就名画构成盗窃罪。

(二) T 的行为是否根据《刑法》第 264 条、第 23 条就名画构成盗窃罪(未遂)

根据《刑法》第 264 条和第 23 条的规定,T 的行为可能构成对名画的盗窃未遂。

1. 构成要件符合性

(1) 犯罪决意

构成盗窃罪(未遂)要求行为人主观上具有盗窃的犯罪决意。犯罪决意包括实现构成要件的故意以及其他可能存在的主观构成要件要素(即不法目的)。《刑法》第 264 条要求行为人对行为对象、窃取行为等盗窃构成要件要素具有故意。同时,依照刑法理论,行为人还应该具有非法占有目的。

a. 行为对象

根据《刑法》第 264 条的规定,盗窃罪的行为对象是他人数额较大的财物。本案中,依据 T 的主观认识,其所欲窃取的名画由律师 A 占有并所有,且价值数十万,属于他人数额较大的财物,符合盗窃罪的行为对象。因此,T 对盗窃对象具备犯罪决意。

---

① 参见张明楷:《刑法学》(第 6 版),法律出版社 2021 年版,第 1237 页。

b. 窃取行为及结果

如上所述,构成盗窃罪要求行为人实施盗窃行为,即违背权利人意志破除权利人对于财物的占有,并建立起自己或者其他第三人对财物的新的占有。根据T的主观认识,其行为会违背律师A的意志将其对名画的占有转移为自己占有,从而符合盗窃罪中的窃取行为及结果。因此,T对盗窃罪的窃取行为及结果也具备犯罪决意。

c. 非法占有目的

构成盗窃罪要求行为人具备非法占有目的。非法占有目的的基本内容包括排除意思与利用意思。所谓排除意思,是指行为人企图持续排除权利人对于财物的控制和支配。所谓利用意思,是指行为人意图依据财物可能的用途至少对财物加以短暂的利用。[①] 所谓"非法"占有,则是指行为人所欲造成的财产状态不符合法秩序的要求,缺乏合法的正当根据。[②] 本案中,T企图通过窃得名画而增加收入以缓解经济压力,明显具有排除权利人A对名画的占有和所有,将之视作自己的所有物,并依其经济价值对之加以利用的意图。同时,T也不具有任何应当获得该名画的正当权利。因此,T对其想象中的名画具有非法占有目的。

综上可知,T具备针对名画实施盗窃的犯罪决意。

(2)着手实施

根据《刑法》第23条的规定,行为人已经着手实施犯罪的,才构成犯罪未遂。关于着手的认定,刑法理论上存在着多种不同的见解。

a. 主观说认为,当行为人通过其行为表征出其内心的犯罪意思时,其行为即属于着手实施犯罪。[③] 本案中,T两度潜入律师A的办公室并取下画作准备装进自己的背包,该行为已经表征出T内心实施盗窃行为的决意,属于着手实施犯罪。

b. 折中说认为,当根据行为人的犯罪计划,其行为与构成要件的实现之间已经不再具有明显的中间步骤时,就应当认定行为人已经着手实施犯罪。[④] 本案中,依据T的犯罪计划,其潜入A的办公室取下画作与成功窃取该画之间已经没有明显的中间步骤。由此,依据折中说,应当认为T已经开始着手实施

---

① 参见张明楷:《刑法学》(第6版),法律出版社2021年版,第1248页以下。

② 参见王钢:《德国判例刑法:分则》,北京大学出版社2016年版,第168页。

③ 对该学说的介绍,参见张明楷:《外国刑法纲要》(第3版),法律出版社2020年版,第233页。

④ 参见[德]约翰内斯·韦塞尔斯:《德国刑法总论》,李昌珂译,法律出版社2008年版,第342页。

犯罪。

c. 形式客观说主张,行为人开始实施一部分符合构成要件的行为(实行行为)时,就是着手实施犯罪。[①] 如前所述,盗窃罪的实行行为(窃取行为)是指,行为人违背权利人的意志破除权利人对于财物的占有,建立自己或者其他第三人对于财物新的占有。本案中,T 取下画作准备装入自己背包的举动属于破除 A 对画作之占有的举动,系盗窃罪实行行为的组成部分。因此,根据形式客观说也应认为 T 已经着手实施犯罪。

d. 实质客观说认为,当行为人的行为对刑法所保护的法益造成了现实的、紧迫的危险时,才应认定其行为已经达于着手。然而,对于应当按照何种标准判断行为人的行为是否造成了对法益的紧迫危险,却存在多种有分歧的不同学说。

(a)客观危险说主张,应当以行为时存在的一切客观情况为基础,以科学的因果法则为标准,事后判断行为人的行为是否对法益造成了紧迫的危险。[②] 本案中,依据事后查明的全部事实,T 所欲窃取的名画自始就不存在,故 T 自始不可能创设盗窃名画的危险。因此,根据客观危险说,不能认定 T 在本案中已经着手实施盗窃名画的罪行。

(b)修正的客观危险说主张,虽然原则上应当基于案件的全部客观事实,根据客观的因果法则判断行为人的行为是否对法益造成了紧迫的危险,但是,对于一些只有事后才能查明、在行为时难以为行为人和一般人认识到的细节事实,则应当将之从判断资料中排除,不能将之作为危险判断的基础。[③] 在本案中,T 所欲窃取的名画自始不存在,主张修正的客观危险说的论者往往认为这种行为对象不存在的事实并非难以查清的细节事实,故一般不将之从判断资料中排除。与此相应,在行为对象不存在的场合,修正的客观危险说仍然会倾向于否定着手和未遂的成立。根据该说,本案中也同样难以认定 T 构成盗窃名画的着手。

(c)具体危险说主张,应以行为时一般人能够认识到的事实和行为人特别认识到的事实为基础,根据一般人的观念判断行为人的行为是否对法益造成了紧迫的危险。[④] 本案中,真正存在于律师办公室内的是高仿画。既然是高仿

---

① 参见高铭暄、马克昌主编:《刑法学》(第 10 版),北京大学出版社、高等教育出版社 2022 年版,第 151 页。

② 对该学说的介绍,参见周光权:《刑法总论》(第 4 版),中国人民大学出版社 2021 年版,第 299 页以下。

③ 参见张明楷:《刑法学》(第 6 版),法律出版社 2021 年版,第 461 页。

④ 参见周光权:《刑法总论》(第 4 版),中国人民大学出版社 2021 年版,第 302－304 页。

画,就应当认为一般人在未深入了解之前难以仅从该画的外观便判定其并非名画。换言之,立足于行为时的视角,一般人也会认为 T 尝试盗窃的就是名画。同时,T 在实施窃取行为时对涉案画作并非名画这一点也并无特殊认识。因此,根据一般人的观念,在本案中应当认为 T 取下画作准备放进自己背包的行为已经造成了窃取名画的紧迫危险,其盗窃罪行已经着手。

(d)纯粹主观说与抽象危险说则认为,应当以行为人在行为时的主观认识为基础,根据行为人自身或者一般人的判断认定行为人的行为是否具有造成法益损害的危险。① 依据该说,T 在取下涉案画作准备装进背包时,其主观上以为该画作是名画。因此,不论是基于 T 自身的判断还是一般人的判断,T 的行为已经造成了盗窃名画的紧迫危险,故属于盗窃的着手。

综上可知,在本案中,除根据实质客观说中的客观危险说和修正的客观危险说有可能得出 T 并未着手实施盗窃名画的罪行之外,其他见解都会肯定 T 盗窃名画的犯罪行为已经达到着手。客观危险说虽然最大限度地坚持了刑法客观主义的立场,但是,其以完全客观的标准判断行为人的行为是否具有导致结果的具体危险,而任何犯罪行为未能达到既遂,几乎总是具有相应的客观原因,故该说必然严重限缩未遂犯的成立范围,甚至可能导致将所有的未遂犯都认定为不能犯,殊为不当。修正的客观危险说通过对判断资料进行剪裁,将一些只有从事后才能查明、在行为时难以为行为人和一般人认识到的细节事实排除于判断素材之外,从而部分地克服了客观危险说的这一缺陷。但修正的客观危险说难以清晰地界定,究竟哪些案件事实属于应当从判断资料中排除掉的细节事实,从而导致对案件的判断结论经常并不明确。② 因此,这两种学说皆为本案例分析所不采,此处就应当认为 T 对名画的盗窃行为已经着手。

2. 违法性

本案中不存在可能适用的违法阻却事由,故 T 的行为具有违法性。

3. 责任

本案中,T 具备责任能力及违法性认识、期待可能性等责任要素,故具备有责性。

4. 犯罪中止

本案中,T 曾两度放弃将涉案画作放入自己的背包,并最终空手离开了律师 A 的办公室,故需考察其是否因此构成犯罪中止。

---

① 对相关学说的介绍,参见黎宏:《刑法学总论》(第 2 版),法律出版社 2016 年版,第 241 页以下。

② 参见周光权:《刑法总论》(第 4 版),中国人民大学出版社 2021 年版,第 300 – 302 页。

在犯罪过程中:

根据《刑法》第 24 条第 1 款的规定,行为人在犯罪过程中实施中止行为的,才可能构成犯罪中止。换言之,在单独正犯的场合,认定犯罪中止以行为人的罪行尚未出现既遂、未遂等终局性的犯罪形态为前提。若行为人的罪行已经止于障碍未遂,则其犯罪已经出现终局性的未遂形态,不能再成立中止。在本案中,T 虽然两次放弃取得涉案画作并空手离开,但其第一次放弃取得画作是因为当时律师 B 回办公室取材料,T 若不放弃其犯行便极易被发现,故此次放弃犯罪属于欲而不能,系障碍未遂。T 第二次放弃取得涉案画作则是因为其已经发现该画作为高仿画而非其所欲窃取的名画,换言之,T 此时认识到自己窃取名画的犯罪计划不可能实现,故其对名画的盗窃亦属于欲而不能,同样止于障碍未遂。因此,T 在本案中不能就其对名画的盗窃罪行构成犯罪中止。

5. 小结

T 在律师办公室企图窃取名画而未得逞,其行为符合盗窃未遂的构成要件并具有违法性和有责性,同时也不构成犯罪中止。因此,该行为根据《刑法》第 264 条、第 23 条构成对名画的盗窃罪(未遂)。

(三)T 的行为是否根据《刑法》第 264 条就高仿画构成盗窃罪

根据《刑法》第 264 条的规定,T 在律所办公室的行为可能就高仿画构成盗窃罪。

构成要件符合性:

客观构成要件——窃取行为及其结果。

构成盗窃罪要求行为人客观上违背权利人意志,破除权利人对于财物的占有,并建立起自己或者其他第三人对于财物新的占有。对于占有的认定,应当根据案件事实,结合社会一般观念加以判断。一般而言,在涉及体积较小的物品时,行为人使该物品进入自己的贴身领域的(例如将小件物品置于自己衣兜内),就可以认定行为人取得了对该物品的占有。即便此时行为人还身处权利人支配的空间领域之中(例如在权利人家中或者在权利人管理的超市、商铺等场所内),也同样如此。但是,对于体积相对较大,难以被掩饰于行为人贴身领域内的物品,原则上就只有在行为人将其携带至权利人支配的空间领域之外时,才能认定行为人取得了对该物品的占有。本案中,涉案高仿画位于律师 A 的办公室,即处于 A 所支配的空间领域之中。而画作的体积相对较大,无法被置于 T 的衣兜等贴身领域,故只有在 T 携带高仿画离开律所,或者至少只有在 T 能够将高仿画完全掩饰于自己背包之内时,才可能认定 T 破除了 A 对于高仿画的占有,建立起了自己对于高仿画新的占有。然而,本案案件事实表

该说，在本案中，T原本仅计划实施一次盗窃行为，因此，其在第一次被迫放弃取得画作时就已经穷尽了其犯罪计划中既定的犯罪手段，此时T的罪行未能得逞，故属于障碍未遂。

c.整体考察说。该说主张，在行为人实施了多次重复侵害的场合，应当将其所实施的多次重复侵害整体上视为一个行为①，并基于行为人实施完最后一次侵害行为的时点，从整体上考察行为人是因意志以外的原因未能得逞还是自动放弃犯罪。至于行为人此前还实施了其他的什么侵害举动，其是否自动放弃了之前的侵害行为，则均非所问。② 根据该说，在本案中就应当将T先后实施的两次窃取行为视为一个盗窃罪行，并基于其第二次进入律所办公室实施窃取行为的情状判断T是否构成障碍未遂。根据本案事实，T第二次在律所办公室实施窃取行为时，客观上并不存在阻止T窃得高仿画的障碍，也不存在致使T认为自己无法窃得高仿画从而被迫停止犯罪的因素，因此，应当认定T对高仿画的盗窃罪行并未陷于障碍未遂。

上述学说中，个别行为说虽然明确地对行为人每次的法益侵害行为加以考察，在判断标准上极为清晰，但是，该说导致行为人第一次着手实施犯罪时就已经具有了未遂犯的可罚性，过早地排除了构成犯罪中止的可能，从而不利于鼓励行为人中止犯罪行为，不利于保护法益，在刑事政策上难以令人满意。此外，该说将具有紧密时空联系的重复侵害行为拆解为多个独立行为进行评判，多少存在割裂整体生活事实的缺陷。犯行计划说虽然相较于个别行为说推迟了认定障碍未遂的时点，为行为人保留了更多中止犯罪的可能性。但是，在行为人具有多个犯罪计划的场合，按照该说立场，就只有在行为人实施完了所有犯罪计划时才能肯定其构成障碍未遂。这就使得那些深思熟虑、在实施犯罪行为前进行周密策划的行为人反而难以构成未遂犯。此外，在司法实务中，行为人经常是临时起意实施犯罪，在这种行为人根本未制定犯罪计划的场合，犯行计划说反而缺乏判断行为人犯罪形态的具体标准。相较而言，整体考察说将具有紧密时空联系的重复侵害评价为一个侵害行为，更符合人们对事物的认知方式，该说也更加有利于鼓励行为人中止其罪行，在刑事政策上相对更为合理，故本案例分析采纳该说的立场，认为T在本案中对高仿画的罪行不成立障碍未遂。

---

① 对该学说的介绍，参见黄荣坚：《基础刑法学(下)》，台北，元照出版有限公司2012年版，第546页。

② 参见[德]乌韦・穆尔曼：《德国刑法基础课：第7版》，周子实译，北京大学出版社2023年版，第636页以下。

(2)中止行为

根据《刑法》第24条第1款的规定,成立中止要求行为人放弃犯罪或者有效防止犯罪结果发生。若犯罪行为尚未实行终了,只要不继续实施就不会发生犯罪结果,则行为人只需放弃继续实施犯罪就已经可能构成中止。相反,若犯罪行为已经实行终了,不采取有效措施就会发生犯罪结果,则行为人只有积极采取措施有效地防止犯罪结果发生,才可能成立中止犯。[①] 在本案中,T只要放弃继续实施窃取行为就不会发生窃得高仿画的结果,故本案属于犯罪行为尚未实行终了的情形,T单纯放弃取走高仿画就已经实施了刑法所要求的中止行为。

(3)自动性

根据《刑法》第24条第1款的规定,行为人只有"自动"放弃犯罪或者有效防止犯罪结果发生的,才能构成犯罪中止。关于中止犯自动性的认定,刑法理论中存在巨大的见解分歧。其中最主要的有以下三种观点。

a. 主观说(弗兰克公式)。主观说认为,刑法对中止犯减免处罚的规定是基于刑事政策考量的结果,立法者以此鼓励行为人放弃犯罪或防止犯罪结果发生,从而实现刑法保护法益的目的。因此,只要行为人自主决定地放弃实施犯罪或者阻止犯罪结果发生("能而不欲")的,就符合中止犯的自动性要求。至于行为人实施中止行为的具体动机则非所问。[②] 根据该说,在本案中,若T愿意,其完全可以顺利从办公室中窃取高仿画,但T却因嫌恶高仿画的价值低于预期而放弃取走该画,这种意志决定是T自己经过利益权衡而自动做出,属于能而不欲,故应当肯定T是自动放弃取走高仿画。

b. 限定主观说。限定主观说认为,对中止犯减免处罚的根据源于刑罚目的,即行为人通过实施中止行为表明其已经回归法秩序,此时通过对其科处刑罚进行犯罪预防的必要性已经不复存在或者至少显著降低,故应当免除或者减轻对行为人的刑罚。与此相应,只有在行为人出于对自己犯罪行为的否定评价、基于规范意识而放弃犯罪或防止犯罪结果发生的场合,才能肯定其属于自动放弃犯罪,构成犯罪中止。[③] 根据该说,在本案中,T之所以放弃窃取高仿画仅是因其嫌恶高仿画价值低于预期,其对自身犯行并无反省、悔改之意,故不能认定T已经回归法秩序,不应肯定T是自动放弃犯罪。

---

① 参见张明楷:《刑法学》(第6版),法律出版社2021年版,第474页以下。

② 参见[日]松宫孝明:《刑法总论讲义(第4版补正版)》,钱叶六译,中国人民大学出版社2013年版,第185页。

③ Vgl. Jakobs, Strafrecht, Allgemeiner Teil, 2. Aufl. 1991, 26. Abschn. Rn. 34a ff.

c. 犯罪人理性说。犯罪人理性说认为,应当将理性的犯罪人在行为时的决策作为判断行为人是否自动放弃犯罪或自动防止犯罪结果发生的标准。[①] 若行为人放弃犯罪或防止犯罪结果发生的决定与理性犯罪人的决定一致,则应认定行为人并非自动实施中止行为,不构成犯罪中止。若行为人在理性犯罪人不会选择放弃犯罪的场合却决定放弃犯罪,或者在理性犯罪人不会防止犯罪结果发生时却选择阻止犯罪结果出现,就应当肯定行为人属于自动实施中止行为,构成犯罪中止。在本案中,虽然律所办公室内悬挂的并非名画,但该高仿画本身也价值近万元,仍有较大价值。由此,或许可以认为理性的犯罪人在 T 所处的情境中不会选择放弃窃取高仿画,故 T 系自动放弃犯罪。

上述学说中,限定主观说对于中止自动性提出了过高的要求。根据我国《刑法》第 24 条第 2 款的规定,犯罪中止并不当然免除处罚,对中止犯也可能只是减轻处罚。而若行为人彻底回归法秩序、对之不再具有预防必要性,则应当完全否定对其科处刑罚的可能性。因此,既然我国刑法并未规定在犯罪中止的场合应当一律免除对行为人的处罚,在学理上就不应将中止犯的成立限定在行为人彻底悔罪的场合。此外,根据限定主观说,在个案中应当根据何种标准判断行为人是否已经彻底回归法秩序,显然也并不明确。犯罪人理性说虽然尝试通过对比理性犯罪人的选择确定行为人是否已经洗心革面(当行为人的决策偏离理性犯罪人的决定时,就可以认定行为人脱离“犯罪圈”回归了法秩序),但是,普通国民并非犯罪人,并不熟悉犯罪分子在个案中究竟是否会选择放弃犯罪,因此,犯罪人理性说实际上还是无法在个案中提供清晰的判断标准。对于理性犯罪人究竟会如何决策的推断,很大程度上取决于分析者自己内心所臆想的“理性犯罪人”形象。由于每个分析者心目中的理性犯罪人形象并不相同,犯罪人理性说往往难以在个案中得出确定的结论。相较之下,主观说侧重考察行为人是否自主决定地放弃犯罪,其并不以行为人放弃犯罪的具体动机作为认定中止自动性的决定性标准,从而更有利于鼓励行为人放弃实施犯罪行为,达到保护法益的目的,故采用该说在刑事政策上更为妥当。鉴于此,本案例分析也采用主观说的立场,认定 T 系自动放弃窃取高仿画的罪行。

5. 小结

就高仿画而言,T 在律所办公室的举动符合盗窃未遂的构成要件并具有违法性,同时,T 也具备有责性。但是 T 自动放弃窃取高仿画,符合犯罪中止的成立要件,故应认定 T 在本案中对高仿画构成盗窃罪(中止)。因 T 未对高仿画

---

① Vgl. Roxin, Rücktritt vom unbeendeten Versuch, in: FS – Heinitz, 1972, S. 256 ff.

造成任何损害，属于没有造成损害的中止犯，根据《刑法》第 24 条第 2 款之规定，不能对 T 盗窃高仿画的行为科处刑罚。

（五）T 进入律所办公室的行为是否根据《刑法》第 245 条构成非法侵入住宅罪

根据《刑法》第 245 条的规定，T 为窃取涉案画作而两度进入律师 A 的办公室的行为可能构成非法侵入住宅罪。

构成要件符合性：

客观构成要件——行为对象。

根据《刑法》第 245 条的规定，非法侵入住宅罪的行为对象为住宅。所谓“住宅”，是指旨在为他人提供住宿的、相对封闭的场所。换言之，住宅系指供人日常起居寝食、日常生活而使用的场所。[①] 本案中，T 侵入的是律所的办公室，而律所办公室并非供人住宿或者供人日常起居寝食使用的场所，不属于住宅。因此，T 在本案中不构成非法侵入住宅罪。

（六）T 撬坏律所大门的行为是否根据《刑法》第 275 条构成故意毁坏财物罪

根据《刑法》第 275 条的规定，T 为窃取画作而撬坏律所大门的行为可能构成故意毁坏财物罪。

构成要件符合性：

客观构成要件——行为对象。

《刑法》第 275 条规定，故意毁坏他人数额较大的财物，或者具有其他严重情节的，才构成故意毁坏财物罪。根据最高人民检察院、公安部《关于公安机关管辖的刑事案件立案追诉标准的规定（一）》第 33 条的规定，故意毁坏财物的入罪数额为 5000 元。本案中并无证据表明 T 撬坏的律所大门价值 5000 元以上，同时，T 也不存在其他入罪的严重情节，故不能认定 T 构成故意毁坏财物罪。

（七）T 撬坏律所大门的行为是否根据《刑法》第 276 条构成破坏生产经营罪

构成要件符合性：

客观构成要件——行为对象。

---

① 参见张明楷：《刑法学》（第 6 版），法律出版社 2021 年版，第 1182 页。

虽然《刑法》第276条并未规定只有在造成数额较大的财产损失时才能构成破坏生产经营罪,但最高人民检察院、公安部《关于公安机关管辖的刑事案件立案追诉标准的规定(一)》第34条规定,构成破坏生产经营罪也要求行为人造成公私财物损失达5000元以上或者具有其他严重情节。如上所述,在本案中并无证据表明T撬坏的律所大门价值5000元以上,同时,T也不具有其他入罪情节,故同样不能认为T在本案中构成破坏生产经营罪。

(八)罪数

在本案中,T在律所办公室的行为对其所欲盗窃的名画构成盗窃罪(未遂),对高仿画构成盗窃罪(中止),二者构成想象竞合。当然,由于T未对高仿画造成损害,其不因对高仿画的盗窃罪(中止)而受处罚,故在想象竞合之后,对T只能以对名画的盗窃罪(未遂)论处。

政府融资平台案：意思表示、代理及法人独立性问题

王　军*

一、引言

一件讼案的裁判文书通常包含法庭对当事人诉讼请求和答辩意见的引述、对案件事实的认定、最后的裁决及其理由和依据。除此之外，一份裁判文书也是法庭对真实世界的一宗社会事件的记录，尽管未必是完全记录。从中，我们不仅能够看到当事人的争议和法庭对事件的处理，也可能看到产生纠纷的社会经济背景、事件的起承转合、当事人寻求救济、解决纠纷的过程以及这个过程中涉及的其他机构和个人活动。

目前，裁判文书（作为真实案例）在法律教学中的作用已经得到广泛认同。如何在教学中运用裁判文书，自然会有不同见解。笔者认为，方法不必强求一律，应当鼓励不同方法竞争和比较。本文提倡一种深层次、多视角、跨学科的案例分析方法。具体来说，对于精心挑选的裁判文书，教师可以引导、鼓励学生并通过研讨与学生合作，深层次、多视角地挖掘案例中各层面事实所蕴含的法律问题；不受裁判文书信息和法律学科划分的局限，调动裁判文书之外的相关资料，运用所有相关学科的理论工具去分析案件。

本文要分析的案件来自最高人民法院（以下简称最高法院）作出的高安市城市建设投资有限责任公司、华金证券股份有限公司确认合同无效纠纷二审民事判决书。① 本案中，一审原告、二审上诉人高安市城市建设投资有限责任

---

* 法律学者，任教于中国政法大学、北京大学国际法学院。

① 本案案号为（2020）最高法民终 682 号，判决作出日期为 2020 年 12 月 30 日。判决全文于 2021 年 4 月 12 日发布于中国裁判文书网，https://wenshu.court.gov.cn。本案一审判决由江西省高级人民法院（以下简称江西高院）作出，案号为（2019）赣民初 47 号，但判决文书未上网公布。

公司(以下简称高安城投或原告)是当地政府为城市建设和产业发展而设立的“融资平台”。[1] 一审被告和二审被上诉人是华金证券股份有限公司(以下简称华金证券)和深圳激石伟业基金管理有限公司(以下简称激石伟业)。高安城投在2017年发挥“融资平台”作用,参与本地一家政府重点“帮扶”企业的融资。但两年后,高安城投起诉主张该次融资的相关合同是当事人的虚假意思表示,请求法院确认合同无效。

就本案争议焦点即案涉合同是否为各方虚假意思表示,一审、二审判决意见截然相反。一审认为不存在虚假表示。二审推翻一审判决,确认当事人有虚假表示,相关合同无效。但是,仔细推敲案情就可发现,当事人争议之合同更像是他们精心设计、一致希望产生法律效力以约束双方,从而实现交易目的的意思表示,似乎不能说是与内心想法不一致的虚假表示。而当事人的精心设计确实也反映出他们有规避法律或监管限制的意图。由此,首先需要研究的问题便是:在我国法律上,“虚假表示”究应如何界定?以何种标准判断?虚假表示和法律规避行为(以下简称避法行为)有何区别,如何区分?

其次,在判决书围绕意思表示的叙事之外,还有一条不应忽视的线索。本案涉及原高安市官员和江西银行高管的受贿犯罪,且他们的受贿行为与本案合同之成立和履行有密切关联。因此,需要进一步探讨的问题是:官员和高管因受贿被查处、审判之后,他们参与订立的商业合同的法律效力是否应受影响?若受影响,受何种影响?

为讨论上述问题,我们需要仔细分析市政府官员和银行高管在本案合同成立和履行中扮演的角色。本文发现:相关合同尽管以高安城投为签约主体,但高安城投并不独立于当时的高安市主要领导;作为市政府融资平台(或融资工具),高安城投与市政府存在“人格混同”;能够左右高安城投重大决策的原市长、副市长,既是市政府的代理人,也是高安城投事实上的代理人,同时,他们因受贿又成为高安城投交易对手的“隐秘代理人”。因此,本案交易深陷几重“双方代理”引发的利益冲突之中。尽管一审、二审法院未在审理中讨论这些问题,但鉴于高安城投这类政府融资平台与地方政府之间上述关系的普遍性和典型性,我们仍有必要对其作深入分析。

方法论上,本文首先应用民法理论,分析了“虚假表示”的判断标准及其与“避法行为”的区别;其次,运用“双方代理”和“人格混同”为分析工具,讨论了

---

① 国务院文件给“地方政府融资平台公司”下的定义是:“指由地方政府及其部门和机构等通过财政拨款或注入土地、股权等资产设立,承担政府投资项目融资功能,并拥有独立法人资格的经济实体。”《国务院关于加强地方政府融资平台公司管理有关问题的通知》(国发〔2010〕19号)。

地方政府与其融资平台的关系。将“双方代理”和“人格混同”应用于本案的分析，确实超出了一审、二审判决所确认的“争议焦点”，也突破了这两个概念原有的“学科”范畴。在推进分析的过程中，本文不仅有法律的视角，还引入了经济和公共管理的视角。这便是本文倡导的多视角、跨学科分析的含义。

以下将根据与本案有关的各种信息，首先尽可能还原该次融资交易的全景图像，进而从判决书关注的争议焦点推进到案件牵涉的更具当代意义的基础事实，依次分析探讨虚假表示、法律规避、隐秘代理人双方代理及政府与融资平台人格混同等问题。

二、案情解说

本案起因于奥其斯科技股份有限公司（以下简称奥其斯公司）2017 年基于银行与券商合作（“银证合作”）而进行的一笔融资。让我们先从奥其斯公司讲起。

（一）罗氏兄弟与奥其斯公司

根据公开资料，奥其斯公司的实控人为江西省奉新县人罗某国。20 世纪 90 年代，罗某国与其弟罗某辉南下打工。2005 年，罗氏兄弟在广东东莞成立广东奥其斯科技有限公司（以下简称广东奥其斯），该公司生产电源产品。① 2012 年，罗氏兄弟凭其在电源产品方面的技术和资本积累，跟进国家产业政策，将发展重心全面转向 LED 照明。他们决定回家乡江西开办企业。这自然受到当地官员的热情欢迎。江西省高安市政府在工业用地、政府补贴、行政支持等方面给予大力帮扶。罗氏兄弟在高安市工业园成立江西奥其斯科技有限公司（以下简称江西奥其斯），承诺投资 22 亿元建设“江西奥其斯光电项目”。②

江西奥其斯很快于 2014 年 6 月正式投产，其对外公布的营业收入呈现爆

---

① 参见《百亿奥其斯突然坍塌谁来“埋单”?》，载《第一财经日报》2018 年 9 月 10 日，新浪财经转发，https://finance. sina. cn/2018 - 09 - 10/detail - ihivtsyk9899273. d. html? from = wap。另见《奥其斯公司公开转让说明书》，第 29 - 30 页、第 93 页。本文引用的奥其斯公司公开转让说明书、年报及公告等均发布于全国中小企业股份转让系统网站 neeq. com. cn。

② 当时有媒体高调报道称：“总投资 22 亿元的江西奥其斯光电项目落户高安，该项目以 LED 发光二极管系列产品及物联网应用系列产品的研发、生产制造、应用方案解决和安装集成为主，项目占地 1000 亩，共分为三期建设，每期建设周期一年……”《奥其斯江西高安基地引行业关注》，载中国经济网 2012 年 10 月 9 日，中国日报网转载，https://www.chinadaily.com.cn/hqcj/2012 - 10/09/content_15804175.htm。奥其斯得到的政府支持，参见《奥其斯公司公开转让说明书》，第 82 页。

发式增长。2013 年度(未正式投产)营业收入仅为 195 余万元,2014 年度增至 7416 余万元,2015 年超过 4.4 亿元。[①] 2015 年 8 月,江西奥其斯整体变更为股份有限公司,即前述奥其斯公司。2016 年 4 月,奥其斯公司在全国中小企业股份转让系统(以下简称中小企业股转系统或新三板)挂牌。2016 年的营业收入接近 10 亿元。[②]

不过,奥其斯公司的营业收入、净利润和盈利能力看起来并不稳定。"新三板"挂牌后,2017 年的营业收入跌至 4.5 亿元。净利润从 2016 年的 9688 余万元下滑为 2017 年的 2158 余万元。从反映企业盈利能力的加权平均净资产收益率(依据归属于挂牌公司股东的净利润计算)看,2016 年是 15.40%,2017 年骤降至 2.22%。[③]

"新三板"的投资者也不看好奥其斯的未来。2016 年 4 月,奥其斯公司公告了定向发行新股、募集 6 亿元的方案,但 8 月自行终止了发行计划;同年 8 月第二次公告发行方案,同样没有达到预期结果。[④] 根据历年年报可知,2016 年和 2017 年,奥其斯公司也没有发行债券融资,披露的主要融资均为银行贷款、融资租赁。资本市场对奥其斯公司反应冷淡,从侧面说明其企业盈利能力尚未赢得投资者青睐。

正是在"新三板"两次非公开发股无果且其他融资渠道不畅的情况下,奥其斯公司启动了引发本案争议的融资。这次融资的不寻常之处在于:认购奥其斯公司所发行新股的唯一投资方,是奥其斯公司参与设立的一家有限合伙制基金;而奥其斯公司及其实控人向基金的出资者作出确保他们收回出资的承诺或保证。显然,这是一次事先定制并锁定出资人、志在必得的"定向发行"。这些不同寻常的安排也反映了各方都接受奥其斯公司的股份在"新三板"缺乏流动性的事实。

(二)融资架构的幕后台前

根据本案判决书披露的信息(包括所引用的相关刑事判决),我们可以大致描述出此次融资的前期"关系协调"过程。这是分析本案不可或缺的环节。

罗某国的两位朋友帮他沟通高安市政府官员和江西银行高管,成功"运作"了这次融资。不过,本案一审前,两位友人所沟通的官员和高管悉因受贿

---

① 参见《奥其斯公司公开转让说明书》,第 127 页;《奥其斯公司 2015 年年报》,第 11 页。
② 参见《奥其斯公司 2016 年年报》,第 48 页。
③ 参见《奥其斯公司 2017 年年报》,第 11 页。
④ 参见《奥其斯公司 2016 年年报》,第 32 页;《奥其斯公司 2017 年年报》,第 32-33 页。

而被判刑。本案判决书引述相关刑事判决写道:2016 年 7 月,罗某国与周某华(激石伟业实控人)、龙某(江西长善实业有限公司法定代表人)商议,打算通过“基金产品”为奥其斯公司融资。2017 年 1 月,罗某国与周某华的陆金公司签订合同,约定由激石伟业设立基金,帮助奥其斯公司融资 6 亿元,居间服务费 2700 万元。在此期间,龙某、周某华找到时任江西银行红谷滩支行行长付某,三人商定:龙某负责协调高安市政府、企业关系,付某负责协调江西银行关系,周某华负责激石伟业运作,所得居间服务费按 4:4:2 比例分成。

分工和分成商定以后,龙某和付某便分头行动,协调关系。经过他们的一番努力,奥其斯公司在高安市原主要领导的心目中树立起“明星企业”光辉形象。在市领导的大力推动下,2016 年 12 月,高安市政府先是与激石伟业签订两份合作协议,继而高调表态支持奥其斯公司通过产业基金融资,随后直接指示高安城投按照既定方案,出资 1.2 亿元与激石伟业发起成立 6 亿元规模的产业发展基金,向奥其斯公司提供融资。在这背后,相关刑事判决确认的事实是:龙某、罗某国等人曾就融资事项向时任高安市市长潘某松行贿 60 万元,向时任常务副市长肖某行贿 40 万元。①

这里所说的“产业发展基金”,照流行做法采取了有限合伙企业的形式。江西银行的 4.79 亿元资金通过“资产管理计划”委托给一家券商(华金证券),再以有限合伙人出资的名义投入基金。整个融资架构由有限合伙、资管计划“嵌套”而成,也是当时的流行套路(架构详见图 1)。

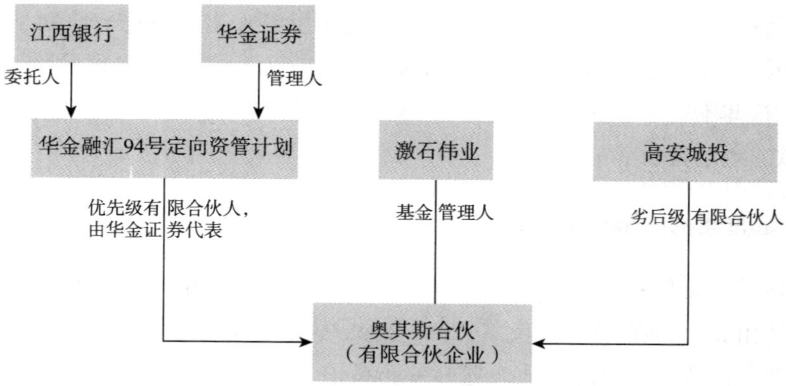

图 1　融资架构初步搭建

2017 年 2 月 21 日,基于江西银行(委托人)、华金证券(管理人)、兴业银行

① 二审判决披露的相关刑事判决为:江西省宜春市中级人民法院(2019)赣 09 刑初 12 号刑事判决书和(2019)赣 09 刑终 273 号刑事判决书。

南昌分行(托管人)之间签订的定向资产管理合同,资金额为4.79亿元的“华金融汇94号定向资产管理计划”成立,并在中国证券投资基金业协会备案。

2017年2月23日,激石伟业(作为普通合伙人、基金管理人)与华金证券(代表资管计划,作为有限合伙人)、高安城投(作为有限合伙人)签订《合伙协议》,约定三方分别出资100万元、1.2亿元、4.79亿元,成立“高安市奥其斯投资管理中心(有限合伙)”(以下简称奥其斯合伙)。《合伙协议》是三方打算提交监管部门备案的格式条款,故只依法约定了常规的有限合伙企业条款。而三方真正重要的约定则见之于同一天签署但不提交备案的《补充协议》。

根据《补充协议》,奥其斯合伙的两个有限合伙人分为“优先级”和“劣后级”,华金证券为“优先级有限合伙人”,高安城投为“劣后级有限合伙人”;全体合伙人实缴出资的最后期限是2017年3月30日;优先级有限合伙人实缴出资的前提条件是,该《补充协议》《合伙企业份额受让合同》及《法人保证合同》已经签订生效,“资产管理计划”的委托人在2017年3月30日之前已经足额向定向资产管理计划的托管户缴纳4.79亿元。上述条件不具备时,优先级有限合伙人有权拒绝缴付出资。

《补充协议》为优先级有限合伙人设定实缴出资条件的原因是:该基金约80%的资金是江西银行通过资管计划投入的,这笔资金若不委托到位,则基金的设立目的便不能达成;而如果《合伙企业份额受让合同》及《法人保证合同》没有签订生效,则优先级合伙人便无法在实现一定收益的情况下安全退出项目。也就是说,只有在有收益并能安全退出的情况下,银行资金才愿意投入基金。

2017年3月6日,高安城投(受让方)与华金证券(转让方)签订了《合伙企业份额受让合同》。该合同约定,高安城投有义务在约定时间受让华金证券在奥其斯合伙中持有的合伙份额,而受让全部份额前,高安城投应当按季度向华金证券支付约定的“溢价款”。

在此前的3月2日,奥其斯公司(保证人)与华金证券(债权人)已签订《法人保证合同》,约定奥其斯公司为高安城投(债务人)履行《合伙企业份额受让合同》约定的转让价款、溢价款支付义务提供连带责任保证。

然而,高安城投终究是一家国有独资公司、政府融资平台,它承诺按季度支付“溢价款”并于三年后收购华金证券的全部合伙份额,是在用政府信用为一家民企的融资“背书”,它所承担的付款义务和投资风险如何化解?

按当时流行的做法:谁融资,谁兜底。在签署上述合同的同一天即2017年3月2日,高安城投与罗某国、奥其斯公司签订《回购协议》,约定:高安城投的出资和对华金证券承诺的全部义务,概由罗某国和奥其斯公司履行或承担。

具体安排是：(1)高安城投此前借给奥其斯公司的8000万元及本次出资额1.2亿元，均应在奥其斯合伙将6亿元资金投入奥其斯公司后半个月内，由奥其斯公司返还高安城投。(2)罗某国应无条件回购高安城投所持全部合伙份额。(3)罗某国承诺以其个人在奥其斯公司所持有的8000万股(价值4.8亿元)作为质押，为高安城投提供担保，截至2021年3月7日，如逾期无法履行回购义务，则由高安城投将8000万股处置变现或由高安城投提交相关部门依法强制处置。(4)罗某国承诺，根据《合伙企业份额受让合同》约定的金额和时间支付溢价款，由奥其斯合伙产生的需要支付的溢价款和基金管理费用、成本或其他任何日常有关的费用均由奥其斯公司承担，高安城投不承担本基金产生的任何费用、风险、经营期亏损等(具体安排见图2)。

由上述安排可见：江西银行之所以愿以4.79亿元资金(通过委托给华金证券设立资管计划)参与此次投资，是因为该笔投资有地方政府融资平台即高安城投在"托底"——无论奥其斯公司的LED项目经营情况如何，华金证券都有权要求高安城投在其出资后的三年内按季度支付"溢价款"，满三年后收购资管计划项下的全部基金份额。那么，高安城投的"安全港"又在哪里？给高安城投"兜底"的是奥其斯公司。奥其斯公司承诺收到基金投资后，旧账新账一并了结，半月内向高安城投归还2亿元。罗某国作为奥其斯公司的大股东和董事长，承诺收购高安城投名下的全部合伙企业份额(包括高安城投将来收购的华金证券的合伙份额)，并以其持有的奥其斯公司股份设定质押。但是，罗某国手中股份(质押资产)的价值仍取决于奥其斯公司的价值。全部看下来不难发现，江西银行、华金证券、高安城投及高安市领导实际上都将"宝"押在了奥其斯公司的LED项目上。

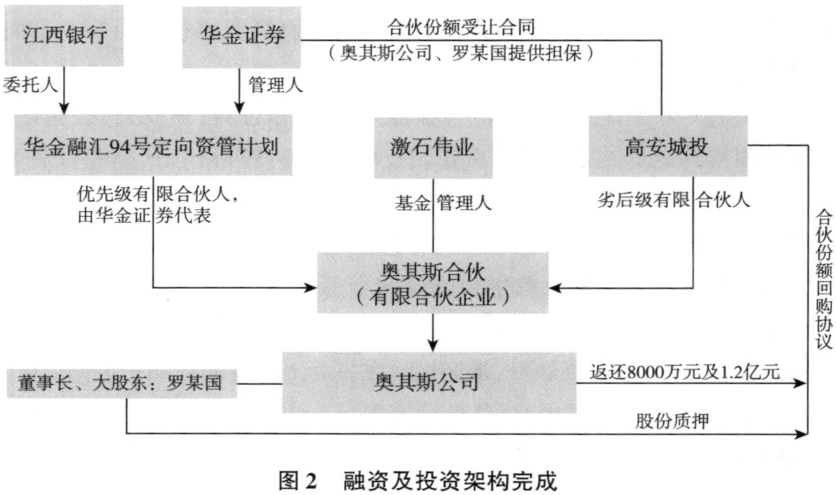

图2　融资及投资架构完成

奥其斯合伙在其合伙人出资全部到位后，立即于2017年3月7日向奥其斯公司转账6亿元。对此，本案一审判决认为，此笔转账是奥其斯合伙支付"股份认购款"，参与奥其斯公司的"定向股票发行"。其实这个说法并不准确。

根据奥其斯公司在中小企业股转系统公告的信息，该公司向奥其斯合伙定向发行1亿股（每股6元）的发行方案迟至2017年4月12日才公告，4月28日才得到股东大会批准。在奥其斯公司尚未公告发行方案的情况下，奥其斯合伙就将6亿元资金转给奥其斯公司，不符合常规做法。实际上，发行方案称，唯一发行对象即奥其斯合伙将以价值6亿元的债权认购1亿股股份（以债转股方式认购）。可见，3月7日的转账实际上是奥其斯合伙向奥其斯公司出借6亿元。奥其斯合伙先出借6亿元，一个多月后再以债转股方式认购新股，法律上并无障碍。这一不同寻常的操作从侧面表明，本次融资交易的各参与方是多么急切地需要奥其斯公司立即获得这笔6亿元资金。

奇怪的是，奥其斯公司3月7日获得这笔6亿元资金后，似乎并不急于投入生产经营，反而在4月出借9500万元给另一家公司试图收息获利（约定借期三个月、月息0.86%）。此后，债务人违约，奥其斯公司于2018年8月起诉追讨。①

奥其斯公司在放款收息的同时，继续借款。2017年6月，奥其斯公司又与高安工业园区管理委员会签订借款合同，向后者借款2亿元（借期6个月，年利率7.2%，逾期借款罚息利率为合同约定借款利率的150%）。②

（三）基座崩塌、诉讼爆发

奥其斯公司是整个融资交易的资金目的地，也是承担各投资方的投资回报的最终现金流来源。但正如我们将会看到的，此次融资之后，奥其斯公司的LED项目并未展现出预期业绩，而资金使用上却多有可疑之处。就像一个外观华丽、造型复杂的玻璃艺术品，奥其斯公司正是托底的基座，但它已经开裂了。高安城投和奥其斯公司向华金证券支付了四次"溢价款"之后，便停止付款。于是，华金证券、江西银行按下了讨债按钮，建基于奥其斯公司之上的融资架构开始崩塌。

根据一审查明的情况，2017年3月21日至2018年4月3日，高安城投根

---

① 见奥其斯公司2018年8月29日公告。按照高安城投在上诉意见中的说法，这笔9500万元借款的债务人正是中间人龙某实际控制的一家公司。

② 因借款到期后奥其斯公司未归还借款本息，2018年9月管理委员会对其提起诉讼。参见奥其斯公司2018年9月26日涉及诉讼公告；江西高安工业园区管理委员会与奥其斯科技股份有限公司企业借贷纠纷一审案，江西省高级人民法院（2018）赣民初109号民事判决书。

据合同约定,按季度四次向华金融汇 94 号定向资产管理计划的兴业银行托管账户支付溢价款,合计 32864722.22 元。[①] 其中,两个季度的款项实际由奥其斯公司支付。2018 年 10 月 16 日,华金证券向高安城投发出《告知函》,称:截至 2018 年 9 月 21 日,高安城投共计欠付其溢价款 15913444.44 元。鉴于高安城投未履行合同义务,江西银行作为华金证券的委托人、投资人、实际上的权利主体,为维持其自身合法权益,其将通过划扣高安城投在江西银行的存款 15913444.44 元,冲抵高安城投所欠溢价款。2018 年 12 月 21 日,江西银行宜春高安支行营业部向高安城投出具《客户资金扣划通知书》,从高安城投账户直接扣划逾期利息 24873751.49 元。

2018 年 8 月 7 日,江西省纪委、省监察委网站发布消息称,高安市委副书记、市长潘某松涉嫌严重违纪违法,正在接受宜春市纪委监委纪律审查和监察调查。10 月 9 日,奥其斯公司公告称:公司控股股东、实际控制人罗某国因涉嫌行贿犯罪,经高安市监察委员会决定,对罗某国依法留置,案件尚待进一步调查。10 月 18 日,奥其斯公司公告"全面暂停生产经营"。2019 年 7 月 19 日,因奥其斯公司未按时披露 2018 年年报,中小企业股转系统对其作出终止股票挂牌的决定。

根据一审判决可知,2018 年 8 月 27 日,高安城投向法院起诉奥其斯公司、罗某国,诉讼请求为:奥其斯公司、罗某国向其共同返还 1.2 亿元及利息。2019 年 3 月,高安城投以华金证券、激石伟业为被告,以江西银行、奥其斯公司为第三人,向江西省高院提起本案诉讼,请求法院确认高安城投与二被告于 2017 年 2 月 23 日签署的《合伙协议》和《补充协议》无效,理由是:华金证券与激石伟业在签署《合伙协议》及《补充协议》时,不具有合伙投资的真实意思表示。[②]

三、判决及理由和依据

高安城投一审败诉,二审转败为胜。最高法院二审认定《合伙协议》和《补充协议》为当事人虚假意思表示,应确认为无效合同。

(一)一审判决

2020 年 3 月,江西省高院作出一审判决。根据二审判决的引述可见,一审

---

① 如果以江西银行投入的 4.79 亿元为本金,以 32864722.22 元为年收益,江西银行这笔投资的年收益率均为 6.86%。

② 参见《华金证券 2021 年面向专业投资者公开发行公司债券(第一期)募集说明书》,上海证券交易所网站,2021 年 8 月 31 日发布,第 119 页;本案二审判决书。

合议庭认为,本案争议焦点是《合伙协议》和《补充协议》的效力问题。由于原告主张协议无效的理由是当事人意思表示虚假,故与此争议相关的法律条文是本案审理时施行的《中华人民共和国民法总则》(以下简称《民法总则》)第146条第1款的规定,即"行为人与相对人以虚假的意思表示实施的民事法律行为无效"。[①] 将一审争议焦点进一步聚焦的话,关键争议实际上是:两份协议究竟是不是当事人的虚假意思表示?

符合哪些特征的合同构成当事人虚假意思表示?一审判决使用了民法教科书的表述,以"通谋虚伪行为"指称《民法总则》第146条第1款所规定的"虚假意思表示",并做如下阐释:"该规定是指合同双方当事人通谋所作出的意思表示与当事人内心真实意思表示不一致,则所作出的虚伪意思表示无效。通谋虚伪行为的认定,应当具备以下几个要件:一是须有意思表示;二是表示行为与内心目的不一致;三是须行为人与相对人虚伪故意且通谋实施;四是须双方自始均缺乏受表示行为拘束之意思。"

不过,二审判决引述的一审判决理由并未逐一分析上述四个要件是否满足,而主要阐述了两点理由。

首先,一审判决认为,当事各方对成立合伙企业投资奥其斯公司是自愿的、知情的,故不存在"意思表示不真实或不一致"。"高安城投、激石伟业对于合伙出资的原因、形式、用途、目的均知情且参与、配合。而江西银行作为实际出资人亦知晓合伙出资的最终目的是以持股形式投入奥其斯公司。因此,高安城投与华金证券、激石伟业签订《合伙协议》及《补充协议》的真实意思是以合伙人全部出资建立基金投资平台的形式,达到向奥其斯公司增资的目的,该意思表示不存在不真实或不一致的瑕疵,也未违反法律、行政法规的效力性、强制性规定。"

其次,当事人已全面实际履行协议,表明协议约定即当事人的"效果意思",故不存在通谋虚伪意思表示。"《合伙协议》及《补充协议》已全面实际履行,应当认定协议中关于合伙体投资项目仅为向奥其斯公司增资扩股的约定,是双方当事人签约时所追求的效果意思,不符合通谋虚伪意思表示的构成条件。故高安城投起诉提出江西银行为实现向奥其斯公司出借资金4.79亿元的目的,与华金证券、激石伟业、奥其斯公司设计拉其入局,搭建融资通道的主张,与事实不符。"而且,"高安城投也未能提供证据证明签约主体内心真实意思表示与《合伙协议》及《补充协议》约定的内容及实际履行行为不一致……"

最后,一审法院判决驳回高安城投的诉讼请求。

---

① 现为《民法典》第146条第1款。

(二)上诉及答辩

高安城投不服一审判决,向最高法院提起上诉,请求撤销原判。其主要理由有三。

第一,包括《合伙协议》《补充协议》在内的"设立合伙—股权投资—股权回购"等一系列协议,均是当事人的虚假意思表示,其背后隐藏的各方真实意思表示是通过搭建通道实现奥其斯公司向江西银行借款。因此,依照《民法总则》第146条第1款的规定,该一系列协议应认定无效。

第二,"假投资背后所隐藏的真借贷——奥其斯公司与江西银行的借贷行为,以及高安城投所谓'回购'担保行为的效力",是由奥其斯公司法定代表人罗某国及中间人龙某分别行贿江西银行高层领导、高安市原市长、副市长的情况下恶意串通而实施的违法犯罪行为,损害了高安市政府及国家的利益,亦应认定无效。法律依据为当时有效的《合同法》第52条第2项规定。

第三,"一审判决认定事实不清,适用法律错误。"该项理由中,高安城投的主要意思是,一审法院没有贯彻"穿透式审判思维"(依据是2019年11月8日最高人民法院发布的《全国法院民商事审判工作会议纪要》),囿于《合伙协议》《补充协议》等合同的文字表述,没有揭示江西银行"按固定利率收取利息、不承担任何风险"的"商业本质"是借贷而不是合伙投资。

华金证券、江西银行和激石伟业均辩称相关协议不存在"通谋虚伪意思表示",原判应予维持。

(三)二审判决

最高法院二审认为,本案争议焦点仍为《合伙协议》和《补充协议》是否无效。但二审结论与一审的截然不同。二审认为,结合《合伙企业份额受让合同》与《合伙协议》及《补充协议》的相关条款整体解释,可知华金证券签订《合伙协议》及《补充协议》时的真实意思表示并非设立合伙企业。也就是说,该两份约定合伙事项的协议均是当事人的虚假意思表示。二审判决阐述的主要理由如下。

第一,《合伙协议》和《补充协议》约定,华金证券作为优先级有限合伙人参加合伙。协议相关条款的约定表明,华金证券应当与其他合伙人依约定承担合伙风险、享受合伙收益。

第二,《补充协议》约定华金证券履行《合伙协议》约定出资义务的前提是,华金证券已与高安城投签订《合伙企业份额受让合同》并明确转让溢价款的支付方式及金额以该合同约定为准。也就是说,如果高安城投不与华金证券签订《合伙企业份额受让合同》，华金证券将不交纳出资款，而案涉《合伙协议》也将终止。

第三，综合分析三份合同可见，华金证券在《合伙协议》《补充协议》与《合伙企业份额受让合同》中约定的权利义务是不一致的。据《合伙企业份额受让合同》的约定，华金证券除了可以在出资后按约定比率定期获得高安城投支付的“份额受让溢价款”外，三年后还可通过转让合伙份额收回4.79亿元资金。华金证券一方面签订《合伙协议》《补充协议》约定成为有限合伙人，声称承担合伙企业投资风险，另一方面，又将与高安城投签订《合伙企业份额受让合同》并明确转让溢价款的支付方式及金额，作为履行出资义务及《合伙协议》《补充协议》是否终止的前提。可见，华金证券成为合伙人的前提是转让合伙企业财产份额退出合伙企业。二者明显存在冲突。故华金证券签订《合伙协议》及《补充协议》时的真实意思表示并非成为合伙人，分享合伙企业投资收益，承担合伙企业风险，而是以设立合伙企业的同时转让合伙企业财产份额并收取固定溢价款形式变相实现还本付息的借贷目的。

综合上述，二审合议庭认定《合伙协议》及《补充协议》均为当事人虚假的意思表示。因此，二审撤销一审判决，依《民法总则》第146条确认《合伙协议》及《补充协议》无效。

四、虚假表示抑或法律规避

本案的交易安排并非首创，类似的合同约定可能被法院作为“保底条款”处理，或认定为“名为投资、实为借贷”的合同。但法院一般不认为这类协议是虚假表示，而是在承认意思表示真实的情况下，依据相关法律法规或通过法律解释，对合同效力作出判断。那么，本案二审判决的思路和逻辑是什么？虚假表示的判断标准究应如何确定？

（一）二审判决的思路

二审确认《合伙协议》及《补充协议》为虚假意思表示，并不是因为法庭获得了能够证明当事人真实意思的证据。高安城投在上诉理由中也承认，能够直接证明当事人在协议中的意思表示为虚假的证据（例如录音、录像）是不存在的。

二审合议庭是基于《合伙协议》《补充协议》与《合伙企业份额受让合同》相关条款的“整体解释”作出的判断。“整体解释”发现：该三份合同的当事人，一方面表示要成立合伙企业，华金证券作为有限合伙人应承担合伙企业的经营风险；另一方面，又约定华金证券有权获得另一合伙人高安城投按约定比率、定期支付的“溢价款”，且在出资三年后有权将合伙份额转让给高安城投，华金证券据此便不承担合伙企业的经营风险。二审认为，上述约定是自相矛盾的，华金证券实际上缺乏成为合伙人的真实意思——其真实意思是变相放贷收息。据此，二审的最终结论是：约定合伙事项的《合伙协议》和《补充协议》为虚假意思表示，应属无效。

总结来看，二审的思路是：通过整体解读三份合同的条款，揭示当事人的交易目的，进而认为约定的合同类型与交易目的不符，从而认定合同内容为当事人的虚假意思表示。

不过，回顾最高法院的以往审理的诸多投融资纠纷案件，可以发现不少类似本案合同的约定。如果依照本案二审裁判思路，以往许多案件中的合同都应认定为虚假意思表示了。

例如，在著名的“对赌协议第一案”，海富投资对甘肃世恒增资入股，增资协议约定：如果甘肃世恒 2008 年实际净利润达不到 3000 万元，则应按照约定的计算等式补偿海富投资。最高法院再审认为：该约定使得海富投资可以取得相对固定的、脱离甘肃世恒公司经营业绩的收益，损害了甘肃世恒及其债权人的利益。照此认定，似乎也可以认为，海富案中的业绩补偿条款与增资协议中约定的海富投资作为股东的权利义务是相互冲突的。因为，海富投资作为股东也应承担投资风险，在公司无利润可供分配时不应变相获得收益（“业绩补偿”）。如果上述判断成立的话，增资协议中相关条款是否应认定为虚假意思表示？事实上，最高法院再审此案时并未认定增资协议中的任何条款为虚假意思表示，而是以违反《公司法》和《中外合资经营企业法》为由，确认业绩补偿条款无效。①

海富案之后，最高法院在诸多涉及“对赌协议”的案件中，也都没有基于协议中存在“保底条款”“股权回购”或“差额补足”等类似约定而认定增资协议全部或部分条款为虚假表示。② 其他各级法院的裁判思路也大抵如此，对此类约定通常是按照是否违反相关法律规定的思路裁判（主要涉及法律解释），而

---

① 甘肃世恒有色资源再利用有限公司、香港迪亚有限公司与苏州工业园区海富投资有限公司、陆波增资纠纷案，最高人民法院（2012）最高法民提字第 11 号民事判决书。

② 例如：强静延、曹务波股权转让纠纷再审案，最高人民法院（2016）最高法民再 128 号民事判决书；明朝勇、贵阳市工业投资（集团）有限公司证券交易合同纠纷二审案，最高人民法院（2017）最高法民终 492 号民事判决书。

不是在意思表示真伪上做判断。①

那么，高安城投案二审判决甄别意思表示真伪的裁判思路是不是一种更好的办法？

（二）两种检测标准

回到案件本身，先看二审认定虚假意思表示的依据和理由。

前已述及，二审合议庭确认《合伙协议》及《补充协议》为虚假意思表示，是依靠对三份合同的“整体解释”作出的判断。判决书指出：“华金证券成为合伙人的前提是转让合伙企业财产份额退出合伙企业。二者明显存在冲突。故华金证券签订《合伙协议》及《补充协议》时的真实意思表示并非成为合伙人，分享合伙企业投资收益，承担合伙企业风险，而是以设立合伙企业的同时转让合伙企业财产份额并收取固定溢价款形式变相实现还本付息的借贷目的。”对此，有以下问题应予讨论。

首先，《合伙企业份额受让合同》约定的是，在华金证券实缴出资三年后，高安城投始有义务一次性或分步受让华金证券的合伙份额，而不是在订立《合伙协议》和《补充协议》的同时转让份额。也就是说，对高安城投来说，这是一个“远期”收购义务，并不存在成立合伙的同时（或之后极短时间）就转让合伙份额的约定。

其次，当事人约定成立合伙企业，同时又约定三年后转让合伙份额，这两项约定是否相互冲突、无法共存因而必定不能同时为真实表示？通谋虚伪表示的典型事例是“阴阳合同”。例如，假定税法对房产赠与免于征税，甲本打算出售房产给乙，为免交税款，双方签订了一份房产赠与协议，用于办理相关法律手续，而私下又订一份金额 800 万元的买卖合同并实际履行。不难理解，就该房产所有权在甲乙间的移转来说，甲、乙不可能希望赠与和买卖一同成为约束他们的具有法律效力的合同。赠与合同和买卖合同不可能同时为真实意思表示，必定有一份合同是通谋虚伪表示。但在高安城投案中，成立合伙企业和三年后转让合伙份额两项约定是可以同时为真实表示的，甚至必须同时为真、同时有效。因为，当事人若不成立合伙企业，便无法在三年后转让合伙份额收回投资。

当然，按照起初的协议安排，华金证券在出资后的三年内将按约定比率取得“溢价款”，三年后通过转让合伙份额收回 4.79 亿元出资款，在不承担合伙

---

① 参见刘燕：《“对赌协议”的裁判路径及政策选择——基于 PE/VC 与公司对赌场景的分析》，载《法学研究》2020 年第 2 期。

企业经营风险的前提下收回本金并获得固定收益,类似于借款合同的债权人收回了本金和利息。但是,这并不能表明当事人内心没有成立合伙企业、成为合伙人的意思。当事人似乎是通过订立并实际履行三份合同,试图实现与典型合伙不同而与借贷关系类似的交易目的。换言之,当事人可能是以变换合同类型的方式,规避与银行信贷有关的法律或政策限制。

那么,究竟什么是“虚假意思表示”?《民法典》规定了“虚假意思表示”的法律效果(第 146 条)①,但没有提供这个术语的定义。从文义上看,“虚假意思表示”的含义似乎无须解释,就是指不真实的意思表示或者不符合真实意思的表示,与当事人的真实意思表示相对应。但是,这样的说法只是一种文字游戏或者循环定义。当事人的内心“意思”存在于主观,而且是过去某个时刻的主观思想。在纠纷处理的过程中,裁判者如何查明当事人的“真实意思”?即便当事人“承认”其曾经有某种“真实意思”,或者拿出书面证据证明其有某种意思,这种事后承认和书面证据的可靠性能有几分?再者,如何区分当事人的“真实意思”和“目的”(例如交易目的)?是“意思”与“目的”不同,还是“意思”可以包含“目的”,或是“目的”就是“意思”?

事实上,裁判者宣称当事人有某种“真实意思”,或者确认某个意思表示为虚假,大多是通过分析在案证据和当事人行为而做出的推断。在高安城投案,无论是一审在“探寻当事人的真实意思”基础上认定《合伙协议》和《补充协议》不构成虚假表示,还是二审对三份合同“整体解释”后认定华金证券在签约时不具有成为合伙人的真实意思,法庭都是基于当事人的协议约定和履约行为所做出的推断。

不过,细看一审判决的分析论证,可以发现一审合议庭阐述的虚假意思表示认定标准与二审的标准不完全一致。在引述了《民法总则》第 146 条第 1 款的规定后,一审判决写道:“通谋虚伪行为的认定,应当具备以下几个要件:一是须有意思表示;二是表示行为与内心目的不一致;三是须行为人与相对人虚伪故意且通谋实施;四是须双方自始均缺乏受表示行为拘束之意思。”②其中,要件一和要件三是对法条和概念的复述,较有实质意义的是要件二和要件四。

要件二的意思是,虚假意思表示必须具备的一个特征是,当事人的“表示

---

① 《民法典》第 146 条与《民法总则》第 146 条内容相同。

② 二审判决没有注明“四要件”的来源,看起来像是多种观点的汇总。参见王泽鉴:《民法总则》,中国政法大学出版社 2001 年版,第 360 页(通谋虚伪表示应具备三个要件:“一须有意思表示的存在,二须表示与真意不符,三须其非真意的表示与相对人通谋”);王利明:《民法》,中国人民大学出版社 2020 年版,第 136 页(虚伪表示是指“行为人与相对人通谋而为虚假的意思表示,实际上并不期待民事法律行为产生效力”)。

行为与内心目的不一致”。高安城投案当事人的“表示行为”应当是《合伙协议》《补充协议》中的约定,但他们的“内心目的”是什么呢？一审原告主张各当事人的“内心目的”其实是实现江西银行向奥其斯公司出借4.79亿元资金。但一审合议庭认定,当事人的“内心目的”是出资成立合伙企业向奥其斯公司增资。二审合议庭对三份合同“整体解释”后则认为,华金证券并没有成为合伙人的真实意思,其“内心目的”不是成为合伙人承担相应投资风险。可见,人们对各方“内心目的”的解读各不相同。唯一一致的是,大家都声称自己的见解是基于合同约定和当事人履约行为的客观判断。

根据要件四,虚假表示的双方当事人,应当是“自始均缺乏受表示行为拘束之意思”。通俗地说,虚假表示的双方都不希望他们签订的这份合同产生针对他们的法律拘束力。相比于揣测当事人难以捉摸的“内心目的”,结合案件事实分析当事人有无使自己的意思表示产生法律效力的意愿,显然确定性较高。

再以前述“假赠与、真买卖”案为例:当事人分别签订了赠与和买卖两份合同,但他们的实际行为表明双方进行的是买卖;由此不难推断,双方实际上不希望受赠与合同的约束。因此,将赠与合同认定为虚伪表示是大致不错的。但是,如果依上述要件二的标准,当事人的“表示行为”有两个,即赠与合同和买卖合同,哪一个与他们的“内心目的”一致或者不一致？如何确认当事人的“内心目的”？当事人的“内心目的”可能是逃避税负或掩盖交易实质,也可能是卖房获利、买房居住……可以说,当事人的“内心目的”是多重的、复杂的,外人在事后颇难捉摸。因此,通过推断当事人“内心目的”,再以之对照“表示行为”看二者是否相符,这种方法的可靠性较低。认为买卖合同反映了双方的“内心目的”有一定道理,而认为订立赠与合同与双方“内心目的”(逃避税负、掩盖交易实质)一致,似乎也说得通。那么,究竟哪个合同是虚假表示？

回到高安城投案,各方当事人订立《合伙协议》《补充协议》及《合伙企业份额受让合同》时,或许因奥其斯公司难以符合江西银行发放贷款的条件而“内心”有规避银行信贷条件限制的“目的”,但他们是否希望这三份合同都产生法律拘束力？结合案件事实分析,不难得出肯定回答。《合伙协议》依常规搭建了合伙企业的框架,约定了合伙人的权利义务,为筹集资金准备了一个合法实体;《补充协议》及《合伙企业份额受让合同》约定了华金证券(代表资管计划)在出资后三年内按季度收取“溢价款”,三年后通过转让合伙份额收回4.79亿元出资本金。整个交易安排都建立在三份合同应具有法律效力的基础上,当事人签约后也实际履行了合同的大部分约定。所以,各方在签订三份合同时应当是希望合同对自己和相对方产生法律约束力的。这三份合同与“假赠与、真买卖”案例中当事人自始就不希望产生法律拘束力的赠与合同显然不同。

因此,高安城投案一审和二审中实际上存在两种不同的判断虚假表示的检测标准:一种是检测当事人是否希望双方的表示(合同约定)产生法律拘束力,不希望产生拘束力的为虚假表示(以下称“拘束力标准”)。[①] 一审主要采用了这种标准。另一种是检测当事人的表示是否与真实意思(或“内心目的”)一致,不一致的属于虚假表示(以下称“内心真意标准”)。[②] 二审采取了这种标准。

(三)哪个标准更优?

本文认为,“拘束力标准”更优。首先,如上所述,“拘束力标准”对裁判者的指引更明确,更具有操作上的确定性,而“内心真意标准”过于笼统,确定性不足,尽管两种标准的适用都需要裁判者结合当事人意思表示的内容、实际行为等客观事实分析推断。

其次,“拘束力标准”扩大了法律对当事人意思自由的保护范围。“拘束力标准”将当事人完全无意产生法律拘束力的表示与他们希望产生法律拘束力的表示区分开。按照“拘束力标准”,所谓意思表示的“真”与“假”,不是从表示是否符合“内心真意”来看,而是从当事人有无使表示产生法律拘束力的角度看。“内心真意标准”符合日常语言中的“真”与“假”的含义,也是合乎逻辑的。[③] 但是,裁判者事后推断表意者的内心目的或真意的难度,远高于推断表意者有无产生特定法律效果之意图。裁判者在事后揣测表意者内心真意和目的时,可能会无视当事人有无受法律拘束之意思。换言之,“拘束力标准”实际上限缩了裁判者事后干预当事人意思表示自由的空间。避法行为并不都是对法律和秩序的破坏。很多时候,避法行为带来了交易或组织模式的创新,或者减轻了不合理规制对经济社会生活的破坏力。因此,对避法行为的是非善恶不能“一刀切”,而应一事一议。“拘束力标准”扩大了保护当事人意思自由的范围,对于保护当事人创设交易模式的自由,保护合同类型、组织类型上的创

---

① 主张拘束力标准的著述,参见[德]梅迪库斯:《德国民法总论》,邵建东译,法律出版社2000年版,第446页;弗卢梅:《法律行为论》,迟颖译,法律出版社2013年版,第480页;王利明:《民法》,中国人民大学出版社2020年版,第136页;杨代雄:《法律行为论》,北京大学出版社2021年版,第271页。

② 主张内心真意标准的著述,参见王泽鉴:《民法总则》,中国政法大学出版社2001年版,第360页;梁慧星:《民法总论》,法律出版社2017年版,第181页。

③ “内心真意标准”之所以看起来有合理性,是因为它吻合逻辑学上的“符合论”,即真实反映客观事物的命题为“真”,否则便是“假”。参见麦克伦尼:《简单的逻辑学》,赵明燕译,中国人民大学出版社2008年版,第19-20页。

新,是有积极意义的。

当然,按照"拘束力标准",当事人希望产生法律拘束力的意思表示尽管不属于虚假表示,但也不意味着一律都是有效法律行为。因为,它们还必须接受合法性检测。换言之,当事人的真实表示如果违反法律、法规的强制性规范(如《民法典》第143条),就仍可能被判定为无效法律行为。以高安城投案为例,假如法庭认定《合伙协议》及《补充协议》均为当事人真实意思表示,那么,接下来需要解决的问题是:在这两份协议及其他协议共同构建的融资交易中,华金证券(代表资管计划)作为奥其斯合伙的有限合伙人,实际上获得类似于借贷关系的债权人的权利和利益,这种通过变换合同类型而试图规避法律、监管或其他限制的安排是否违反法律、法规的强制性规范,是否应认定无效?不难看出,这个问题需要裁判者整体考虑相关法律的立法目的、特定时空的经济社会背景和公共政策等,通过法律解释甚或法律补充予以分析、解答。①

因此,支持"拘束力标准"更优的第三个理由是,该标准区分了虚假表示与避法行为,从而为裁判者界定法律解释范围提供了指引。宽泛而言,虚假表示也有避开特定法律适用的作用,例如"假赠与、真买卖"就可能使当事人避开税法的适用。但在裁判思路和方法上,虚假表示不同于避法行为。② 对于虚假表示(例如"假赠与、真买卖"中的赠与合同),裁判者在识别之后,即可确认其无效。而避法行为是当事人的真实意思表示(例如高安城投案中的合同),裁判者识别之后,通常还需要解释相关法律规范甚至需要通过填补法律漏洞来作出裁判。

如果不采用"拘束力标准"而适用"内心真意标准",那么,裁判者就可能将许多避法行为认定为虚假表示而归于无效。这既压缩了当事人意思自治的空间,也损害了法院理应享有的解释、补充乃至发展法律的权力。

五、双方代理与人格混同

本案虽为民事案件,但案情亦涉及原高安市市长、副市长以及原江西银行高管的受贿犯罪。一审、二审判决尽管都援引了相关刑事判决认定的事实,但

① 关于变换合同类型规避法律的实例和人民法院的审理思路,参见王军:《法律规避行为及其裁判方法》,载《中外法学》2015年第3期。

② 参见[德]弗卢梅:《法律行为论》,迟颖译,法律出版社2013年版,第484页(作者指出:"依其性质而言,规避法律行为属于当事人所真正希望的法律行为。这是因为,只有当事人真正希望这一行为,该行为的实施从其规避的目的来看才具有意义。有鉴于此,规避法律行为不属于虚伪行为")。

只是将这些事实作为融资交易的发生背景,而没有分析官员和高管受贿行为对本案合同有效性、合法性的影响。①

要分析市政府官员和银行高管受贿犯罪对本案争议合同的影响,首先要讨论他们在本案的融资交易中各充当什么角色、承担何种义务。本文要指出的是,这三位前政府官员和银行高管,均是他们所任职机构以及事实上可管控的下属机构的代理人。因此,本案融资交易各个环节都存在代理人背信导致的利益冲突。

鉴于目前各地政府通过各种官办"平台公司"(例如:城市建设投资公司)广泛参与经济事务,介入经济资源配置,而在中央反腐高压下,各级官员时有因受贿等罪名被处刑事责任的,故本案涉及的官员犯罪对官办公司参与之合同效力的影响问题,不是个别的而是具有普遍意义的法律问题。②

(一)谁是代理人,他们代理谁?

被判受贿罪的高安市原市长潘某松、副市长肖某,在任职期间是市政府主要领导,他们在各自职权范围内有权参与决定市政府的重大事务,在职权或者授权范围内有权代表市政府从事民事法律行为。江西银行红谷滩支行行长付某则在其职权或者授权范围内应看作江西银行代理人。

不过,当时被潘市长和肖副市长所代理的实体却不限于市政府。从本案事实看,他们同时也是高安城投事实上的控制人和代理人。

首先,高安市政府是高安城投的唯一出资人。③ 高安市委市政府自然对高安城投的关键人事任免和重大事务享有最终决定权。从本案判决可见,高安城投在决定参与本案融资交易过程中,其充任"劣后级有限合伙人"、具体出资金额、承诺对优先级合伙人回购份额和差额补足、与罗某国签订回购协议并接受其反担保、约定奥其斯公司返还2亿元等一系列具体事项,都事先得到市政府的首肯(反映在以市政府名义发出的《抄告单》中)。因此,本案判决所说的"高安城投股东"就上述事项作出公司决议,实际上是市国资监管办公室(作为

① 高安城投的第二项上诉理由主张,"假投资背后所隐藏的真借贷"是由官员受贿促成的,因此损害了国家利益,也应认定无效。但二审判决并未对该主张作出回应。

② 参见兰小欢:《置身事内:中国政府与经济发展》,上海人民出版社2021年版,第83-115页,第3章,该书对地方政府借助融资平台推动本地经济发展、融资平台的债务负担以及地方官员在招商引资中的激励约束和"腐败"行为等有概括描述和精炼的分析。

③ 高安城投于2010年8月成立,其登记的唯一股东是高安市国有资产监督管理办公室。《高安市城市建设投资有限责任公司跟踪评级报告》(以下简称《2017评级报告》)第4页,联合资信评估有限公司2017年10月19日出具(https://www.lhratings.com/reports/B1588-GSZQ0605-GZ2017.pdf)。

唯一股东)指令公司执行市政府《抄告单》所列示的经过市政府(主要是市长、副市长)批准的事项。显然,当时情况下高安城投的决策者事实上是由市政府主要领导组成的。

其次,市政府不仅是高安城投的唯一出资人,还是其最主要的"客户",同时又是其信用保证人。高安城投的主营业务收入和信用基础均依附于市政府。官方给高安城投的定位是"全市重要的投融资平台"以及"市内重要开发建设主体和资产运营实体,承担高安市瑞阳新区基础设施建设任务"。高安城投的主营业务是为市政府"代建"基础设施,基本模式是:市政府将建设项目委托给高安城投"代建";高安城投负责筹集全部或部分资金,建成验收后移交给政府或其指定单位(或由政府依协议"回购"项目);政府向高安城投支付代建费用及收益(或支付包含代建成本和收益的"回购款")。市政府不仅向高安城投提供财政补贴,还通过"债券置换(新增债券)"等方式用财政资金为高安城投提供融资担保和偿还债务。高安城投 2014 年发行的两期合计面额 15 亿元的公司债券也被纳入"地方政府一类债务",即由市财政资金(具体为土地出让收入)直接承担清偿责任。[①] 在本案中,市政府 2017 年 3 月 2 日《告知单》清楚地写道:"同意高安城投对基金优先级资金的回购及差额补足,如高安城投回购资金有缺口,市政府将另行安排资金补足,确保按期全部回购。"可见,市政府承诺对高安城投的责任财产给予持续性补充,以保证高安城投履行本案合同所约定的义务。(市政府、高安城投、金融机构等的关系图,见图 3)

由上述两点不难发现,高安城投尽管是一个按照《公司法》注册的有限责任公司,有注册资本和记于名下的资产,但它用于对外承担责任的财产并不限于其名下的财产,其经营决策权和主营业务收入也严重依附于其唯一出资人市政府。自主形成意思并对外表示,以自有财产独立承担民事责任,是法人的基本特征。从这个标准看,高安城投的法律主体资格事实上严重依附于市政府,甚至可以说已被市政府全部或部分吸收,至少在高安城投参与本案融资交易的过程中是这样。[②]

对于本案其他的当事人来说,高安城投的法律地位越是被市政府吸收、越

---

① 《2017 评级报告》,第 10 – 11 页;《2014 年第二期高安市城市建设投资有限责任公司公司债券上市公告书》第 16 页,上海证券交易所 2015 年 3 月 15 日发布,https://www.sse.com.cn/disclosure/bond/corporate/publicoffer/corporatebulletin/c/2015 – 03 – 15/127065_20150316_1.pdf。

② 这一情况似乎至今并无改变。根据高安市政府 2024 年 7 月公布的信息,高安城投与另一家国有独资公司(高安市瑞泰投资有限责任公司),作为"全市重要的投融资平台",与高安市城市建设资金管理办公室合署办公,按"三块牌子、一套人马"的管理模式运作。参见《国有投融资平台建设基本情况(城投、瑞泰)》,高安市政府网站 2024 年 7 月 3 日发布,www.gaoan.gov.cn。

是依附于市政府,它的可信度、可靠度似乎就越高。这意味着其他合同当事人的交易对方已经不是高安城投,而是掌握本地经济资源的高安市政府。①

基于上述分析,我们可以得出结论:当时的潘市长和肖副市长不仅是市政府的主要领导、高级官员,不仅能够代表市政府,同时也是高安城投事实上的决策者和代理人,尽管他们没有直接出面以高安城投的名义与他人签约。②

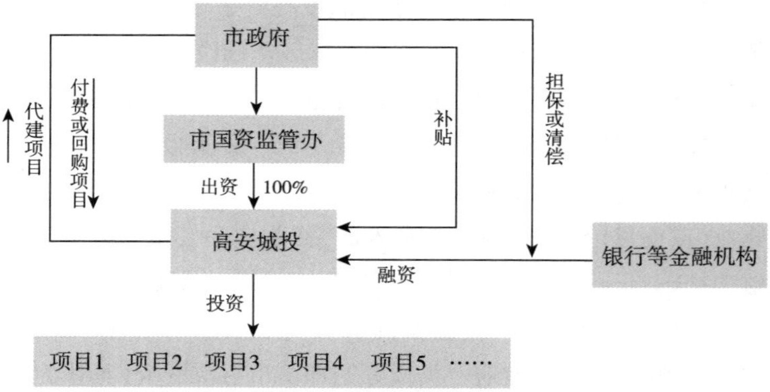

图3　政府与融资平台关系

(二)隐秘代理人的双方代理

代理人应当忠实、勤勉地履行自己对被代理人承担的义务。这要求代理人以被代理人的利益最大化为宗旨,勤恳、尽职尽责地履行代理事务,而不得将自己和他人的利益凌驾于被代理人利益之上。但是,一旦某个代理人代理被代理人与自己进行交易("自己代理")或者同时代理两个被代理人从事交易("双方代理"),则代理人与被代理人及此被代理人与彼被代理人之间难免发生利益冲突。

本案中,潘市长和肖副市长当年因帮助奥其斯公司融资,私下接受奥其斯公司实控人(罗某国)和激石伟业委托的中间人(龙某)的贿赂,实际上是接受"请托"成为两公司的隐秘代理人。他们私下对两家公司承诺的受托事项是,利用自己作为市政府领导、代理人和高安城投事实上的决策者、代理人的地

---

①　不过,事实表明,政府能够处置的经济资源毕竟是有限的。地方政府拖欠对企业的债务,导致企业陷入困境的情况所在多有,近来越发引起中央政府关注。参见:中共中央办公厅　国务院办公厅印发《关于解决拖欠企业账款问题的意见》,中央政府网站2024年10月18日发布,https://www.gov.cn/zhengce/202410/content_6981402.htm。

②　依民法规范,代理人须以被代理人的名义实施法律行为,故本文称他们是高安城投不公开的、事实上的代理人。

位,促成奥其斯公司达成融资交易。同样,接受贿赂的江西银行红谷滩支行行长付某,也成为奥其斯公司和激石伟业的隐秘代理人。

因此,2017 年 3 月,当高安城投按照潘市长、肖副市长推动下作出的市政府《抄告单》的指示,与华金证券、激石伟业签订合伙企业相关协议时,潘市长、肖副市长既是高安城投事实上的代理人,也是激石伟业和奥其斯公司的隐秘代理人。同样,在江西银行 4.79 亿元资金投入资管计划进而出资至奥其斯合伙的相关合同中,支行行长付某也充当了江西银行、激石伟业以及奥其斯公司的共同代理人。①

因此,本案的《合伙协议》《补充协议》等合同实际上均是隐秘代理人双方代理的产物。在这种关系格局下,投放巨额资金的江西银行和为融资充当"通道"及为"优先级合伙人"承担远期回购义务的高安城投,就很难以客观、独立、谨慎甚至挑剔的态度去严格审查融资方奥其斯公司的盈利能力和偿债能力了。

奥其斯公司正是全部交易安排产生投资收益、确保本金收回的基础。但目前,最糟糕的局面已经出现。2021 年 9 月,奥其斯公司资不抵债、无力清偿债务,进入破产清算程序。截至 2022 年 2 月 22 日,奥其斯公司破产管理人共收到 107 家债权人申报债权,申报总额达 996090188.02 元。② 目前尚无公开信息证实江西银行或华金证券、高安城投是否作为债权人成功申报了债权。对江西银行来说,数亿元不良资产恐怕难以避免。高安城投尽管通过本案二审摆脱了对"优先级"合伙份额的收购义务,但其因参与奥其斯公司融资也损失了数亿元资金。高安城投的投资损失最终将转化为高安市政府的债务。此外,高安市对奥其斯公司多年来提供的大量政府补贴也不可能有任何报偿了。③

基于公平和诚实信用的原则,以及民法关于代理的原理,上述代理人通过双方代理促成的、交织着严重利益冲突的合同,对于不知情或未表示同意的被

---

① 此处的分析思路得益于方流芳老师 1991 年博士论文《公司:国家权力与民事权利的分合》(中国人民大学博士论文,第 170 - 171 页)。该文中,作者以委托人和代理人的关系模型分析了 20 世纪 80 年代的"官倒"和"回扣"等现象。

② 据报道,2021 年 9 月 1 日,宜春市中级人民法院通过审查江西高安高新技术产业园区管理委员会、青岛科捷机器人有限公司对奥其斯公司提出的破产清算申请,认定奥其斯公司资产不足以清偿全部债务,符合破产受理条件,裁定受理奥其斯公司破产清算一案,并指定该案由高安市人民法院审理。高安奥其斯科技股份有限公司破产清算案第一次债权人会议在高安召开,高安新领域信息网 2022 年 2 月 26 日发布。

③ 媒体报道,"自 2013 年取得营收以来,至 2018 年 6 月末的 5 年半时间里,奥其斯实现净利润合计约 1.03 亿元,相应时间内,奥其斯获得的政府补助达到 8400 万元,名目多达二十几项。也就是说,奥其斯 5 年半来靠自身经营带来的账面盈利仅为 1600 万元"。济美、崔澈:《深度 | 百亿奥其斯突然坍塌,谁来"埋单"?》,载《第一财经日报》2018 年 9 月 10 日。

代理人不应当发生代理效力，换言之，相关合同对被代理人不应当产生法律拘束力。不过，本案适用或类推适用《民法典》双方代理规则的前提是，原告提出了这一诉讼主张，而法庭亦认可"事实上的代理人"和"隐秘代理人"构成民法上的代理人。对法庭而言，作出此一认定的难度在于须从事实上进行判断而不拘泥于概念和理论。[①]

（三）融资平台的法人独立性

本案原告尽管未从双方代理的角度挑战合同有效性，但本案却为我们分析地方政府与官办融资平台之间的委托代理关系提供了一个样本。

本案的隐秘代理人及其双方代理之所以能够发生，一个不可或缺的条件是，当时的潘市长和肖副市长事实上能够控制高安城投的投资决策，是高安城投的决策者和代理人。也就是说，高安城投的法人独立地位实际上被市政府全部或部分吸收，这一事实是引发双方代理及利益冲突的一个必要条件。那么，高安城投这类各地方普遍存在的、服务本地城建和产业发展的官办融资平台公司，能否真正保持其法人独立地位，能否避免被地方政府代理人事实上代理？

以高安城投为例，它的唯一出资人是高安市政府，其主要资本是市政府投入的国有土地使用权。[②] 如前所述，自其成立的2010年至2017年，其登记股东为高安市国资监督管理办公室。2024年的信息显示，高安城投与高安市城市建设资金管理办公室合署办公，与另一平台公司，按"三块牌子、一套人马"的方式管理。它的主要业务是为市政府"代建"基础设施项目，利润来源于高安市的财政收入。它以发行公司债券等方式融资，除用自己名下的土地使用权抵押外，还有市政府提供的担保。所以，高安城投实际上是市政府实施投融资事务的分支机构。在这个意义上，高安城投其实又是市政府的"隐名代理人"，它以自己的名义代理市政府开展那些政府无法以政府名义直接实施的经济事务，例如：发行公司债券融资、通过私募基金（或信托计划、资管计划）融资、实施城市基础设施建设项目、经营国有资产、基于产业政策投资等。在本案中，

---

① 《民法典》并未提供"代理"的定义，但基于理论上的通常见解以及《民法典》第162条（"代理人在代理权限内，以被代理人名义实施的民事法律行为，对被代理人发生效力。"）可知，代理人须具有以被代理人名义实施法律行为的特征。《民法典》第168条第2款对双方代理的规定为："代理人不得以被代理人的名义与自己同时代理的其他人实施民事法律行为，但是被代理的双方同意或者追认的除外。"

② 参见《2017评级报告》，第14页（截至2016年年底，公司所有者权益86.64亿元，其中实收资本3亿元，资本公积80.37亿元，主要来源于市政府注入的土地资产）。

高安城投便扮演了“融资平台”的角色，其任务是促成市政府重点“帮扶”的企业获得来自银行的融资，而代表市政府并由市政府信用背书的高安城投的参与，是吸引江西银行投入巨资参与奥其斯公司融资的关键原因。

那么，怎样才能令高安城投这类政企合一的隐名代理人在事实上而非名义上保持法人独立地位、避免政府代理人的操控或干预呢？以下分析几种常见的对策。①

首先可以想到的办法是，变更高安城投的股东，由一家国有控股公司持股，进而改变其与政府机关“合署办公”“三块牌子、一套人马”的管理模式。同时，“完善”高安城投及国资控股公司的法人治理，各自建立健全董事会、监事会等制度以及对管理层的激励和约束机制。

不过，上述做法的局限性在于，其一，这家国有控股公司的唯一股东仍然会是市政府的国资监管机构，后者对前者必定有决定性的控制力。即便这家国有控股公司不与其股东（国资监管机构）“合署办公”，不搞“两块牌子、一套人马”，它的人事任免和重大事务也无法避免市政府的介入甚至控制。

其二，任何公司要建立有效的治理结构，都需要它的所有者“不缺席”，发挥应有的监督和约束作用。官办融资平台及作为其股东的国有控股公司要建立并运行有效的内部约束和激励机制，政府代理人（作为所有者的代理人）就不可能对公司撒手不管，不可能不在事前或事后审核、督查公司的决策和运营。即便是最低限度的审核督查也不可能不干预公司的关键人事任免和重大决策，否则就是“所有者缺位”及“出资人”失职。所以，既要官办平台公司独立于作为其出资人的政府，又要其在内部建立有效的激励和约束机制，二者不可兼得。

其三，政府要考核、约束和激励它自己的代理人（例如对国资控股公司、融资平台公司有督管权的各级官员），不能不考虑融资平台公司的经营表现，但又不能完全依赖平台公司的经济绩效。因为，地方经济发展是长期的、连续的，而多数官员的任期通常是短期的。完全依赖平台公司绩效可能导致官员的短期行为。因此，对官员的考核标准必定顾及多方面要求，难免是原则性的甚至是模糊的。于是，“软约束”通常无法避免。对政府官员的激励手段大多是行政化的（例如党政系统内的表彰和晋升），不可能给予股权或期权激励，因

① 关于城投公司的改善建议，参见孙毅、朱啸：《城投平台公司转型发展困局与解决路径探索》，载《国有资产管理》2023 年第 3 期。

而也很难与融资平台公司的绩效真正挂钩。[①]

如果单一股东状态下无法实现独立地位的话,“混合所有制”即吸引“社会资本”参股官办融资平台,使之转变为“混合所有制”公司(“官商合办平台公司”)是不是可以确保它们的法人独立地位?在官商合办平台公司,市政府不再是唯一股东,市政府代理人可能难以令公司完全听命于自己。但是,这仍然是不够的。如果该官商合办公司的主营业务依然是为政府代建项目,依然接受政府补贴,依然由政府财政资金提供融资担保,那么,公司还是无法切断对政府的经济依附关系。股权结构或许可能“多元化”,但如果公司的主要“客户”和“金主”仍然是市政府的话,公司相对市政府的法人独立地位就只能是纸面意义上的而非实际意义上的。

由上述分析可见,政府设立的融资平台如果具有以下特征之一,其功能、股权和治理结构本身都将天然排斥公司的法人独立地位:(1)股权完全由政府直接或间接持有,或者政府直接或间接拥有控股权、实际控制权;(2)公司关键管理人员的任免权、重大事务决定权直接或间接掌握在政府官员手中;(3)公司债务由政府以各种方式提供担保或清偿;(4)公司的主要业务和营业收入依赖于政府项目和财政资金。

回顾改革开放以来的企业发展史不难发现,当今的融资平台公司如果具有上述四方面特征的话,其实与20世纪八九十年代那些政企不分的国营企业、公司没有实质区别。只是当时的国营企业和公司遍布各行各业,而如今的融资平台公司主要是充当城市建设和地方产业的融资工具。中央政府曾在八九十年代对“政企不分”“官商不分”的公司开展了三次大规模“清理整顿”。[②] 进入21世纪后,地方融资平台在全国遍地开花,活跃于城市建设和产业投资各个领域。为应对其引发的债务积压、金融风险,中央政府已屡次发出清理整顿的指示。[③] 看起来,“政企合一”或“人格混同”的官办公司病很难摆脱久治不愈、反复发作的症候。

---

① 相关讨论参见兰小欢:《置身事内:中国政府与经济发展》,上海人民出版社2021年版,第104－109页。

② 参见方流芳:《公司审批制度与行政性垄断——兼论中国公司法的走向》,载《中国法学》1992年第4期。

③ 参见国务院《关于加强地方政府融资平台公司管理有关问题的通知》,国发〔2010〕19号;国务院《关于进一步深化预算管理制度改革的意见》,国发〔2021〕5号(第21条指出,防范化解地方政府隐性债务风险。清理规范地方融资平台公司,剥离其政府融资职能,对失去清偿能力的要依法实施破产重整或清算)。

六、总结

每个案例都有其经济和社会背景。本案融资交易是在地方政府广泛参与本地经济活动、积极开展政商合作的背景下发生的。奥其斯公司紧跟国家发展半导体节能照明产业的政策,谋划了雄心勃勃的发展目标。它希望得到地方政府在工业用地、融资、行政便利等方面的大力支持。而地方政府正热心于发现和引进“高、大、上”的产业项目,带动本地经济,实现产业升级、财政增收等目标。双方一拍即合,结成合作伙伴。在“市场化”“专业化”的基金管理公司激石伟业的沟通撮合下,这场官商合作结出了融资 6 亿元的硕果。

根据合同约定,江西银行依赖政府融资平台高安城投的托底承诺,通过与华金证券成立资管计划并以华金证券为优先级有限合伙人代表,将 4.79 亿元资金投入奥其斯合伙(有限合伙制基金);高安城投则依赖奥其斯公司和其实控人的兜底承诺,以劣后级有限合伙人身份“陪投”,向基金注入 1.2 亿元,完成基金组建及向奥其斯公司注资;奥其斯公司及其实控人则承诺,在 6 亿元资金注入奥其斯公司后,向高安城投返还 1.2 亿元及归还之前的 8000 万元借款。从交易架构看,所有出资者的风险和收益都押注在奥其斯公司的 LED 项目之上。而看好并选择奥其斯公司为合作伙伴和投资对象的关键决策者,原高安市的主要领导潘市长和肖副市长,事后被司法机关查实接受了奥其斯公司实控人和激石伟业委托人的贿赂。

奥其斯公司终究还是有负众望了。“新三板”挂牌后,公司营收和利润急剧下滑。急匆匆拿到 6 亿元资金,却不按照募资用途使用,除给中间人 2000 多万元融资“居间费”外,还将约 1 亿元资金拆借给其他企业。不仅没有履行半个月内向高安城投返还 2 亿元的承诺,反而继续向高安市伸手借钱 2 亿元。不难发现,奥其斯公司通过这个融资架构,不仅获得 6 亿元资金,同时也“绑架”了高安城投及其背后的地方政府;合同上,奥其斯公司实控人将其股份质押给高安城投,而实际上,市政府的财政收入和信用变成了奥其斯公司手中的质押物。这是地方政府在招商引资、政商合作之际不可不察的风险。

奥其斯公司败像浮现之后,江西银行、华金证券和高安城投先后拿起法律武器自救。江西银行从高安城投的银行账户中扣划了其应得的“溢价款”。高安城投则在本案中主张,它当年与华金证券和激石伟业协商签订的《合伙协议》《补充协议》属于虚假意思表示,应为无效合同。显然,高安城投意在摆脱合同约定的托底回购义务。

就高安城投的诉讼请求,本案一审、二审判决结果迥异。关于本案的争议焦点即如何认定虚假表示,一审、二审判决遵循了不同的检测标准。一审主要适用“拘束力标准”,二审则采用“内心真意标准”。按照“拘束力标准”,当事人无意产生法律拘束力的表示为虚假表示。而按照“内心真意标准”,当事人作出的与其内心真意、目的不一致的表示为虚假表示。本文认为,前一个标准优于后一个标准。因为,“拘束力标准”确定性更强,可以比较清晰地区分虚假表示和避法行为,有助于扩大法律对当事人意思自由的保护范围,从而保护当事人的交易预期,保护交易和交易类型上的创新。而“内心真意标准”过于模糊,可能将需要通过法律解释、法律补充予以处理的避法行为错误地归为虚假表示。尽管本案的融资交易架构谈不上创新,但混淆虚假表示和避法行为的裁判思路对未来可能的交易类型创新不是一个友好的信号。

在此还要指出的是,一审、二审判决尽管结论相反,但在一个基本问题上保持了一致,即它们均未质疑原告提起本案诉讼请求的诚信基础或正当性。具体来说:法庭容忍一个当事人在自愿参与了数份合同的协商、签订和履行后,为摆脱合同束缚,主张自己其实是与其他当事人“通谋虚伪”地精心编造了两份虚假合同。也就是说,一个市场参与者以自己的不诚信行为作为辩解理由,成功获得法庭支持,卸掉了依照合同本应承担的债务。这可能向市场参与者发出了一个鼓励机会主义行为的信号。

沿着合同效力的线索,本文进一步讨论了判决提及但未展开的问题,即政府官员和银行高管受贿行为可能对本案合同效力产生的影响。相关刑事案件固然已经审结,被告人也受到刑事处罚。但如果我们拘泥于部门法界限,孤立看待刑事案件和民事案件,则可能忽略本案暴露的两个重要事实:隐秘代理人的双方代理和地方政府与其设立的融资平台公司的人格混同。

高安城投名义上是独立的企业法人,但它在股本、经营决策、主营业务、债务承担等方面均依附于市政府。高安城投事实上是市政府下属的政企合一实体,同时也是代表市政府实施投融资项目的隐名代理人。至少在本案的情境中,高安城投的法人地位近乎虚设,公司实际上与市政府难分难解,公司的法人独立性被市政府全部或部分吸收。因此,当年参与推动奥其斯公司融资的潘市长和肖副市长,既是市政府的官方代理人,也是高安城投的决策者和事实上的代理人。而鉴于他们和银行高管付行长都接受了奥其斯公司实控人和激石伟业所托中间人的贿赂和请托,他们又都成为奥其斯公司和激石伟业的隐秘代理人。所以,本案整个融资交易是在各种代理人的双方代理之下构建起来的。

毫无疑问,在隐秘代理人的双方代理之下,防范代理人背信的机制将形同虚设。因为,一方被代理人并不知道自己的代理人已经被交易对手收买,成为交易对手的隐秘代理人。因此，代理人随时可能侵蚀一方被代理人的利益。而名义上各自独立的主体间出现隐蔽的人格混同，则意味着权利滥用和利益输送有了顺畅且可以回避公众视线的渠道。公司法就股东与公司以及不同公司之间出现人格混同而设定的规则，旨在约束股东权利滥用、保护公司债权人利益。[①] 而本案中呈现的地方政府与官办融资平台的人格混同，将不仅引发融资平台公司的债权人(例如银行)利益受损，还将引发涉及更广泛公共利益的市场竞争机制扭曲、地方政府债务不透明且持续积压乃至失控的风险。[②]

---

① 参见《公司法》(2023 年修订)第 23 条。

② 参见朱宁:《刚性泡沫:中国经济的增长和风险(增订版)》，中信出版集团 2024 年版，第 185－231 页。

答疑解题

酒窖遗赠案与无相对人意思表示解释

朱庆育*

前情提要

南京大学法学院本科生2023年春季学期的民法总论期末试题中，有一道案例题是酒窖遗赠案。案情是：

法学院教授甲和青年教师乙是忘年交，甲对乙的学识才情很是赏识。甲拥有一座图书馆和一座酒窖。甲、乙二人常在图书馆谈古论今，在酒窖品茗佳酿，均感其乐无穷。为增加雅兴，二人形成仅适用于彼此的"暗语"：用酒窖指称图书馆，用图书馆指称酒窖。甲的家人皆知二人这一特别语词用法。甲去世后，留下遗嘱称："酒窖遗赠与乙，其余财产由法定继承人继承。"法定继承人与乙就"酒窖"所指发生争议。

试题中，要求同学们回答下列问题并说明理由：

1. 甲的法定继承人和乙是否属于遗嘱的相对人？（5分）

2. 若法定继承人主张"酒窖"意指图书馆，而乙主张"酒窖"即是酒窖，应作何种解释？（10分）

3. 若法定继承人主张"酒窖"即是酒窖，而乙主张"酒窖"意指图书馆，应作何种解释？（10分）

试题首发于"弱有所思"公众号。许多读者询问答案，据说网上还出现若干试拟答案解析。我迄今未作回应，只在考情说明中有如下感慨：

这一（第三）问看起来和第二问并无实质差异，无非提问角度略有不同而

---

* 南京大学法学院教授、北京大学国际法学院访问教授。

已。学生答题时,可能会略感诧异,但相信也仅限于略感诧异而已,并未因此认真考虑:如果答案一致,为什么会重复提问?难道仅仅是因为善良的朱老师在用这种方式送分?或者即使认真考虑过,也因为想不到其他的可能性,而愿意相信这是命题者“实则虚之、虚则实之”的命题策略。例如,几乎没有人去想:既然遗嘱是无相对人的意思表示,为何遗嘱人与受遗赠人的语词特别用法对于遗嘱的解释会是重要的因素?

这道题可以用来送分,但我本意不在于此,而在于暗自希望,提问角度的改变,也许能启发课堂上未提及的另外一种思考可能。另外一种可能正确与否不重要,重要的只是,解释者是否有能力看到解释的多样性并加以论证。

惊喜没有出现。几乎所有考生都把第二问的答案抄了一遍,也因此成就了我的善良。而在回答第二问时,记忆力好的考生,甚至能将课堂上添加的额外信息在答案中补足。当然,问题的难度系数比较高,指望初学的本科生带来惊喜,原本就不切实际。

如果非要从这件事中总结出什么,也许是,在缺乏必要知识储备的情况下,解释方法并不足以提升解释能力,而独立思考云云,也必定只是一句空话。

这样的感慨听起来充满了教训意味。如果命题人不表明见解,只一味教训,多半是虚张声势,充其量是正确的废话。试题纸质版已刊载于《北大法学小课堂》第一辑。今特作专文,阐述我作为命题人的见解,希望可以激发更多的思考。需要说明的是,虽然是命题人,见解却未必正确,野人献曝的意义,更在于激发更多的思考本身。

案例解析

这个小案例从德国案例改编而来。案例有地域性,背后的道理往往超越地域,拿来做教学案例使用,问题不大。用德国教学案例还有一个好处,可以融入德国学理讨论,与之对话。

德国教学案例的设定中,原告法定继承人的诉请是,遗嘱所称“酒窖”应理解为图书馆,被告乙则主张是酒窖本义,这是案例题第二问的内容。不少同学支持法定继承人。这很好理解。一方面,遗赠无相对人,遗赠内容是什么样,完全由遗赠人决定,受遗赠并不是可期待的法律地位,也就谈不上信赖利益的保护,况且,乙得到图书馆还是酒窖,无非是通过遗赠获得利益的大小之别,即使得不到任何遗产,也不会有损失,更不会有信赖利益损失;另一方面,甲、乙之间对“酒窖”一词有特殊用法,遗赠又是针对乙,特殊用法可认为是甲的内心真意。这个解释不能说没有道理,但要说唯一正确恐怕也未必。

在某种程度上说,这样的解释之所以能得到认可,一部分原因是,解释结果迎合了某种预设正义感或者说情感偏好。乙因为学识才情得到甲的欣赏而与甲成为忘年交,进而有幸成为受遗赠人,可最终却直奔酒窖而去,这多少让人感觉不太好接受。把遗嘱中的“酒窖”解释成图书馆,乙就不能“得逞”。

问题是,甲的内心真意其实不确定。既然已经没办法让遗嘱人亲自确证,探究他的内心真意,就只能依赖推断。甲固然可能在遗嘱涉及乙的部分继续使用两人之间的特殊用法,可特殊用法毕竟只是为了增加雅兴,多少显得没那么正式,在遗嘱这种人生大事中,回归通常用法至少不能说不寻常。总不能说,甲、乙之间既然就某个词形成特殊用法,在任何时候,涉及甲、乙时这个词都是特殊用法。即使单纯的甲、乙私下交流,也未必所有场合都会使用特殊用法。既然是为了雅兴,特殊用法就通常只出现于特定语境。再者,甲虽然欣赏乙的学识才情,可也不能说遗赠酒窖就一定不是他的内心真意。乙也许更想得到酒窖,可对于甲来说,更珍惜的也许是图书馆,所以想把图书馆留在家族,或者更简单地,单纯就是想把酒窖给乙。

更关键的是,遗赠既然是无相对人意思表示,也就不以乙为预设“读者”。甲、乙之间的语词特殊用法在解释时未必有优先性。遗嘱涉及所有遗产的分配,利益相关者不仅仅是乙。除遗赠物外,其余遗产均由法定继承人继承。这意味着,遗嘱并不是仅供甲、乙单独交流的文本,甲的法定继承人和乙是地位平等的遗嘱“读者”。再考虑到遗嘱如果要由遗嘱执行人或者遗产管理人执行,甲、乙的语词特殊用法分量就更轻了。

以上这些说明,遗嘱中的“酒窖”解释为图书馆,固然有其道理,但作相反解释也不是没有道理。为了有进一步的体会,可以试试让当事人互换主张。案例题第三问即是:假设法定继承人主张遗嘱中的“酒窖”应作本义理解,乙则认为应解释为图书馆,谁的解释可以得到支持?一种可能是,支持乙,“酒窖”解释为图书馆。这样,遗嘱中“酒窖”一词的含义可以保持恒定性,无论当事人主张什么,都不影响意思表示的解释结果。这听起来顺理成章——难道不是文本一旦确定,语词含义就应该随之确定吗?按照这个逻辑,所谓解释,无非是发现已被固定的语词含义。

可是,为什么甲、乙之间的特别用法即使脱离特定语境也具有决定意义?在两种含义都有可能是遗赠人真意的情况下,固守其中一种是否有足够的正当性?如果坚持解释为图书馆,上述对此解释的质疑又如何回应?让我们进一步假设:法定继承人和乙之间并没有争议,双方一致同意遗嘱中的“酒窖”一词应作本义理解。“酒窖”是不是还应该坚持解释为图书馆?既然双方都同意作本义理解,解释为图书馆的法律效果又如何实现?

如果支持图书馆和酒窖两种解释的理由都没有绝对的优势，为了确定意思表示的含义，就需要引入其他衡量因素。由于意思表示所指向的法律效果影响当事人的利益状况，利益分配的正当性可以考虑成为意思表示解释中的衡量因素。如果双方对意思表示的含义达成一致，即意味着所涉利益分配得到认可，正当性毋庸置疑。难题在于，如果法定继承人和乙之间存在争议，利益如何分配才更具正当性？

遗产分配时，有遗嘱从遗嘱，无遗嘱法定继承。道理很简单：基于私法自治，遗产的归属应尊重死者生前意志。遗嘱是遗产分配的明确意志表达，法定继承则是推断被继承人意志的结果，正当性都建立在死者生前意志的基础上。死者生前未表达遗产处置意志时，法定继承人被推断为被继承人愿将遗产托付之人，而受遗赠人则除非有明确的遗赠表示，否则不得被推断为遗产继受者。由此可知，在缺乏意思表示的情况下，法定继承人对遗产的可期待性高于受遗赠人，相应的，一定程度上也可以认为，遗赠财产是从法定继承人手上分走的一杯羹。

回到本案。如前所述，乙即使没有获得任何遗产，也不会有任何损失，并且对遗产不享有任何值得法律保护的期待。简单地说，乙之获得遗产属于意外之喜，可遇不可求。与之不同，对于法定继承人来说，乙获得的任何遗产，都意味着可分配遗产的减少。这虽然谈不上是法律意义上的损失，但毕竟是对遗产期待的削弱。所以，我倾向于认为，在死者生前意思表示的数种解释之间难分高下时，比照无意思表示时的利益状态，优先考虑法定继承人的诉求。具体而言，如果法定继承人主张遗嘱中的“酒窖”应解释为图书馆，则应解释为图书馆，反之，如果法定继承人主张按酒窖的本意理解，也以此为准。

这样的解释立场听着有点不太好接受。一个很自然的疑问是，是不是意味着法定继承人说什么就是什么？表面上看好像是这样。但本案之所以显得如此，有其特别的制约条件。那就是，立遗嘱之人已经去世，无法参与解释过程，而遗嘱中“酒窖”一词的两种解释中，任何一种均无明显优势。为了确定意思表示含义，需要加入衡平机制。意思表示解释时，首先考虑以“表意人—相对人”为轴的风险分配机制，但这在本案意义不大。一方面遗嘱无相对人，另一方面，对于立遗嘱人而言，无论何种解释，都意味着遗产终将归他人所有，无非是归此人或彼人的差别而已，风险无实质差别。再须考虑的是所涉利害关系人的利益衡平机制。本案中，法定继承人说什么就是什么只是利益衡平的结果，而不是解释标准。

可是本案中，“法定继承人说什么就是什么”虽然可以声称只是利益衡平的结果，但毕竟带来一个后果，即，当事人主张不同，相同语词可能有不同的解释结论。这种不确定性容易让人不安。通常的观念是,语词一旦固定,含义便已确定,而所谓解释,无非是发现已经确定的语词含义。这种观念让人安心,因为已经确定的语词含义就像唯一正确答案,解释者只要找到这个答案,就意味着获得正确解释。在我看来,唯一正确答案可能是一种幻觉,把安全感寄托在发现唯一正确答案上,也可能是一种错付。

一个简单的疑问:怎么能够知道,所声称的正确解释正是隐在暗处静等发现的唯一正确答案?精神现象区别于自然现象的重要之点在于,前者无法证实。即使表意人自己对其意思表示含义作出声明,既不能确证就是意思表示作出之时的原意,也不必回溯至当初原意。所声明的意志之所以归于表意人,只是因为表意人愿意承受相应法律效果。所以,真实情况可能是,解释是为意思表示赋值,而不是发现其"既存"含义。听着有点抽象,哲学解释学可以为之提供理论基础,不过我们不必走那么远,直接观察意思表示解释本身就好。

首先,如果各方对意思表示的含义理解一致,则此一致理解构成意思表示的规范含义,作出意思表示时的表意人真意如何在所不问。这一方面表明,意思表示解释不在于寻找某种既存含义,否则无论当事人理解是否一致,都应以该"既存"含义为准;另一方面显示,达成一致的理解,可以是数种可能解释中的任何一种,例如"酒窖"一词,无论一致理解是本义还是图书馆,都应予以尊重。这说明,所达成的一致理解,即是待解释语词的含义,进而说明,达成一致理解之前,并不存在作为唯一正确答案的意思表示"既存"含义。意思表示的含义,为一致理解本身所赋予。

其次,如果各方存在理解分歧,并且可向表意人求证,无相对人意思表示的真意,基本就由表意人决定。"酒窖"的含义,假如利害关系人有机会询问九泉之下的遗嘱人,无论立遗嘱之时遗嘱人的意思如何,都以他面对询问时的回答为准,而这个回答,实际上就是表意人对其意思表示的解释,显然不受制于订立遗嘱时的原意。

最后,各方存在理解分歧,并且无法向表意人求证,理解意思表示含义以风险分配和利益衡量为基本手段,理解的方向,则是从理性第三人视角假定意思表示所涉各方作为理性人所能接受的效果安排。此时,解释建构意义而非发现意义的性质体现得更为明显。基于不同的理解分歧,当事人面对的风险分配和利益衡量格局不一样,所建构的意思表示含义也就可能不一样,这也是为什么"酒窖"的含义看起来游移不定。

若干引申

意思表示解释往往区别是否有相对人。之所以如此，是因为，如果没有相对人，基本不考虑相对人信赖及由此代表的交往安全问题，解释时更有理由偏重探寻表意人真意；而有相对人的意思表示，则需要更侧重确定意思表示的客观含义。德国学理常把无相对人意思表示解释称为自然解释，有相对人的则称规范解释。这也是《民法典》第 142 条的逻辑。

根据《民法典》第 142 条的规定，无相对人意思表示解释，旨在“确定行为人的真实意思”，而有相对人的，则在“确定意思表示的含义”。不同措辞的背后，代表着两种不同的解释立场。不过，这两种立场的差别，不宜过分夸大，自然解释和规范解释的不同称谓，也有点误导。无相对人的“确定行为人真实意思”，固然需要依托意思表示本身，脱离外部表示、只存在于内心的“真实意思”不能产生法律效果，而有相对人的“确定意思表示的含义”，所确定的，也是结合了内心意思和外部表示的“意思表示”含义，而非单纯的“外部表示”含义。从酒窖遗赠案中可以看到这一点。

如果要从酒窖遗赠案中提炼无相对人意思表示的一般性解释规则，可以是：

第一，确定“行为人的真实意思”时，该真实意思应依附于意思表示本身，即表示上的真意，而不是未表示于外的单纯内心意志。

第二，确定表示上的真意时，可分两种情形。

情形一：如果所涉各方当事人对意思表示的含义理解一致，则以该一致理解为准。

情形二：如果理解出现分歧，可再分三个步骤：(1)求证于表意人；(2)若无法求证，理性第三人视角下数种可能的解释中，采最接近表意人真意的优势解释；(3)若无优势解释，则考量所涉利害关系人的利益格局，以最具衡平效果的解释为表意人真意。

之所以第(3)步的解释结果也可以认定为表意人真意，是基于理性人的假定；而在各方无理解分歧或可以确定表意人表示上的真意时，之所以无须特别对利害关系人作利益衡平考量，是因为自由不意味着非正义。这也表明，无相对人意思表示的解释，并不是单纯探寻表意人内心真意的“自然解释”，而是在规范效果的意义上寻求表示上的真意，同样是“规范解释”。

开卷考案例主观题该怎么答？

——以浙江大学“债法原理”期末考为例

（本科生 2024 年秋季学期课程）

陆　青*

一、浙江大学光华法学院本科“债法原理”期末考试试卷（A 卷）

（一）案例分析 1

2019 年 5 月 2 日，原、被告签订《宴会合同》，约定：被告 B 为原告 A 提供婚宴婚庆服务，服务日期 2020 年 5 月 23 日，服务项目包括 C 酒店婚宴及婚庆费用，其中宴席每桌 7888 元，25 桌，婚庆费用（婚宴场景布置、司仪、大巴士接送、喜糖等）32888 元，合计金额为 230088 元，定金为 66000 元。当日，原告支付被告 66000 元。同日，原告与第三人 C（酒店）签订《婚宴预定确认协议》，约定：第三人为原告提供婚宴服务，原告于 2019 年 5 月 25 日前支付第三人定金 40000 元，并于婚宴举办前两个月即 2020 年 3 月 23 日前签订《婚宴合同》并支付第三人预付款 140000 元。2019 年 5 月 25 日，被告支付第三人 40000 元。2020 年，因新型冠状病毒疫情影响，原告 A 与被告 B、C 酒店协商更改了婚宴时间为 2020 年 10 月 8 日。2020 年 8 月 26 日，被告称 C 酒店要求支付婚宴“中款”115000 元，原告遂将 115000 元支付给被告。但第二天第三人 C 联系原告，表示未收到“中款”，并表示钱款未付，婚宴将无法正常举行。原告赶紧联系被告法定代表人，后者表示希望原告先行垫付婚宴款项。2020 年 8 月 30 日，原告与第三人签订《婚宴合同》，约定：婚宴套餐总金额为 197200 元，原告已付定金 40000 元，原告应于 2020 年 9 月 8 日前支付第三人婚宴预付款 140000 元，余款于婚宴结束当天付清。2020 年 9 月 8 日，原告支付第三人 140000 元。2020

* 浙江大学光华法学院教授、博士生导师。

年10月8日,原告婚宴如期举行,但被告承诺的“头车”未提供、承诺更换的菜品亦未更换,司仪也未到场。当日,原告支付第三人17200元尾款。[本案根据上海市普陀区人民法院(2020)沪0107民初21288号民事判决书改编]

请结合本案案情、相关法律规定与债法原理,回答下列问题(本题共50分):

1. 试说明本案中基于《宴会合同》《婚宴预定确认协议》和《婚宴合同》三份协议所形成的法律关系。(10分)

2. 原告能否以被告承诺的“头车”未提供、承诺更换的菜品亦未更换,以及未向第三人及时转交“中款”等为由解除《宴会合同》,并要求双倍退还定金(66000×2元)?(10分)

3. 原告能否以被告承诺的“头车”未提供、承诺更换的菜品亦未更换、司仪未到场等事实影响婚宴体验为由主张精神损害赔偿?(10分)

4. 对于原告A向被告B支付的115000元,原告在未解除《宴会合同》的情况下,可否以不当得利主张返还?(10分)

5. 若本案中的原告是为其女儿举办婚礼与被告签订的《宴会合同》,那么这个《宴会合同》是否属于《民法典》第522条所规定的利益第三人合同?(10分)

(二)案例分析2

2023年1月26日,原告D与被告E餐厅签订《婚宴预订协议书》,D向支付定金10000元,预订2023年5月8日的婚宴,总金额12万元(含其他婚庆费用)。第7条第2款约定甲方(E餐厅)会在乙方(D)结婚当天保证菜品及服务顺利开展,如遇自然灾害或者社会问题导致婚宴不办,甲方将配合乙方推迟婚期或退款。第8条约定“如因乙方原因取消预定的,乙方应按下列情形承担相应的违约责任:婚宴举办日5天前取消的,收取总金额30%的违约金;婚宴举办日5天内取消的,收取总金额60%的违约金”。2023年4月7日,被告通知原告因有重大活动餐厅暂停对外接待,原告的婚期无法更改,故重新更换了酒店举办婚礼,双方因赔偿问题协商未果,故形成诉讼。

另查,E餐厅位于大唐芙蓉园,2023年5月18日至19日,西安市举办中亚峰会,峰会期间大唐芙蓉园举办了迎宾表演。E餐厅因中亚峰会被临时征用,其停止营业的时间为2023年5月7日至18日。[本案根据西安市雁塔区人民法院(2023)陕0113民初30225号民事判决书和上海市松江区人民法院(2023)沪0117民初22700号民事判决书改编]

请结合本案案情、相关法律规定与债法原理,回答下列问题(本题总共

30分）：

1. 被告能否以餐厅被中亚峰会临时征用而主张免除违约责任，并拒绝退还定金，为什么？（10分）

2. 原告主张其与另一家酒店紧急签订《婚宴协议书》，原告为此支付了比上述协议书更高额的费用，价格3699元/桌；婚宴当天实际使用桌数为20桌，差价损失共计6380元。问这一6380元的差价损失能否得到支持，为什么？（7分）

3. 假设本案情形发生改变，并非因餐厅被征用，而是因为D与女友因感情纠纷在婚宴举办日前10天分手导致婚宴提前取消，其能否以《婚宴预订协议书》第8条为格式条款为由，主张"婚宴举办日5天前取消的，收取总金额30%的违约金"的约定无效？（7分）在主张无效之外，又是否有其他救济/抗辩可能？（6分）

（三）论述题：简要论述你对债权人撤销权性质的认识（20分）

附条文：最高人民法院《关于适用〈中华人民共和国民法典〉合同编通则若干问题的解释》第46条：

债权人在撤销权诉讼中同时请求债务人的相对人向债务人承担返还财产、折价补偿、履行到期债务等法律后果的，人民法院依法予以支持。

债权人请求受理撤销权诉讼的人民法院一并审理其与债务人之间的债权债务关系，属于该人民法院管辖的，可以合并审理。不属于该人民法院管辖的，应当告知其向有管辖权的人民法院另行起诉。

债权人依据其与债务人的诉讼、撤销权诉讼产生的生效法律文书申请强制执行的，人民法院可以就债务人对相对人享有的权利采取强制执行措施以实现债权人的债权。债权人在撤销权诉讼中，申请对相对人的财产采取保全措施的，人民法院依法予以准许。

二、开卷考案例主观题该怎么答？

为什么要开卷考呢？为什么要考案例呢？

对于开卷考，尤其是以案例题作为考试内容，其实常常会受到一些质疑。最大的吐槽点，就是好不容易学习了半天，复习了一整夜，最后学习的知识点好多没有被考到。要是最后自己认真听课了没考好，没好好听课的同学居然过了，甚至考得还不错，那就更让人崩溃了。所以，为什么要考案例呢？为什么要开卷呢？出一张闭卷考的卷子，里面有30道选择题，10道判断题，4道名词解释,2 道简答,1 道论述,1 道案例,可以考查一堆知识点,上课认真的同学知识掌握得也更扎实更全面,就可以得到更好的反馈,付出就有回报,没付出就毙掉,这样不是更公平,更合理吗？老师,你为什么要为难我们,也为难自己呢？

这样的质疑,并不是没有一定的合理性。两年前学院进行法硕培养方案的改革,章剑生老师就特别和我提到过一句葛兆光先生的话:“本科重常识,研究生重方法,博士生重视野。”既然如此,本科生的考试,自然应该以考查对常识,对知识的掌握是否扎实为根本。既然如此,不考或少考案例题,就可以多考查一点基础知识点,不是更好吗？

对此,我必须做一些解释,或者说,辩解。我试图回答一个问题,就是我们在考案例题,在考主观题的时候,究竟在考查什么？了解了这一点,也许同学们才能真正知道,究竟此类题型应该怎么答,怎么答才能得高分。

(一)我们究竟要考查什么？

要考查什么,实际上是在问一个更根本的问题,一个理想的法学本科生,究竟该具备怎样的能力？这个问题其实也不难回答。在我个人看来,一个理想的法学本科生,应该具备如下能力:优秀的语言表达能力,清晰的逻辑思维能力,初步具备运用法律知识解决实践问题的能力。之所以在学生大二大三阶段倾向于考查主观案例题,主要就是基于这方面的考虑。

语言表达能力并没有客观的评价方法,却在整个卷面上都有所体现。我记得我本科时考试,常常是最后一个交卷,把能写的都写上了,可得到的成绩有时还不如最早交卷的同学。所以,字写得多并不代表着语言表达能力强。比如,这次债法卷中除了案例题之外还有一道论述题:“请简要论述你对债权人撤销权性质的认识”,还同时附上了司法解释的相关条文。可最后看到很多同学把关于债权人撤销权的方方面面都答上了,真正要谈性质,是形成权、请求权,还是什么性质的权利,却只能寥寥几笔,至于结合该司法解释规定来分析,那就更是少之又少。说到底,会抄笔记或释义书找答案,但却不擅于用自己的语言来表达观点,论述理由,甚至于答非所问,也是语言表达能力不足的反映。又比如,关于第一个案例第一小题,问三份协议所形成的法律关系,有的同学实在说不清楚三份协议的关系,只能一个个说,一个个协议还说不清楚,就简单画一个图让老师来体会。这说明,语言表达上,尤其是叙事方式,叙事结构上还有待努力。为什么要考查语言表达能力,因为法律人的特殊性就是要处理复杂问题,复杂纠纷。大家想想,如果不复杂,两三句话就能说清楚的事情,哪里还有那么多纠缠不清的诉讼。所以,在有限的时间里(两小时),如何清晰陈述自己的观点,做到扼要但不简单,是需要不断训练提升的能力。

当然,有些同学字写得很漂亮,有些同学写得很潦草。字写得好不好,某种意义上也是一种表达能力的体现,但却不是最主要的。有的同学字写得很漂亮,认认真真看看他到底写了啥,结果大失所望,这样的情况也不是没有。所以,字能写好尽量写好,但关键还是表达有没有到位。

逻辑思维能力是指对问题的回答有条理有逻辑,给出有说服力的论证的能力。这里所说的逻辑,强调的不是数理逻辑,而是指事理逻辑,即事物发展本该具有的道理。换句话说,就是这件事情如此处理,对于一个理性的法律人而言,讲不讲得通。或者更直白一点,也就是符不符合法律人的“常识”。比如,第一道案例题第二小题问能否以被告承诺的事项未能做到解除合同,第三小题问能否以影响婚宴体验为由主张精神损害赔偿,其实都需要结合法律规则,同时结合案情事实的分析进行一定的说理,但有的同学说,因为菜品未更换,或未及时转款,或影响婚宴体会导致离婚风险,导致面子没了,夫妻感情破裂,所以可以解除或得到赔偿,这就有点扯远了。越是扯远了,不合常理,得出的结论就越没有说服力。法律人的常识,其实也在考查一定的法律知识掌握程度,比如有的同学说情势变更是不可抗力的一种,有的同学信誓旦旦地说违约没有精神损害赔偿,这些都不符合法理,也不符合民法典的规范,在大前提上“胡说八道”,得出的结论自然也不符合该有的逻辑。至于有些同学,案例题二中第一小题说被告因不可抗力不需要承担违约责任,到后面第二小题又说被告应该承担违约责任(替代履行的损害赔偿)。前后逻辑混乱,也许是真不懂,但也许有一种心态是两道题多少可以猜对一题,老师总得给分吧。但如果为了成绩而改变自己一以贯之的原则和立场,这不符合公平正义,也不符合朴素的法感情。

运用法律知识解决实践问题的能力,主要是指法解释的能力,即对于实践问题,能找到相对应的法律条文,能解释相关条文,并以此来分析和解决实践中的法律问题。我以前出题目,会先想好要考查的知识点,然后设计,甚至虚构出相应的案例题。这几年出题更喜欢“原汁原味”一点儿,直接找一个法院公开的判决书,然后在此基础上设计考点。这些考点,可能本就是法院的争点,比如第二个案例中针对餐厅能否因被临时征用导致婚宴安排取消而免除违约责任。但更多还是在案情基础上展开的想象。比如第一个案例中所考查的五个小问题,基本上都不是案件本身的争议问题,而是在看完案例后开始想象,有什么样的知识点可以通过这个案例来展开讨论。比如,案情中其实并不涉及为第三人利益的合同,我和陆家豪老师讨论(本次“债法原理”开设平行班,一个班的授课老师为周江洪老师和我,另一个班的授课老师为陆家豪老师。大家协商后,确定本次考试两个班考同一张卷子,由我负责具体出题 A

卷，但考题内容和知识点分布为三位老师协商确定），最终感觉此类合同有时可能是父母和酒店订的合同，有时可能是结婚的小两口与酒店订的合同，甚至还可能是其他同事亲戚等人订的合同。婚礼是别人的婚礼，但婚宴协议的主体究竟是谁呢？这里会不会有为第三人利益合同，或者经指示向第三人为履行合同的可能，还是不管是谁的婚礼，其实对酒店来说，谁签合同就是为谁提供了服务，根本没有什么第三人。我们觉得这样的问题很有意思，颇能考查学生分析解决实践问题的能力，于是就设计了这样的问题。出题时，我们又想，不当得利也是债法学习中一个重要的知识点，有没有办法从本案出发引申出相关的问题，于是就设计了第一个案例第四小题来考查不当得利。从第一个案例的案情上看，其实这个问题并不好回答。按《宴会合同》，婚宴的种种费用，其实应该包含在婚庆公司的服务之内，原告只需要向被告付钱，至于后续的事情，包括向酒店方的开支，应该是婚庆公司自己去处理。但实际操作过程中，原告居然又直接和酒店之间签了两份婚宴相关的协议（预约和本约）。随后，原告又按照酒店的要求想通过婚宴公司来转交一笔"中款"给酒店（结果婚宴公司没有实际转交）。当然，我用"转交"一词，并不是案例中的原话，只是一种解释上的可能，即将原告支付给婚宴公司的140000元理解为本应该是原告来支付的"中款"，只不过通过婚宴公司来转交而已。可这个说法，却和之前原告和婚宴公司之间签的《宴会合同》的安排对不上了。由此可见，第一个小问题中要讨论的三份协议究竟形成了什么样的法律关系，是后面两份协议变更了之前的安排，还是有其他解释的可能性，其实颇有分析的难度。搞清楚这笔钱究竟是什么性质，如此才能真正说明白婚宴公司拿这笔钱有没有"法律上的依据"。说清楚有没有"法律上的依据"，说清楚这个所谓的依据与《宴会合同》之间的关系，才能回答题目中说的不解除《宴会合同》情况下，婚宴公司是否存在不当得利的问题。这样的考查，既要结合案情，又要结合《民法典》第985条展开具体分析，这可比简单考查不当得利的四个要件要难多了，也要有意思多了。

（二）开卷考案例主观题的独特意义

如此我们就可以看到，考查案例题与考查选择题或判断题的差异。选择题或者判断题，题中已经蕴含着一个明确的答案，你只要找出来就行了。而此类案例主观题就不同了，眼前没有现成的答案，所谓答案，是靠你自己通过有说服力的法律论证得出的。这其实才回应了那句话：法律是一门实践性的学科。你解题的过程，你就是律师，就是法官，就是在践行法律。比如，在第二道案例题中，最后一问提到除了认定格式条款无效的可能性外，是否还存在其他救济或抗辩的可能,我心中想到的是考查违约金酌减规则,可不少同学答了通过情势变更制度来加以救济,我还真是眼前一亮。我们对情势变更的理解,常常能想到的是因情势变化带来给付和对待给付不均衡的情况下,能否去变更或者终止合同。这个变更或终止合同,常常会在履行给付义务层面加以理解。那么,一旦情势发生变化,给付层面不要求调整,之前的违约金约定可能就不太公平合理了,这能不能要求变更或终止呢?在已经存在违约金过高过低调整规则的情况下,这是一个假问题还是真问题呢?我觉得要说清楚也不是很容易。能发现一个不容易回答的问题,说明同学们自己在思考,在想各种办法来应对法律问题。这我觉得就值得鼓励。

当然,并不是说法律的基础知识不重要。比如,在问到收取总金额30%的违约金时,很多同学就说这个违约金设置过高了。可是,我们所说的超过30%的过高违约金,指的是超过造成损失的30%,又不是说标的额的30%。这个知识如果不清楚,这个问题的答案当然可能不准确。所以,法律知识当然很重要。

不过,我想进一步"狡辩"的是,一方面,法律知识的考查,本就蕴含在前述三种能力的考查之中;另一方面,民法的知识点很多,即使涉及100个选择题,覆盖更多上课提到的知识点,是否就一定能更客观反映出同学的能力呢?知识是永远考查不完的!而实际上,每次的案例题考查中,我总有一个感觉,就是万变不离其宗。不管每次试卷怎么换,知识点怎么变,其实同学优秀不优秀,扎实不扎实,能答到一两道小题目多少就能看出来。有时为了安慰一些考得不好的同学,我常常会说,"嘿,一次考试算不了什么,换一张卷子,你复习的点都考到了,说不定就能得到高分呢"。其实这个话,更多还是带有鼓励的性质。如果这张卷子,学生搞不清楚格式条款的规制逻辑,没学过违约精神损害赔偿,不理解什么是为第三人利益的合同,不思考不当得利中究竟什么是"法律上的依据",不清楚什么是减损规则,什么是替代交易的损害赔偿……如果对这些都不熟,都需要考试时再翻书找答案,换其他知识点又有什么区别呢?

我这样说,也不是说其他的考试形式就不适合,不同的考试形式,开卷也好,闭卷也好,都在考查学生的能力,也总能分出个成绩上的高下来。考试只是民法学习的一个环节而已。我们所努力想成为的自我,从来不是靠一次考试的成绩,一次所谓成功或者失败来定义的。重要的是,你想成为一个怎样的民法人、法律人,你愿意向什么样的方向去努力。

三、案例题考查要点解析

(一)案例分析 1

问题(须结合相关法理、规则说明理由,否则不给分)(本题共 50 分):

1. 试说明本案中基于《宴会合同》《婚宴预定确认协议》和《婚宴合同》三份协议所形成的法律关系。(10 分)

考查要点:本题除了考查预约和本约的认定外,还特别考查合同相对性,以及对合同主体的理解。关于预约和本约,本案中《婚宴预定确认协议》和《婚宴合同》构成原告和第三人之间的预约和本约。关于合同相对性问题,以及对合同主体的理解,旨在呈现第一份原告与被告之间的《宴会合同》和原告与酒店之间的《婚宴预定确认协议》和《婚宴合同》这两份合同究竟产生了何种权利义务上的关联。具体来说,原告和被告通过签订《宴会合同》,约定后者为前者提供婚宴服务,包括支付酒店订餐相关费用等本属于被告的服务内容,理论上无须再由原告与酒店之间签订后续两个合同,而可以由被告与酒店签订。比如,"后者(被告)表示希望原告先行垫付婚宴款项"也说明履行《婚宴预定确认协议》和《婚宴合同》的订约主体是原告,但根据之前《宴会合同》的安排,实际履行对酒店付款义务的主体应该是被告。从案件最终走向上看,《宴会合同》所约定的提供服务的义务内容并未发生变更(尽管与酒店签订相关婚宴服务合同的主体发生了变更)。学生答到三份协议所形成的法律关系的主体和内容,但并未就此主体变更和内容关联有所展开,也可酌情给分。

2. 原告能否以被告承诺的"头车"未提供、承诺更换的菜品亦未更换,以及未向第三人及时转交"中款"等为由解除《宴会合同》,并要求双倍退还定金(66000 ×2 元)?(10 分)

考查要点:本题考查服务合同的法定解除和定金规则。应结合法定解除权规则,考虑婚宴服务的特殊性,并通过阐释被告违约行为对合同目的的影响,分析能否解除合同。在适用定金罚则时,要结合本案中《宴会合同》的具体约定,分析《民法典》第 586 条中"定金数额不得超过主合同标的额的百分之二十"的规定。

3. 原告能否以被告承诺的"头车"未提供、承诺更换的菜品亦未更换、司仪未到场等事实影响婚宴体验为由主张精神损害赔偿?(10 分)

考查要点:此题涉及对违约精神损害赔偿的考查。学生可基于对这些事实的评价,结合民法典关于违约精神损害赔偿的制度安排,从评价是否可以基于合同主张违约精神损害赔偿,是否存在违约和侵权的竞合,以及是否存在造成严重精神损害等角度予以分析回答。

4. 对于原告 A 向被告 B 支付的 115000 元,原告在未解除《宴会合同》的情况下,可否以不当得利主张返还?(10 分)

考查要点:本题考查不当得利。本案中原告不可以不当得利主张返还。对于这 115000 元,在解除合同情况下,可以要求返还。而在未解除合同的情况下,原告向被告支付 115000 元,对方虽然没有按约转交给酒店,但这是违约责任承担的问题,而且对于"后者表示希望原告先行垫付婚宴款项",事实上原告予以了默认,因此被告对原告给付的 115000 元的取得,并非没有合法的根据。当然,学生如认为这一"中款"转交给酒店的安排,不属于履行《宴会合同》过程中所作的补充约定,而是独立于《宴会合同》的一个"新合同",可适当加分。但无论是否以解除《宴会合同》为前提,都不妨碍本案中被告在接受 115000 元时存在合法根据,故不属于不当得利的结论。

5. 若本案中的原告是为其女儿举办婚礼与被告签订的《宴会合同》,那么这个《宴会合同》是否属于《民法典》第 522 条所规定的利益第三人合同?(10 分)

考查要点:本题主要考查对合同"第三人"的理解。关于《民法典》第 522 条的利益第三人合同,学界有不同理解。有的将该条中的第 1 款和第 2 款均理解为广义的利益第三人合同范畴,有的将第 1 款理解为经指示向第三人为履行,第 2 款才属于真正意义上的利益第三人合同。无论如何理解,学生都必须能阐释清楚第 1 款和第 2 款的区别。对于真正的利益第三人合同,第三人可以独立主张违约责任。因此严格来说,本案中的《宴会合同》是否属于《民法典》第 522 条所规定的利益第三人合同,需要结合对条文的分析,对照案情进行类型化的说明。但根据婚宴合同的特点和本案既有事实,学生如果能结合对合同主体和第三人区别的理解,认为案涉合同的订立主体是原告和被告,而且被告是为原告而非第三人(原告的女儿)提供婚宴服务,只要言之有理,分析得当,可全部给分。

(二)案例分析 2

问题(须结合相关法理、规则说明理由,否则不给分)(本题总共 30 分):

1. 被告能否以餐厅被中亚峰会临时征用而主张免除违约责任,并拒绝退还定金,为什么?(10 分)

考查要点:本题考查合同条款解释能力和不可抗力规则,同时旨在提醒学生对合同法的学习要尤其注意合同本身的约定以及对此的解释,而不是脱离约定思考答案。本题的回答涉及对协议书第7条第2款的解释。该条款中，当事人将自然灾害与社会问题并列。而被中亚峰会临时征用可以解释为本条中的“社会问题”，可按该条得出“甲方将配合乙方推迟婚期或退款”的处理方案。在此基础上，再来回答餐厅是否可免除违约责任，以及能否拒绝退还定金的问题。学生如果仅分析本案中是否存在不可抗力或情势变更事由，而不分析第7条第2款的约定，酌情给分。

2. 原告主张其与另一家酒店紧急签订《婚宴协议书》，原告为此支付了比上述协议书更高额的费用，价格3699元/桌；婚宴当天实际使用桌数为20桌，差价损失共计6380元。问这一6380元的差价损失能否得到支持，为什么？(7分)

考查要点：本题考查违约责任，尤其是替代交易的损害赔偿。替代交易的损害赔偿属于违约损害赔偿范畴，这一问题答案实际上与前一问题相关，即在无须承认违约责任的情况下，自然不需要赔偿替代交易的损失。如果只是将此问理解为替代交易，认为可以赔偿，不能得到全部分数，因为始终没有理解违约责任的前提。如果前一问阐释并不属于“社会问题”范畴，故存在违约，则可以根据对替代交易的分析加分（比如，是否探讨到两家酒店提供的服务上存在客观差异等因素）。

3. 假设本案情形发生改变，并非因餐厅被征用，而是因为D与女友因感情纠纷在婚宴举办日前10天分手导致婚宴提前取消，其能否以《婚宴预订协议书》第8条为格式条款为由，主张“婚宴举办日5天前取消的，收取总金额30%的违约金”的约定无效？(7分)在主张无效之外，又是否有其他救济/抗辩可能？(6分)

考查要点：一般来讲，对于提前解约，酒店可能会有一些损失（学生须分析到哪些可能的损失），因此提出收取总金额30%的违约金有合理之处。但须结合婚宴合同的特殊性和格式条款无效规则进行逐一检视，才能得出结论。感情纠纷属于D自身原因，应不属于免除违约责任的事由，但也可纳入考查分析。

除主张无效外，当事人还可以要求调整过高违约金，但过高与否应从不超过损失30%予以评价，而不是按不超过总金额30%予以评价。至于以情势变更为由主张变更和解除违约金条款，存在理论探讨的空间，根据学生分析论证的情况适当给分。

“民事诉讼法”期末考题评析

（本科生 2024 年秋季学期课程）

刘哲玮*

请根据案情，回答相关题目。

注意事项

1. 本次考试系开卷考试，考生可以携带任何书面资料进入考场，但不能使用电子产品，不能与同学商议交流。

2. 每一小问中给定的情形具有独立性，只对该小问发生影响，请不要将其代入其他问题的回答中。

3. 本案适用的法律和司法解释仅考虑现行有效的规则。

4. 考试时间：120 分钟。

案 情

张某和李某（住所地均在北京市西城区）合资设立甲公司（注册地和实际经营地均在北京市海淀区），张某担任法定代表人。因公司发展资金需要，希望融资借款 1000 万元。但因为甲公司不符合银行借款条件，只能转向民间借贷。

张某首先找到自己的大学室友现在已经是乙公司董事长的赵某（住所地在天津市和平区）。赵某提出自己经营的乙公司主要从事房地产开发，虽然说起来光鲜，但近年来房地产行业江河日下，自己也已经负债累累，实在无力拿出 1000 万元现金。

张某遂又从市场化渠道找到钱某（住所地在北京市东城区）。钱某表示，自己正好有自有资金几千万元可以进行借贷，但甲公司是初创公司，现在融资风险较大，因此如果甲公司借款，除了张某、李某提供连带保证外，还需要有其

* 北京大学法学院长聘副教授、博士生导师。

他人提供担保。

张某遂又通过微信联系赵某，让赵某亦提供保证。赵某开始并不愿意，但无奈张某多次用“兄弟感情”“你现在已经发达了，务必拉兄弟一把”“只是让你签个保证协议，又不会真的让你承担债务，一切责任都由我来承担”等话语说服赵某。赵某无奈之下，在微信中答应张某提供保证，但表示，自己只愿意提供一般保证，不提供连带保证；同时因为自己的身份，只能达成保证的口头协议，但不可能在书面合同中签字。

张某将微信聊天记录截图转给钱某，钱某表示，必须赵某提供连带保证才可以缔约，但微信截图已经可以，不用赵某亲自签字，未来将合同书发给赵某，赵某在微信中承诺即可。张某遂又跟赵某联系，双方最终同意，赵某不直接和钱某签订书面合同，只是认可其他人的保证合同，从而淡化该形态的保证，同时，张某向赵某出具了一份书面的《承诺书》，内容为“张某承诺用自己名下的所有财产承担甲公司对钱某的债务，如果钱某找赵某还款，张某必须把自己的所有财产均用于清偿甲公司对钱某的债务”。张某又告知钱某，赵某同意按照张某和李某的合同提供保证，钱某遂同意借款。

后甲公司与钱某签订借款合同，约定钱某向甲公司借款1000万元，年利率10%，借期三年，每年12月31日归还当年利息，期满后偿还本金和最后一年的利息，合同并约定，与本合同有关的一切纠纷，应当提交甲公司住所地北京市海淀区人民法院管辖。

同日，钱某又与张某、李某签订书面保证合同，约定二人为甲公司的1000万元借款提供连带保证，保证合同中没有约定管辖法院。当日，张某将借款合同和保证合同都微信发给赵某，并询问对合同是否有意见。赵某回复：无异议。张某将上述聊天记录均截图转给钱某，钱某表示满意。

合同订立后，钱某按约向甲公司转款。前两年甲公司均按期向钱某支付利息，但合同期满后，甲公司因为经营不善，无法还款。钱某经过调查，发现李某已经于第二年就已退资，现在常驻菲律宾某市（但户口依然在北京市西城区），且资产情况不明；张某因为涉嫌犯罪，已经被逮捕，目前正关押在河北省赵县看守所。甲公司处于群龙无首，人去楼空的状态，账上资金已经不足以还款。

钱某认为此时再起诉甲公司、张某和李某已无意义，唯赵某仍有偿债能力，遂持《借款合同》《保证合同》及银行流水凭证等，以赵某为被告，向海淀区人民法院提起诉讼，要求赵某承担连带保证责任，归还本息1100万元，并向法院表示，因为手机更换的原因，相关微信聊天记录和截图没有保存，但赵某定然知道此事。

问　题

1. 海淀区法院对钱某向赵某提起的承担保证责任的诉讼，是否有管辖权？为什么？（4 分）

2. 对于钱某在起诉时没有提供任何直接针对赵某的证据，立案法官可否受理本案，请根据法律和司法解释，说明理由。（3 分）

3. 假如法院在受理之前，先委派退休法官肖某进行了诉前调解，并促成钱某和赵某达成了调解协议。为确保协议具有执行效力，钱某和赵某共同向肖法官申请制作具有执行力的文书。肖法官应当如何处理这一申请？（3 分）

4. 假如法院受理起诉后，赵某坚决否认自己答应承担保证责任，作为钱某的律师，可以依据哪些法律和司法解释，提出哪些证明方法来证明双方存在保证关系？（5 分）

5. 假如法院受理起诉后，赵某承认自己曾经答应承担一般保证责任，但同时提出，本案应当将甲公司和另外两位保证人张某和李某都列为共同被告。法院应当如何处理赵某的这一申请？为什么？（5 分）

6. 假如法院受理起诉后，决定适用简易程序审理本案，后又根据赵某的申请，将甲公司、张某和李某追加为共同被告。此时，法院是否应当将案件转为普通程序，为什么？（4 分）

7. 假如法院受理起诉后，将张某和李某追加为共同被告，应当如何向张某和李某送达诉讼文书？请根据法律和司法解释，说明理由。（4 分）

8. 假如法院受理起诉后，赵某承认自己曾经答应承担一般保证责任，但钱某坚决主张赵某应当承担连带保证责任。赵某提供了张某出具的《承诺书》。根据现有证据情况，作为钱某的律师，请就该份《承诺书》发表质证意见。（4 分）

9. 假如法院最终判决赵某须向钱某承担还款责任。判决生效后，钱某向法院申请执行。执行过程中，赵某表示自己没有现金，但可以用乙公司开发的别墅抵债。各方遂订立了《以物抵债协议》，约定在一个月内办理“山水花园”A01 别墅的产权登记，并交付房屋，赵某、钱某和乙公司均签字盖章。但一个月期满后，乙公司未履行该协议。根据法律和司法解释，钱某有什么救济方式？（4 分）

10. 假如法院最终判决赵某须向钱某承担还款责任。判决生效后，赵某表示自己没有现金，但可以用乙公司开发的别墅抵债。乙公司与钱某订立了《房屋买卖合同》，约定钱某用对赵某的债权作为对价，购买乙公司开发的“山水花园”A01 别墅。后因为乙公司不配合变更登记,钱某又向法院起诉乙公司,要求其履行《房屋买卖合同》。法院最终支持了钱某的诉讼请求。此时永兴银行向法院提起了第三人撤销之诉,主张乙公司在开发“山水花园”项目时,为向自己融资,已经将该项目的土地和房产全部抵押给永兴银行并办理了登记。现在乙公司和钱某的《房屋买卖合同》和过户行为,侵害了自己的抵押权,要求撤销该判决。法院是否应当受理永兴银行的起诉,为什么?(4 分)

参考答案

诉讼构造(此部分内容仅为做题方便,不作为给分点和加分项)

原告:钱某

被告:赵某

起诉法院:海淀区人民法院

诉讼请求:承担连带保证责任,清偿本息 1100 万元

诉讼标的:基于民法典第 668 条第 2 款和合同约定的请求权

事实理由:钱某与甲公司订立借款合同,赵某承诺为甲公司的债务提供连带保证责任,期满甲公司无力还款

1. 海淀区法院对钱某向赵某提起的承担保证责任的诉讼,是否有管辖权?为什么?(4 分)

海淀区法院对该诉讼无管辖权。

最高人民法院《关于适用〈中华人民共和国民法典〉有关担保制度的解释》(以下简称《担保制度解释》)第 21 条第 3 款规定,债权人依法可以单独起诉担保人且仅起诉担保人的,应当根据担保合同确定管辖法院。

因此,本案钱某主张的连带保证属于可以单独起诉且仅起诉担保人的情况。保证合同中没有约定管辖,按照特殊地域管辖,应由被告住所地(天津市和平区)或合同履行地(钱某为接收货币方,住所地北京市东城区)法院管辖。

【评分标准】

结论 1 分,理由中不能适用协议管辖 2 分,特殊地域管辖 1 分。

【相关说明】

部分同学认为根据《担保制度解释》第 21 条第 2 款“债权人一并起诉债务人和担保人的,应当根据主合同确定管辖法院”,认为保证合同作为从合同,应当适用主合同(借款合同)的管辖协议。此种错误在于没有将原告起诉时的诉

讼构造梳理清楚，没有意识到如果适用主合同的管辖协议，将与原告只起诉赵某的诉讼请求矛盾。

少部分同学对合同履行地中"接收货币的一方"理解有误，认为本案中的合同履行地为甲公司住所地。

2. 对于钱某在起诉时没有提供任何直接针对赵某的证据，立案法官可否受理本案，请根据法律和司法解释，说明理由。(3 分)

可以受理本案。

最高人民法院《关于民事诉讼证据的若干规定》(以下简称《证据规定》)第 1 条规定："原告向人民法院起诉或者被告提出反诉，应当提供符合起诉条件的相应的证据。"虽然钱某并未提供直接指向赵某作为连带保证人的证据，但本案钱某已提供《借款合同》《保证合同》和银行转账流水作为其所主张事实的初步证据，同时，钱某必然以当事人陈述的方式，说明了赵某与其订立保证合同的方式：赵某以微信聊天的方式，认可了张某、李某的《保证合同》的内容，也愿意提供连带保证。在此种情况下，应当认为原告已经提供了符合起诉条件的证据，法院应当受理。

【评分标准】

结论 1 分。理由 2 分，大意相符即可。

【相关说明】

部分同学认为，钱某在起诉时没有提供针对赵某的证据，不满足初步证据的要求，因而不予受理。我国民事诉讼法对于立案条件，在规范层面采取立案登记制，对于起诉证据的标准较低；但在实践中，很多法院的确采取了初步证据的标准，要求原告提供相应的证据，没有证据的，往往不能立案。因此虽然这一观点与命题者并不一致，也不利于权利人的权利保护，但依然结合阅卷实际情况，对于论述详细的答案，酌情给 1 分至 2 分。

3. 假如法院在受理之前，先委派退休法官肖某进行了诉前调解，并促成钱某和赵某达成了调解协议。为确保协议具有执行效力，钱某和赵某共同向肖法官申请制作具有执行力的文书。肖法官应当如何处理这一申请？(3 分)

肖法官应当引导钱某和赵某通过司法确认程序确认调解协议。

【评分标准】

答到司法确认程序且无错误表述，可得 3 分。

【相关说明】

部分同学虽然写到司法确认程序，但存在"肖法官作出司法确认裁定"的错误，混淆了诉前调解与司法确认的关系，尤其是没有意识到退休法官是无权行使司法权的。因此酌情扣分。

部分同学回答为制作调解书。应当注意的是,本案肖法官进行的是诉前调解,调解后如需有执行的文书应当通过司法确认程序获取;调解书是诉讼过程中调解成功时制作的文书,与本案情况明显不符。设立司法确认程序的目的正是避免过去诉外调解成功的当事人为获取有执行力的文书,而必须专门提起诉讼并通过诉中调解获取调解书。同学应当注意调解书是诉讼程序的结案方式,而司法确认是非讼程序的一种方式。

少部分同学回答赋强公证,与本案情形不太相符。

2024 年底,最高人民法院发布文件,不再允许立“诉前调”案号,一律立“民初字”案号,诉前调解转为诉中调解。因此本案题型中的诉前调解在实务中已经不应出现,但在人案矛盾冲突的当下,禁止诉前调解不会改变大量纠纷案件涌入法院的局面,如何实质性化解纠纷,依然考验着中国法院的能力。

4. 假如法院受理起诉后,赵某坚决否认自己答应承担保证责任,作为钱某的律师,可以依据哪些法律和司法解释,提出何种证明方法来证明双方存在保证关系?(5 分)

(1)通过文书提出命令(结合《证据规定》第 99 条第 2 款:关于书证的规定适用于视听资料、电子数据)要求赵某提交相关聊天记录。

(2)申请法院对赵某的手机进行证据保全,扣押其手机并提取赵某的微信聊天记录,因为赵某可能删除甚至毁灭其手机聊天记录,故申请法院对其手机进行证据保全,以便固定、恢复聊天记录。(《民事诉讼法》第 84 条第 1 款:在证据可能灭失或者以后难以取得的情况下,当事人可以在诉讼过程中向人民法院申请保全证据,人民法院也可以主动采取保全措施。)

(3)申请法院收集并固定证据,调取张某的手机聊天记录,提取张某的证人证言并予以书面化固定。[《民事诉讼法》第 67 条第 2 款:当事人及其诉讼代理人因客观原因不能自行收集的证据,或者人民法院认为审理案件需要的证据,人民法院应当调查收集;第 76 条:经人民法院通知,证人应当出庭作证。有下列情形之一的,经人民法院许可,可以通过书面证言、视听传输技术或者视听资料等方式作证:……(四)其他有正当理由不能出庭的。]

【评分标准】

回答文书提出命令可得 3 分,回答其余任一具有合理性的答案[包括但不限于上述(2)(3)]可得 2 分。

【相关说明】

本题考查对证明方法的理解。

部分同学虽然提到文书提出命令,但认为其不能适用于电子数据,这忽略了《证据规定》第 99 条第 2 款的规定;部分同学作答的申请张某作为证人出庭、申请法官向腾讯公司调取微信聊天记录等答案，虽然也可以获得证据，但在现实中并不可行，因此酌情扣分。部分同学忽略了题目中“作为钱某的律师”，以法官身份作答，亦被扣分。部分同学在对证明责任、证据的证据能力和证明力等问题进行分析，没有回答题目问题，殊为遗憾。

5. 假如法院受理起诉后，赵某承认自己曾经答应承担一般保证责任，但同时提出，本案应当将甲公司和另外两位保证人张某和李某都列为共同被告。法院应当如何处理赵某的这一申请？为什么？（5 分）

均不应支持。赵某作为本案被告，其无权直接通过起诉的方式将其他案外人列为共同被告，因此其申请只能被理解为，赵某认为甲公司、张某、李某构成必要共同被告。对于这一申请的处理，实质是判断甲公司、张某、李某是否是本案的必要共同被告。

从保证合同与主债权合同的关系上看，二者显然是两个不同的法律关系，因此不构成必要共同诉讼，故无论是甲公司还是张某、李某均不构成必要共同被告。

从强制合并的角度看，根据案情诉讼构造的分析，由于本案的原告钱某认为赵某承担的是连带保证责任，因此其可以选择只起诉赵某，无须强制合并。

【评分标准】

甲公司部分 2 分，结论和理由各 1 分。张某、李某部分 3 分，结论 1 分，理由 2 分。

【相关说明】

本题考查对当事人追加制度的理解。需要注意赵某提出了应当增列共同被告的申请，此时法院若要支持其申请，只能是追加必要共同被告，而不能是法条中表述为“可以追加”的普通共同被告，因为是否追加普通共同被告是原告的自由，不能由被告代为行使。

本题的关键在于要理解原告主张的保证形态是连带保证，而被告主张的则是一般保证。这其实涉及对本案诉讼标的的理解，而诉讼标的应当根据原告的诉讼请求来确定。

在甲公司部分，部分同学认为原告并未提供初步证据证明赵某为连带保证责任，在保证形态不明确的情况下应认定为一般保证，进而认为应当依职权或释明原告申请追加甲公司为共同被告，或认为应当驳回起诉。此种情况将实体裁量与追加当事人这一程序事项混淆，对于追加当事人，需要结合原告的主张来予以判断，因此酌情扣分。

部分同学误认为保证人之间存在追偿关系。这与《担保制度解释》第 13

条不符，且即使存在追偿关系也不代表张某和李某能够成为共同被告，而是被告型第三人。

少部分同学没有对甲公司的部分作答，或者只分析了保证关系而未对题目作出回答。

6. 假如法院受理起诉后，决定适用简易程序审理本案，后又根据赵某的申请，将甲公司、张某和李某追加为共同被告。此时，法院是否应当将案件转为普通程序，为什么？（4 分）

不需要。

排除简易程序适用的情形规定在最高人民法院《关于适用〈中华人民共和国民事诉讼法〉的解释》（以下简称《民诉法解释》）第 257 条，本案中的被告均未下落不明，且全部被告一共 4 人，因此追加甲公司、张某和李某为共同被告也不构成当事人一方人数众多的情形。

【评分标准】

结论 2 分。理由 2 分，需要对排除简易程序适用的情形作简要分析。

【相关说明】

本题考查简易程序的适用条件。

部分同学认为本案符合《民诉法解释》第 257 条中简易程序的消极条件，进而应转为普通程序的情形是“被告下落不明”和“当事人一方人数众多”。本案中李某只是“常驻菲律宾某市”，并非下落不明。针对“当事人一方人数众多”，可通过体系解释的方法根据《民诉法解释》第 75 条将其一般认定为 10 人以上。如果基于简易程序的特点及与代表人诉讼的对比，解释此处“人数众多”不至于达到 10 人也可得分，但不加论述直接将本案认定为“人数众多”则缺乏说服力，酌情扣分。

本案钱某起诉赵某要求其承担保证责任，法院之前已决定适用简易程序，说明其认为钱某与赵某间关于保证责任的争议本符合“事实清楚、权利义务关系明确、争议不大”的要求。而追加的甲公司、张某和李某的还款义务和保证责任根据现有案情并不存在过大争议，仅以此要求转为普通程序的说服力也不大，酌情扣分。

另外，应当注意区分简易程序与小额程序的区别，诉讼标的额并不必然成为不适用简易程序的理由。

7. 假如法院受理起诉后，将张某和李某追加为共同被告，应当如何向张某和李某送达诉讼文书？请根据法律和司法解释，说明理由。（4 分）

张某：转交送达（《民事诉讼法》第 93 条第 1 款）。

李某：（1）直接送达或留置送达：送达诉讼文书，应当直接送交受送达人。

受送达人是公民的,本人不在交他的同住成年家属签收;拒签的可以留置送达;(2)由于李某不在国内,可能无法适用直接送达和留置送达。此时若通过其他送达方式也无法成功送达,因此适用公告送达。

【评分标准】

张某的转交送达2分。李某部分2分,根据论述具体给分,但未加论述直接适用《民事诉讼法》涉外送达则不可得分。

【相关问题】

张某部分,有同学误答为"委托送达"(此处仅提醒用词规范,可识别到《民事诉讼法》第93条规定即可得分)。

李某部分,《民事诉讼法》第283条的适用前提是"在中华人民共和国领域内没有住所的当事人"。本案案情中对李某是否具有涉外因素没有给出非常明确的信息,但强调了户口依然在北京市西城区,因而不可当然地认为李某在国内没有住所,直接适用涉外民事诉讼程序的特别规定编的送达规则,但如果同学能够结合该条适用条件"在中华人民共和国领域内没有住所"并根据案情展开论述,则可以得分。

李某常驻菲律宾并不当然意味着其无法适用其他送达方式而只能公告送达,需要论述其他送达方式无法成功。

本题还可能有的一个考点是,如果追加了甲公司为被告,如何向甲公司送达文书。对于公司的法定代表人被刑拘,且公司没有合法的办事机构时,如何向公司送达司法文书的问题,在中国现行民事诉讼法的教科书中都没有专门提及,但的确是司法实践中的真实问题。感兴趣的同学可以自行检索。

8. 假如法院受理起诉后,赵某承认自己曾经答应承担一般保证责任,但钱某坚决主张赵某应当承担连带保证责任。赵某提供了张某出具的《承诺书》。根据现有证据情况,作为钱某的律师,请就该份《承诺书》发表质证意见。(4分)

证据能力:(1)《承诺书》为书证,不存在合法性问题;或者(2)《承诺书》是赵某单方提供,无法证实其合法性。

证明力:真实性上,可考虑赵某提供的是否为书证原件、是否能够推定书证内容为真实;关联性上,该《承诺书》与本案无关,钱某对赵某与张某的内部约定不知情,不能以二者的内部约定改变赵某对钱某应当承担的责任。

【评分标准】

能够从证据能力、证明力或合法性、真实性、关联性的角度发表意见,得2分;质证意见合理(并不限于以上参考答案)可得剩余2分。

【相关说明】

本题考查质证,质证是指当事人、诉讼代理人在法庭主持下,对当事人提出的证据,就其真实性、合法性、与待证事实的关联性,以及证据能力和证明力有无、大小予以说明和辩论的活动和过程。

较多同学对质证概念理解有误,未从证据法角度发表意见,而是直接对《承诺书》载明的内容进行实体法上的分析。考虑实际情况,对于此处分析翔实、合理的答案,酌情给1分至2分。

部分同学未注意到"作为钱某的律师"的立场,直接表示对合法性、真实性、关联性均予以认可,因而没有提出质证意见。

部分同学在对证明责任等问题进行分析,没有就题目回答问题。

9. 假如法院最终判决赵某须向钱某承担还款责任。判决生效后,钱某向法院申请执行。执行过程中,赵某表示自己没有现金,但可以用乙公司开发的别墅抵债。各方遂订立了《以物抵债协议》,约定在一个月内办理"山水花园"A01别墅的产权登记,并交付房屋,赵某、钱某和乙公司均签字盖章。但一个月期满后,乙公司未履行该协议。根据法律和司法解释,钱某有什么救济方式?(4分)

《以物抵债协议》的性质为执行和解,钱某可以申请恢复执行原生效法律文书,也可以就履行执行和解协议向执行法院提起诉讼。

【评分标准】

恢复执行或另行诉讼各2分,未答出执行和解的定性不影响本部分得分。

【相关说明】

与本题关联度最高的条文为最高人民法院《关于执行和解若干问题的规定》第9条。除该条外,亦可参照《民事诉讼法》第241条或《民诉法解释》第465条,但仅参照这两条的同学可能无法答出另行起诉的救济方式。

较多同学未定性到执行和解,而是认为属于执行担保或执行中的以物抵债(《民诉法解释》第489条),并以此作答。但本题中未体现出担保意思,而最高人民法院《关于执行和解若干问题的规定》第6条明确规定:"当事人达成以物抵债执行和解协议的,人民法院不得依据该协议作出以物抵债裁定。"还有部分同学回答了《九民纪要》中第44条、第45条规定的合同履行中的以物抵债,但原债务已经诉讼确定。根据实际情况,对于这些答案,酌情给分。

10. 假如法院最终判决赵某须向钱某承担还款责任。判决生效后,赵某表示自己没有现金,但可以用乙公司开发的别墅抵债。乙公司与钱某订立了《房屋买卖合同》,约定钱某用对赵某的债权作为对价,购买乙公司开发的"山水花园"A01别墅。后因为乙公司不配合变更登记,钱某又向法院起诉乙公司,要求其履行《房屋买卖合同》。法院最终支持了钱某的诉讼请求。此时永兴银行向法院提起了第三人撤销之诉，主张乙公司在开发“山水花园”项目时，为向自己融资，已经将该项目的土地和房产全部抵押给永兴银行并办理了登记。现在乙公司和钱某的《房屋买卖合同》和过户行为，侵害了自己的抵押权，要求撤销该判决。法院是否应当受理永兴银行的起诉，为什么？（4 分）

不应当受理。《民法典》第 406 条第 1 款规定：“抵押期间，抵押人可以转让抵押财产。当事人另有约定的，按照其约定。抵押财产转让的，抵押权不受影响。”该款规定改变了过去《担保法》等的规定，确认了抵押物可以转让且不影响抵押权，故原判支持钱某的诉讼请求，也不会侵害永兴银行的抵押权，不满足提起第三人撤销之诉的条件。

【评分标准】

结论 1 分。理由 3 分，答出抵押物转让不影响抵押权的意思（例如根据《民法典》第 406 条或《担保制度解释》第 43 条）即可得分。

除上述基础思路外，本题尚存在以下可能的思路，也均有同学写到，视论述情况均酌情给分。

从理论出发，论述原判由于既判力的主观范围限制，不会损害第三人的权益，因而不应当受理。

从银行作为债权人的角度，从《九民纪要》第 120 条规定出发认为本案中银行属于可以提起第三人撤销之诉的特殊的债权人。这一思路的论述重点是为何银行享有撤销权而不能行使。

结合《民法典》第 406 条第 2 款规定，提出由于《房屋买卖合同》本质上为以物抵债，无法实际获得价款，这使得抵押权人无法按照该款规定获得提前到期或提存价款的救济，故而原判可能损害了其民事权益。这一思路需要论证为何属于《民法典》第 406 条第 2 款中“抵押财产转让可能损害抵押权”。

结合《九民纪要》第 126 条规定，认为转让后由于商品房消费者的权利优先于抵押权，会影响抵押权的实现。这一思路需要论证本案中的钱某属于商品房消费者。

【相关说明】

部分同学对本题仅列举构成要件并作泛泛分析，如“原判损害/未损害银行民事权益”“原判错误/没有错误”等。结合阅卷实际，有拆分要件并分析的，酌情给分。

部分同学没有关注到题目中设问的第三人撤销之诉，分析了一般的起诉条件或银行可能寻求的其他救济，酌情给分。

“法律经济学”期末考题评析

(本硕合上 2023 年秋季学期课程)

戴　昕[*]

“法律经济学”期末考题

考试日期:2023 年 12 月 28 日

考试时间:19:00 至 20:30

考试地点:自选

注意事项:

1. 本次考试试题将于 2023 年 12 月 28 日 19:00 以电子文档形式上传至教学网。本次考试为考生提供的答题时间总计 90 分钟,并额外为考生提供 30 分钟的窗口,用于传输以 MS Word 文档为形式的答题文档。考生应在 12 月 28 日 21:00 之前将其答题文档作为电子邮件附件发送至助教邮箱,并同时抄送任课教师个人邮箱。发送邮件时,邮件主题应使用“期末答题_学号_姓名”格式。未能在 12 月 28 日 21:00 之前完成提交答题文档,但在当日 22:00 之前完成提交的考生,任课教师将从其最终成绩中扣减 10 分。未能在当日 22:00 之前完成提交的考生,本次考试将没有成绩。答题文档提交完成时间以助教邮箱系统中显示的邮件接收时间为准。助教于当日 20:30 至 21:30 之间将在课程微信群中实时确认已按时完成提交的考生姓名。

2. 本次考试采取完全开卷的形式,且考生可自行选择在任何地点答题。考生答题时可以参考、查阅任何纸质或电子形式的书籍、资料和其他信息,包括网络信息,但不得抄袭(如直接复制摘抄网络文字);视抄袭行为的严重程度,任课教师将对相关考生采取减分乃至取消考试成绩的措施。如担心自己答题时参考他人资料可能被视为抄袭,考生可以合理、简单的形式在行文中标注相

---

* 北京大学法学院长聘副教授、博士生导师。

关信息出处{例如,“正如[××]所说,××××××”;“××××××(来自《××××》一文/一书)”}。需要提示的是,本次考试的考查范围以课堂讲解和大纲中列出的相应阅读材料的内容为限,考生可以但完全不必要在答题中过多查阅、引述自身在本课程外了解到的理论知识、实定法知识或经验事实信息。如考生决定作此类引述,应以与答题论述相关为限。罗列与题目无关的理论知识、实定法规则或经验事实信息不构成加分因素,反而更可能因为占用宝贵的答题时间而影响分数。因此,答题前请认真阅读试题,准确理解答题要求。

3. 考生必须完全独立地完成本次考试,在考试期间不得与包括其他考生在内的任何人就试题内容、答题思路、答题方法等进行交流、沟通、合作,也不得抄袭他人答案。任课教师如发现多名考生的答案存在疑似因抄袭而导致的雷同或近似,将对所有涉事考生按严重作弊处理,直接取消考试成绩。

4. 考生在答题时若借助 AI 内容生成工具,则必须以脚注形式就其使用 AI 工具的方式做充分披露,披露的内容需至少包括所使用的工具名称、使用的生成提示语(prompt)以及 AI 生成内容在答案全部内容中的大致占比。使用 AI 内容生成工具答题但未作披露者,视同抄袭或未独立完成答题。

5. 考卷包含两道分析论述题。第一题满分 20 分。第二题满分 20 分。请考生答题前认真阅读、理解案例后的具体答题要求。考生应视考题中的案例为纯属虚构,不要尝试对号入座,不必考虑其在真实世界中是否有原型、原型案件的最终处理结果如何之类。考生在答题时如果认为试题有错误,或者试题中包含的信息不充分,可在答案中指出自己认为试题有何错漏、相关错漏对答题有何影响,并通过作出合理假设的方法规避相关错漏,完成答题。请考生合理分配答题时间。清晰的逻辑结构和语言表达是任课教师评分时会纳入考虑的加分因素。建议考生在动笔之前花些时间做整体构思。

6. 请考生在答题时注意每道题的答案字数限制(均为 1000 字以内),并在自己提交的答案上注明每道题答案的实际字数。超出字数限制的答案将被扣分。未准确注明其答案实际字数的也将被扣分。

7. 任课教师及助教在考试期间不会回答考生提出的与试题有关的任何问题。请勿在考试答案中或考试结束后向任课教师提出在分数上予以照顾的要求。违者参照作弊处理。

第一题(20 分)

A 国是一个幅员辽阔、人口众多的大国。该国自古至今都有尊崇教育的传统,而国人普遍对本国顶级学府 X 大学尤其心怀向往,国内任何其他高校在国人心目中都不具备可与X大学相媲美的地位。近年来,随着A国国内交通日益便利,全国各地有意愿且有条件偶尔甚至频繁前往X大学访问参观的人越来越多。校园内各类访客规模不断提高,带来了校外人员挤占教室和食堂空间、破坏校内卫生、在校园自然景观区域放生动物(猫、狗、鱼、乌龟等)、在学生生活和学习空间打扰甚至骚扰学生等问题,这引起了校内师生的抱怨。X大学保卫部门决定加强入校管理,校内人员入校需接受身份查验,校外人员入校则必须提前预约,且每日设置校外人员入校总数上限。对此做法,X大学校内外均有不少人表示反对。反对者指出,世界各国的一流大学均以开放办学为宗旨,而X大学是全国纳税人出资兴办的公立学校,其校园是公共资源,必须对公众开放,不应限制校外人员入校;至于因校外人员入校带来的问题,学校管理部门应想办法加强管理,不能一封了之;校内师生也应养成开放包容的心态,不要太自私、娇气。

请结合本课程讲授的理论知识,分析上述反对意见的合理性。(答案篇幅不得超过1000字)

第二题(20分)

B市的Y公司从事汽车智能驾驶系统的研发和商业化运营业务。Y公司的技术能力在业内遥遥领先,一年之前已获得了由B市政府颁发的智能驾驶业务试点运营牌照,开始在较小范围内与某本地出租车公司合作,运营无人驾驶的智能出租车服务。某日,一辆搭载有Y公司研发的智能驾驶系统的无人驾驶出租车在运营过程中发生事故,车辆在遇到突发情形时所做决策不合理,导致事故中一位行人被车辆先碰撞,后拖曳致死。该事故引发了极大舆情,B市政府和Y公司均承受压力。根据B市所在法域的侵权责任规则,智能驾驶系统开发者和智能驾驶汽车服务业务运营者对事故导致的行人伤害均应承担无过错责任,但可基于行人与有过失提出免责抗辩。B市有部分民众和法学专家呼吁政府应进一步加强对Y公司等研发和应用智能驾驶系统的企业的监管,加大追责力度,促使相关技术的研发和应用都能更加安全。

请结合本课程讲授的知识,分析上述呼吁的合理性。(答案篇幅不得超过1000字)

“法律经济学”期末考题评析

致:2023年秋季学期本硕合上“法律经济学”课程修课同学

自:戴昕(任课教师)

关于:“法律经济学”课程学期成绩及期末考试相关情况说明

日期:2024 年 1 月 19 日

感谢同学们对本学期教学工作的支持与配合。如课上所介绍,法律经济分析如今的运用领域非常广泛,而授课直接覆盖到的知识内容则相对有限,因此课程的首要目标是帮助接受相对传统的法学专业教育和训练的同学们开阔思路,了解一种思考法律问题的实质性视角。有兴趣深入钻研的同学,可在了解课程讲授内容的基础之上,先自行阅读课程大纲中列出的文献和书籍,再以此为线索,进入法律经济分析的学术文献脉络,以形成对经济分析理论和方法的更细致把握。就个人经验而言,真正要入门,恐怕至少需有两到三个学期较为持续的阅读作为基础。

尽管课程讲授的内容本身有限,但从同学们考试答题和文献评述作业的表现来看,在本学期课程学习方面有足够投入的同学,还是获得了对法律经济分析的基本掌握,能够较好地在分析实际问题时识别出相关的理论知识并对其加以有效运用。但部分同学的课程学习投入明显有限,这也能够反映在其提交的考核任务的质量上。本学期的课堂讲授未再因受防疫影响而转到线上。不过,或许由于教学网仍提供录像,据我个人粗略观察,学期中大概有近四成选课同学主要是以观看录像回放而非到教室听课的方式进行课程学习的。本课程不计考勤,没有考勤分数,但很少来上课的这部分同学,其反映在考核任务质量上的学习效果,相对而言确实要差一些。由此更印证了网课的内生缺陷,即其对学生自控能力的要求可能超出了很多学生实际能达到的水平。

因为分数本身包含的信息有限,以下提供少量有关学期成绩评定、平时作业写作和期末试题答题思路等方面情况的简要说明,旨在帮助同学们进一步了解和评估自身的学习情况。

一、分数构成、阅卷过程和成绩分布

1. 学期成绩

每位同学在教务系统中查到的课程学期成绩,是由平时作业得分(满分 60 分)、期末考试答题得分(满分 40 分)以及任课教师基于课程平台讨论参与表现酌定的额外加分(实际加分为 0 到 5 分之间)三项加总得出的。

这门课是本硕合上的。共有 63 名本科生同学选课,期末成绩评分为 90 分及以上的 17 人、85 至 89 分的 22 人、80 至 84 分的 14 人、70 至 79 分的 6 人、60

至69分的4人。研究生的成绩在百分制打分之后转换为等级。共有51名研究生同学选课,除2人缺考外,期末评分为A的3人、A-的10人、B+的9人、B的19人、B-的6人、C+及以下的2人。

本轮课程选课人数比前两年多,平时作业和考试题目的难度较去年略微降低,给分尺度相对更宽松。本科生优秀率超过了40%,研究生A-及以上比例也超过了20%。在评阅平时作业和期末考试时,我对本科生和研究生采取的尺度是基本一致的。总体而言,本科生的学习效果相对更好。

极少数同学的平时作业和考试答卷质量都无法令人满意,如果严格尺度理应不及格。但考虑到这是基于兴趣的选修课,强制不感兴趣的同学再来修一遍意义不大,故给了及格。

本学期共有10名本科生、7名研究生出现期末试题或平时作业迟交的情况,这超出了我的预期。虽然迟交的严重程度有别,但在最后扣分时,我采取了相同的尺度,即考试迟交扣2分,平时作业迟交扣2分。有3名同学期末试题和平时作业均迟交,仅因此原因被白白扣掉4分。迟交的同学给出了各种各样的理由。但在课程开始、期间和临近考试时,我都对及时提交的要求做过突出强调,而且在相关考核流程设计时,也都已经为同学们提供了可用于应对意外情况的额外时间。在这种前提下,仍然出现迟交情况的同学,应该高度重视改善自身的工作学习习惯。

2. 平时作业得分

平时作业的审阅和评分全部由我本人完成,没有请助教或其他人参与协助。每位同学提交的作业我至少完整读过两遍后再给分数,而相对高分和低分的作业则读过三到四遍。评分时我关注了写作的绝对质量(如理解文献、识别问题是否准确,讨论是否合理、有逻辑并充分结合课程学习内容,文字表达是否通顺等)。但影响评分的更重要的因素是相对(与其他同学横向比较)质量。

本科生同学的平时作业得分,最高58分(5人),最低40分,56分及以上的9人,50至55分的45人,49分以下的9人。

研究生同学的期末试题得分,最高58分(3人),最低38分,56分及以上的5人,50至55分的34人,50分以下的10人。

得到56分及以上的作业确实写得相当精彩,不仅呈现出对授课内容很好的理解和掌握,思维和文字功底也很不错,小作业也有潜力发展成更完整的学术论文(特别是本科毕业论文)。如果相关同学有兴趣,可以在春季学期找我单独讨论。

3. 期末试题得分

期末试题的审阅和评分全部由我本人完成，没有请助教或其他人参与协助。每位同学提交的答卷我至少完整读过两遍后再给分数。评分时我关注了答题的绝对质量（如理解材料是否准确，识别问题和分析角度是否全面，分析是否合理、充分、有逻辑，文字表达是否通顺等，见以下第二、三部分的进一步解说），但影响评分的更重要的因素是相对（即与其他同学横向比较）质量。

本科生同学的期末试题得分分布如下，最高分 37 分（1 人），最低分 16 分，35 分及以上的 11 人，30 至 34 分的 32 人，29 分及以下的 13 人。

研究生同学的期末试题得分分布如下，最高分 38 分（1 人），最低分 22 分，35 分及以上的 12 人，30 至 34 分的 32 人，30 分以下的 5 人。

4. 酌情加分

除以平时作业得分和期末考试得分为依据外，我在评定学期成绩时根据学生平时在课上和教学网参与讨论的表现酌情做了加分。最高加分幅度为 5 分。本次加分的标准较为宽松，特别是对于加分前分数在 85 分以下或 80 分以下的同学，我都尽量加到 3 至 4 分，个别同学加到 5 分。本次本科生和研究生中总成绩获得高分（90 分以上）的同学大都有加分，而得到低分（80 分以下）的都因其从未参与过讨论而没有加分。

5. AI 使用

本学期期末考试和平时作业都允许使用生成式 AI 完成，但要求对使用情况进行合理披露。本次共有 3 位同学在四份作业/答卷中披露使用了生成式 AI 工具。其中一份作业的效果本身并不十分理想。另有一位同学的期末试卷答案和平时作业看上去疑似使用了 AI 工具（但使用 AI 检测工具检测的结果未达到高度确信），但却完全没有披露。尽管认定其违反考试规则并不需要达到排除合理怀疑的证明程度，但考虑到该同学的期末答题和平时作业本身的质量均非常糟糕，其学业态度令人失望，因此我还是决定让其低分通过。

二、平时作业基本思路

1. 一般性建议

包括写作规范、学术规范等方面的一般性建议，仍请同学们继续参考我在 2020 年、2021 年和 2022 年三轮授课后撰写的说明中包含的相关内容。此处仅再次突出强调去年说明中强调过的四点。一是在写作文献评论时，应注意结合或关照课程讲授涉及的理论知识，让教师看出学生修读本课程的学习成果。部分同学在作业中花接近一半的篇幅进行法律教义层面的规范讨论，显然对作业要求理解得非常不到位。二是要与被选作评论对象的文献进行有效对话,而不要只是发表自己对文献中涉及话题的一般看法。三是在写作评论时,仍应以必要的研究为基础,即为了评论一篇文献,仍需要去查阅若干相关其他文献。如果只是手里拿着被评论的文献,"边看边评",完全不对相关其他文献做参考,那么文献评论作业与期末考试答题就没有区别了。实际上,部分同学在写评论时基本照搬了考试答题的体例,列出大量课程讲授涉及的知识点,一点接一点套用,这样写出来的成品显得不够"成文"。四是要在被评论文献中选取尽量少(不多过两三个为宜)的观点、分析或论证作为对象,更聚焦、深入、充分地进行评论,而不应把被评论文献中包含的观点从头到尾梳理品评一遍。

平时作业的评分方式不是"踩点给分"。我关注的是整体写作质量和效果。因此,评论选取的角度越集中,论证层次越丰富,分析越透,文字表述的流畅度与逻辑性越强,得分会更高。

2. 各篇思路

时间精力所限,无法详细点评同学们的文献评述。以下仅简单指出我认为各篇文献值得展开分析评论的一些角度供大家参考。这些显然远未穷尽所有可能的有效评论角度,甚至并未完全覆盖我在同学们作业中看到,且我个人认同的评论角度。

如前所述,本轮授课在挑选文献时有意选择了评论难度更低的文章。这五篇论文的阅读和评论难度大体相当,对授课内容有合格掌握的同学应当都能一眼看出可结合法律经济分析理论开展评论的角度,比较容易上手。相比于以前几年,选择各篇文献进行评论的学生数量也因此比较平均。高分的评论作业,通常会在大部分作业都能包含的基础分析和讨论之上,提出一些更细致深入的见地。

(1)文献一:《家庭协议适用合同法规范的路径与意义》

课程在讲授财产、合同等部分内容时,均曾涉及与这篇文献讨论的对象——"家庭协议"——有关的话题。如文中介绍,民法学通说将私人协议分为"财产协议"与"身份协议",认为合同法规则"倾向于经济理性",因此仅适用于"财产协议"。这样的说法显然只是基于一种同义反复,且也反映出论者对"经济理性"的理解过于狭隘。文献作者意识到这种理论并不合理,但其批评本身在实质论证层面同样较为薄弱。作者的论说中体现出其对已有相关民法规范(合同法不适用于家庭协议)可能导致的几类不利后果的认知。但由于缺乏理论指引,作者在写作中没有将这些需要进一步做分别讨论的问题梳理清楚:第一,国家如果不通过合同法为家庭协议提供执行力,可能导致人们难以借助家庭协议更好地安排家庭生活(无法进入合作关系);第二,合同法的强制性规则如果不适用于家庭协议,被执行的家庭协议的内容和效果可能无法带来福利改进(无法确保合作符合帕累托效率标准);第三,合同法可以为家庭协议提供的缺省条款优于社会规范或伦理道德提供的缺省条款,因此如果合同法不介入,家庭协议的不完备性会导致更大的问题(合作的交易/缔约成本过高)。结合课程中讲授过的理论知识,可从上述角度更好地讨论这些问题,并由此检视文中不大清晰的论说。此外,文献在一些地方还含混地提及合同法对弱势群体有特殊保护,但却将此与合同法的经济分析联系在一起,这也不大确切——很显然,家事法中包含的保护弱势群体的规则确实更多,因为相对于合同法,家事法中有更多规则是以有限理性、利他和强社会规范等非市场化的行为假设为基础的——尽管这未必意味着合同法规范不能适用。

(2)文献二:《我国体育赛事视听信息的知识产权保护模式》

分析这篇文献讨论的问题,可以主要结合课程在财产部分讲授的相关理论,包括科斯定理、卡梅框架、公地悲剧与反公地悲剧等,也可以结合侵权部分涉及的理论,如最小成本预防者等。相比于文献五讨论的对公共监督涉及的人格利益相关信息进行界权时的问题(可能需要从公平角度考虑平衡相互难以通约的利益),对体育赛事视听信息进行界权,应更为突出地以社会总体价值产出最大化为目标。文献的作者主张体育赛事视听信息权应归属于赛事组织者,并尝试论证这种归属不仅在规范层面正当,而且在经济层面最有效率。现实中这种安排在各国确实较为常见,其一个基本的经济理由是,最有商业价值——特别是其相关视听信息最有价值——的体育赛事活动的生产,在当代主要依靠赛事组织者的投入。将财产权(文中所说剩余索取权)赋予赛事组织者,可激励其以最有效率的方式聚合生产性资源(如高水平运动员、场地设施、宣传推广渠道等)——尽管未必一定是作者所说的"组织/企业"而非"合同"的方式。不过,正如不少同学指出的,财产权保护本身可能导致垄断。就体育赛事信息而言,其在生产实现之后,传播价值可能因为权利人过度追求控制、坐地起价而低于社会最优水平,因此相关权利需要受到限制。甚至,就激发本文写作的所谓网络盗播行为而言,其在何种情形、多大程度上会破坏体育赛事信息的生产激励、降低社会总体福利,本身也可做进一步分析。例如,赌球网站、直播平台的盗播,长短视频平台的剪辑二创,以及餐饮等公共消费场所播放,是否都需要以权利人许可为前提?有没有"公地不悲剧"的情形?另外,从商业模式的角度来看,包括体育赛事在内,视听媒体如今基本已全部从提供产品改为提供服务,其基于用户合同和平台技术,可以更精准并严密地控制用户的使用行为。在这种情况下,是否还有必要确立"新型有名知识产权"?

(3)文献三:《转基因农作物越境损害责任的省察与重构》

文题中"越境损害"一说应能直观提示,本文处理的问题涉及损害相互性。本文作者在写作时比较明确地预设了环境损害应获得充分赔偿/补偿这一前见,没有太多考虑到损害相互性理论对应的基于比较冲突活动相对产出高低予以界权、允许高价值活动损害低价值活动并不予赔偿的可能。多数同学都比较准确地看到了这个评论角度。尤其需要注意的是,转基因农作物的种植活动及与之相关的科研活动本身有较高经济和社会价值(对粮食匮乏地区而言更是如此),而赔偿责任可能抑制相关活动水平,导致类似科斯所说的为了保护农作物而放弃铁路运输的后果。

就文中的讨论来看,所谓转基因农作物越境"损害",多数时候只是一种风险,而非已然发生的实际损害后果。如课上所说,侵权赔偿责任以实际损害的发生为前提。而与排放污水、废气等行为相比,转基因农作物越境有没有/有何种风险本身,具有较高不确定性(甚至可能使所谓"受害者"获益),因此前两者可在尚未导致健康伤害等损害后果时即以治污成本为基础厘定赔偿责任,但转基因农作物越境的赔偿应以何标准赔偿,则是极为困难的问题。文献未对这个关键问题做足够处理,是其"省察与重构"的较大疏失。而相比于定损困难,文献作者认为因果关系难以确认,才是转基因农作物越境赔偿责任厘定面临的主要障碍。这还是将"因果关系"这一法律规范概念过度实质化了。如果从可预见性的角度理解"因果关系",会发现此处因果关系认定之所以会成为难题,主要是因为采用了严格责任,而这导致对风险和可预见性的较为困难的分析被转入了因果关系分析(而不像过失责任下主要放在过失认定环节处理)。而如果真要追责求偿,假定多个种植者的种植活动基本相同,此处完全可以考虑使用概率因果。

部分同学也评论了本文作者提出的在民事责任难以追究的情况下追究国家赔偿责任的建议。这个建议在规范层面看起来有助于实现逻辑完满,符合作者追求的无论如何都要充分赔偿的旨趣,但在操作上比民事责任的难度要高很多,需要调动的制度资源规模不在一个量级。要求国家采取行政手段规制相关风险、推动行业内建立某种环境生态保险机制,相对而言要可行得多。

(4)文献四:《民法典人格利益合理使用一般条款研究》

人格利益保护的相关问题在教师讲授财产和侵权部分内容时均曾涉及。文献本身展开讨论的进路和适用的理论框架非常传统。尽管作者意识到抽象的法律规范概念需要结合实质政策才可能获得解读、适用,但其基本上只做了较为表面化的利益识别和宽泛的平衡。多数同学选择主要从损害相互性和卡梅框架的角度切入,分析此处在冲突利益(个人权益与公共利益)之间进行界权的多种可能选项。这确实是分析这类问题的有效角度。不少同学提出,"舆论监督"意味着媒体等监督主体享有受财产规则保护的进行表达、披露的权益,但更为平衡的界权方案是用责任规则保护个体的人格权益,即允许未经同意、有所补偿的披露。虽然这听上去确实更为"均衡"/"符合比例",但要注意的是,之所以各国法律通常只在较为限定的范围内允许对媒体追偿,是因为责任规则的直接成本和寒蝉效应都会导致信息生产水平被过度抑制。换言之,这里的关键还是要判断相互妨害的两种活动——个体不受披露侵扰自行其是和公众充分监督知情——何者产出更高,不能奢望一定可得两全。

而就卡梅框架来说,其能够提供的一个比较有意思、但文章本身忽略了的问题是,如果将监督、披露的权益赋予媒体等,那么这种权益是否应用禁易规则保护?例如,是否应禁止媒体与被监督对象交易,为放弃监督收取对价?现实中,这种禁易规则确实是存在的,除了较为极端的可能构成敲诈勒索罪的情形之外,其也为一般新闻伦理规范所禁止。此外,原文尝试对公共利益建立一个价值阶梯,这也成为部分同学直接评论的对象。这类讨论通常确实会有很多问题,但从作业要求来看,此处适当的评论需较好地结合社会福利等规范法律经济分析理论展开。

三、期末试题答题基本思路

1. 一般性建议

两道案例分析题,旨在考查学生在理解的基础上,灵活运用理论知识分析实际制度问题的能力(而文献评述考查的是学生分析学术文本的能力)。完成这类考试时的一般性注意事项,例如仔细审题、内容结构安排、结合事实语境展开分析、兼顾广度与深度、行文表达流畅有条理等,可进一步参考我在本课程此前轮次授课及其他一些课程(如 2020 年春季学期本科生"法理学"等)考试后撰写的说明内容。

两道题的难度不高,基本知识点都比较容易识别,但也不是所有同学都能足够全面地覆盖到全部关键理论。如答第一题时,多数同学都能想到公地悲剧问题,但能进一步想到"公地不悲剧"可能的,则要少一些。而答第二题时,多数同学都能对责任如何影响注意水平进行分析,但能意识到还应分析行为水平的则要少一些。不过,如前所述,我在对两道题进行评分时,掌握的尺度都很宽松,主要关注:(1)答题能否反映出答题人从课堂学习中的收获;(2)是否能够做到言之成理、逻辑基本自洽。在此基础上,分析确切、文字流畅、论述清晰的,更容易得高分。

2. 第一题答题思路要点

(1)仍然需要强调审题、理解答题要求的重要性。本次考试中不少同学都存在未能确切理解答题要求的情况。

(a)本题要求答题人分析反对意见的合理性——即其是否合理、哪里合理、哪里不合理。部分同学在答题时没有太在意“分析对象”本身,基本上是在阐发自己对校园开放与否这一议题的认知和思考。而另有部分同学虽然注意到要分析题目中的“反对意见”,但对后者的内容没有准确把握。题目中的“反对意见”所反对的不是将校园完全封闭的做法,而是校方采取的基于预约和身份核验手段对校外人员限量进出的措施。部分同学认为“反对意见”合理,而其主要观点是校园不应完全封闭,可基于一定的管理有限开放——但这其实意味着,反对意见所反对的做法,在相关同学看来是合理的。

(b)通常而言,从中立立场出发、预设分析对象同时具有合理性和不合理性的答题角度,有利于答题更加全面。在充分照顾到两侧的考量和理据的基础上,再得出倾向性结论,后者会更为扎实有力。有部分同学答题时直接先站队,倾力为一侧的结论提供论证,可能是对答题要求理解不够确切,或者也可能是对号入座所致(答题要求中明确提示不要对号入座)。

(c)尽管“文不对题”按说应是大忌,但在评分时,我还是侧重关注相关答题所反映出的答题人对课程讲授知识掌握的情况,主要以此作为评分依据。审题不周通常对得分的影响有限。

(2)根据题目的描述,X 大学校园的物质和人文环境是高价值的稀缺资源,其利用具有对立性,如果不具备排他性,则可能出现公地悲剧(或者公私错配意义上的半公地问题),即制造外部性的访客利用会超出最优的规模。有效利用此类资源,可以考虑基于排他和基于治理的方式。题目中 X 大学采取的的确是基于排他的策略,其优势是制度成本相对较低,而其劣势是可能导致校内资源的实际利用水平低于最优。而基于比较制度分析的思路,此处的优势和劣势都是相对而言的;有效的答题思路是比较被批评的学校的做法和反对意见认为更好的做法——后者可以被解读为主张完全开放(取消基于物理边界的排他性)并针对具体的无效率访客行为加以治理。

(a)部分同学在答题时,仅仅基于 X 大学师生人数较少、A 国仰慕 X 大学的访客人数远远更多,就认为可以根据功利主义乃至优先主义社会福利方程,得出让访客自由出入、利用资源会带来社会福利的净增加——即,访客的收益是多数人的收益,师生的损失是少数人的损失。但如果这样简单的分析可以成立,世界上可能也就不会存在公地悲剧了。无论访客到访学校的收益有多大,无论学校保卫部门的管理能力有多强、管理投入有多高,X 大学日常接待访客的最优规模都是有限的,在此规模之上,每多一个人,边际社会成本都一定高于边际社会收益。因此,若要反对保卫部门目前的做法,应当主要论证保卫部门一刀切的出入限额会导致访客低于最优规模,而改为“完全开放”、取消出入限制后,学校可以借助更为灵活、有针对性的治理安排,让访客规模更为接近最优水平——例如,通过在校门口实时通报在校人数以劝退高峰期访客、以食堂分区等方式分流访客、通过社会规范宣导等方式让访客自觉远离不应受打扰的教学科研场所。不过,如果学校无权闭门,这些治理措施是否足以确保校园访客规模不超过最优,本身就有疑问。而若允许保卫部门在判断访客规模达到最优后便不再允许更多访客进入,那这实际上仍然是回到了基于排他的制度安排。

(b)相较而言,更有效的论证“取消排他加行为治理”合理性的思路,应是分析指出,即使 X 大学的资源处于“公地”状态,但这一“公地”有可能不会“悲剧”。例如,在天气条件较不利于旅行的严冬时节,或者中小学生开学或考试期间,大多数潜在访客来访的私人成本可能高于私人收益,因此实际到访者的规模十分有限,即使到访游览行为会产生由校内人员承受的负外部性,并由此带来额外的管理负担,开放访问的社会总成本应仍小于社会总收益。只有少部分同学在答题时想到了“公地不悲剧”的逻辑,体现了其对公地理论较为深入的理解。不过,需要注意的是,本题在题面上专门指出,A 国人访问 X 大学的私人收益通常都很高,而由于交通日益便利,其到访的私人成本已大为降低,因此“公地不悲剧”的条件,至少不可能总是成立。假定一年中有至少三四个月的时间,访客潜在规模可能超出最优,不排他的代价也是相当可观的。

(c)一些同学认为,就制度/管理成本而言,完全开放后学校进行基于行为规制的治理,成本不会很高,甚至只会比限制出入措施对应的管理成本更低,但又未能给出在直觉上让人感到合理的理由(并不要求经验上有合理性,因为包括我在内的大多数人对于管理本身的难度都没有足够的经验认知)。一些同学对管理成本的分析,看上去是自相矛盾的。例如,部分同学认为限制出入、核验身份的做法,成本之一是导致校内人员的个人信息伤害,但其同时又认为要求保卫部门加强校园管理的成本之所以不高,是因为可以借助更多监控——然而后者显然不会仅仅影响校外人员的个人信息利益。

(3)许多同学主要从界权的角度展开分析,这也是较为有效的思路,但仍应注意要结合回应反对意见的角度。

(a)校内师生希望免受打扰,校外访客希望自由到访,二者各自对校园资源的利用活动之间可能存在相互妨害。根据科斯的理论,法律对相互妨害的活动之间进行界权,其规范目标应是产出最大化。如前所述,部分同学仅仅基于比较人数,就认为访客自由到访游览的价值高于校内师生免受或少受打扰的价值,这可能是过于简单了:所谓“校内师生免受或少受打扰”,并不只是校内师生在校园内享受“清净”,而是意味着其能够较为舒适地利用校园资源和环境开展教学科研活动——后者的价值是非常可观的,并且是大学校园的核心价值。

(b)基于卡拉布雷希和梅拉美德对科斯理论的发展,“界权”不仅意味着在相互妨害的行动配置权益(entitlements),而且还意味着要选择保护相应权益的救济规则(如财产规则、责任规则还是禁易规则)。允许学校对校外人员出入加以限制,意味着将权益配置给学校,并以财产规则对其加以保护。但因为学校无权对访客收费,所以这里的财产规则是“不充分”的,在一定程度上有禁易规则的味道。能够进入的访客,基于预约机制,有一部分可能向学校付出了非货币形式的对价(到校合作),而另一部分则可能是向学校的代理人、而非学校付出了对价。这样的界权因此确实不能保证抽象意义上的最优产出。但相比较而言,反对意见提倡的完全开放,对应的界权方案是校外人员享有基于财产规则保护的权益。这种界权方案下,学校即使愿意为避免访客规模过度支付对价,相关交易也会因交易成本或策略性行为严重而难以发生。许多同学提出,将权益配置给学校并以责任规则保护,是最好的界权方案。但要注意的是,这既非反对意见包含的主张,也不是反对意见所反对的校方做法,因此答题时本不必过多讨论这一方案。同时,需要注意,如果采取上述责任规则,这不意味着学校可以自主卖门票,而意味着访客需要根据某种第三方机制的定价支付补偿。这种补偿的数额如何厘定、以何种方式收取,想来都很费思量,基本没见到有同学对此做足够有效的讨论。

3. 第二题答题思路要点

(1)本题考查的核心知识点比较明显,即侵权责任规则对预防水平和行为水平的影响,以及侵权责任与安全监管制度之间的关系。人工智能、无人驾驶汽车等场景直观上可能让人感觉非常前沿,但思考与其相关风险的法律应对,仍可从最基本的法律经济分析原理出发。

(2)从责任规则与风险预防投资的角度来看,此类事故首先是路面交通事故,属于比较典型的双边致害场景。这种情况下,如果侵权规则从基于过失的责任(严格责任加与有过失),变为纯粹的无过错责任(甚至更严厉的责任,如无过错的惩罚性赔偿责任),可能使得法律偏离其原本应追求的激励双边预防——也即最优预防的目标。

有部分同学认为,由于此案设计涉及智能无人驾驶,因此技术研发和应用者与受害的行人之间,其预防能力和预防效果相差悬殊,此种场景应被视为单边预防。但这种判断未必妥当。尽管题面描述的事故中,行人看来完全没有能力预防,但该案中适用与有过失显然不会导致行人无法获得救济(因为行人明显没有过失)。而在一般意义上,无人驾驶汽车的安全性本会高于人类驾驶,与其相关的行人伤害事故,完全可能是行人乱穿马路等过失所致,因此这仍应被视为双边致害/预防的场景,与有过失规则对于激励潜在受害人投入预防而言是有价值的。

(3)在严格责任加与有过失的责任规则之下,智能无人驾驶的研发和运营方将承担双边最优预防之后仍然存留的剩余事故损失,此时其已将相关研发和运营活动的成本完全内化;假设保险导致的道德风险问题不会非常严重,则研发和运营方的行为水平因此不会过度。而如果将责任加重,例如取消与有过失抗辩,乃至要求惩罚性赔偿,研发和运营方未必会因此增加预防投入(因为边际预防投入可能已经大于边际安全产出),而事故和赔偿的增加(行人减少预防投入/惩罚性赔偿)则有可能导致行为水平降低。

在新技术领域,研发和运营活动的减少,对应的社会价值损失比常规领域会更严重。如果社会认为特定技术的研发和改进有重要甚至系统性价值,则更应避免以较重的法律责任抑制相关行为水平,甚至应当为了提高行为水平而降低责任、允许一定程度的成本外部化。

(4)相关人士呼吁的加强监管,意味着政府应在事前对研发和运营方更为直接地提出安全行为要求和约束。而政府此前已有的牌照/许可制度,则被认为不够严格。事前安全监管的必要性在于,鉴于其自身的局限,事后赔偿制度很多时候无法为行为人提供足够的激励。智能驾驶领域或许尤其如此。但政府在事前进行有效监管、制定适当安全标准的前提,是政府对相关行为风险及可能的安全措施有充分的信息;信息不充分,标准制定过松或过紧,结果无非还是"一管就死、一放就乱"。如果安全监管标准制定得过于松弛,法院仍然可以在事故发生后拒绝被告有关"监管合规即意味着满足合理注意义务"的主张,通过事后责任补足对预防的激励。但如果安全监管标准制定得过于严厉,事前管得太紧,此时研发和运营者就仍可能因为行为负担太重而降低行为水平。

部分同学讨论了应用合规安全港的可能。需要注意的是,合规安全港适用于缓解事后责任可能过于严厉的情形。如果加强监管意味着在事前设置大量行为约束,则此时合规安全港就难有用武之地——除非,在加强事前监管的同时,满足事前监管要求本身可以带来免除或者至少限制事后责任的效果。

四、结语

以上讲解旨在为有兴趣持续思考相关问题的同学提供一些有参考价值的反馈信息。时间所限，未必全面，也难免疏漏，只求有些帮助。希望同学们不要以之作为提出改分请求的依据——相关请求不会改变评分结果，无非是增加我处理投诉的时间成本而已，因此还希望大家能多体谅。如果同学们希望了解自己平时作业和考试的单项得分，可以联系助教查询（但只能查询自己的得分情况，不受理有关他人得分情况的查询）。

再次感谢大家对这门课程的兴趣，以及过去学期中的学习投入。希望大家通过这门课程意识到研究、思考、理解法律问题可能的视角有许多，经常换换思路，也会更有意思。

课堂札记

国际私法本科教学：听者众讲者乐*

何其生**

何其生老师聚焦于“国际私法”课程的本科课堂，结合自身教学经历和经验，选择以“国际私法本科教学：听者众讲者乐”作为主题，从听者、讲者、助教、结论四个层面进行分享。

一、听者

有效的本科教学，首先需要了解听者的需求。“国际私法”本科课程是200多人的大课堂，选课学生来自法学院、元培学院等多个院系，其中还有留学生、体育特长生等。他们对于课堂的认可度是怎么样，他们面临什么问题，这是我一直想了解的。对此，我们主要从以下四个方面对学生的需求进行了解和调研。

（一）线上学生匿名评教系统

学生匿名评教系统是学校设置的正规的、内部的系统。每当新学期开始之前，我都会去系统上看看学生是怎么评价的，可以看出很多有价值的东西。例如，从2022—2023学年度第一学期的评价可以看出，对于课程课教材的选用，至少有4.35%的学生是非常不同意的，因为指定的教材和授课内容有较大差距，而考试又以授课内容为主。为了解决这个问题，我这几年努力写了一本适合自己本科教学课堂的教材。

另外，根据系统上同学们回复的“课堂之外学习用时”，我发现同学们在课外花的时间不是我想象的那么多，所以这是我本学期下大力气改变的地方。

---

* 本文根据北京大学法学院教学沙龙2023年第12期“国际私法本科教学：听者众讲者乐”讲座整理。撰稿人：张心颜，北京大学法学院2023级国际法学博士研究生。

** 北京大学法学院教授、博士生导师。

当然,通过学生匿名评教系统也可以了解自己讲课的受欢迎程度。

(二)专门的调研问卷

2021 年 11 月,利用院里设计的调研问卷,我在课堂上进行了广泛的信息收集,问卷结果能够反映很多信息,比如,可以了解同学们对于课程指定材料的阅读情况(见图 1):第一,92.86%的同学查阅过材料;第二,结合课后投入时间,大部分同学虽然查了材料但没有阅读,或者阅读很少。

第2题: 你是否查阅过本课程指定参考资料? [多选题]

选项	小计	比例
A.查阅过书籍和论文	117	92.86%
B.查阅过网站和公号	34	26.98%
C.查阅过其他形式参考资料	37	29.37%
D.本课程无指定参考资料	4	3.17%
本题有效填写人次	126	

图 1　同学们对课程指定材料的阅读情况

此外,从调查问卷也可以看出,同学们经过自己的努力,整体上能适应课程(见图 2)。因此我的结论是课程虽然难,但能懂者居多。

第4题: 你能否适应本课程的教学进度和难度? [单选题]

选项	小计	比例
A.能适应	54	42.86%
B.经过努力后可以适应	67	53.17%
C.无法适应	5	3.97%
本题有效填写人次	126	

图 2　同学们对课程的适应情况

另外,从调研问卷中还可以得到一些比较有意思的信息。比如,关于考勤是不是要计入成绩的问题,赞成记录考勤并计入成绩的约有 48%,不赞成的有 36%,而赞成考勤记录但不计入成绩的有 16%左右(见图 3)。当然 200 多人的课堂事实上不可能考勤,但由此也可以看出同学们对待该问题的差异。

第7题: 你是否赞成本课程记录考勤情况并计入成绩? [单选题]

选项	小计	比例
A.赞成记录考勤,不赞成计入成绩	20	15.87%
B.赞成记录考勤并计入成绩	61	48.41%
C.不赞成记录考勤	45	35.71%
本题有效填写人次	126	

图 3　同学们对考勤计入成绩与否的观点

（三）在读学生的反馈

第三个调研机会是老师和同学的互动和交流。互动的方式和渠道有很多，比如在课间、课后和同学们面对面交流，或者通过微信、电子邮件等线上方式进行文字交流，还有答疑课等一些专门对同学们开放的交流机会。尽管有这么多互动的方式和渠道，根据前面提到的调查问卷结果，仍有超过半数的同学没有参与互动。因此，现在我们就积极地利用电子的方式，包括课程的公共邮箱、课程微信群以及我的私人邮箱和微信，尽最大努力调动选课同学参与互动，较好地对同学们的问题进行回复。

另外，在我所带的硕士研究生中，有一些是从北京大学本科毕业之后进入了我的团队，他们上过我的课程，我也会询问他们觉得这个课程有什么问题、有什么建议。他们也构成了一个重要的了解本科教学的渠道。

（四）其他非正式渠道

我们还有一些其他非正式的渠道，包括在同学们问我问题的时候，我也问他们问题，以及在学期末和一些本科同学小聚、吸收一些同学参与平时工作等。从这些非正式渠道也可以获得不少学生对课程的建议，比如，期末总体倾向于开卷考试，第一次课可以考虑制造紧张气氛促使同学们认真学习，课后阅读材料以中文为主、英文少且易懂，等等。

总结而言，同学们的需求可以归纳为以下三个层次。第一个层次是基本需求，即这门课程能让学生长知识、老师能讲明白，以及学生努力之后能够通过考试反映出其投入，也就是有产出；第二个层次是进阶需求，即有价值、课堂不枯燥；第三个层次是高阶需求，即老师讲课激情四射、妙趣横生。（见图 4）

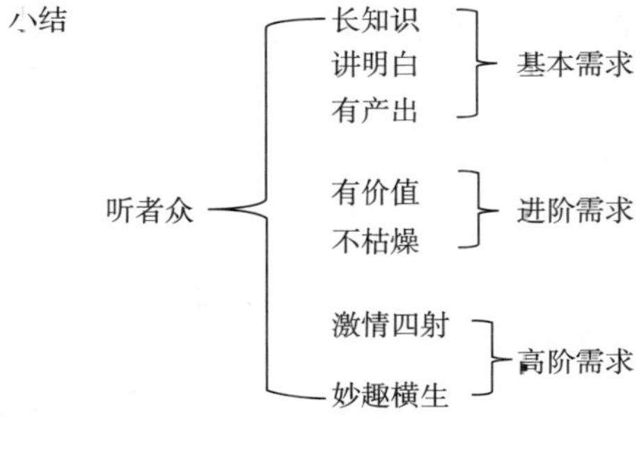

图 4　同学们的三个层次需求

二、讲者

为回应作为听者的同学们的上述需求，站在教师和讲者的角度，我的本科课程教学也从下面这三个层次不断改进。

（一）整体布局

整体布局主要是知道自己要讲什么，并且懂得取舍，其主要体现在两个方面。

一是需要关注全学期的课程安排。每学期课上之前我都会有一个总体的规划，即一共有多少次课、每一次课讲什么，并就此给出比较全面的课程安排，每一学期我都会根据之前课程的反馈和法律知识的更新，对其中的部分章节进行一些替换。比如，国际私法教材一般有 27 章，而这学期一共 15 次课，部分章节可以两章合并，但是还是讲不完，所以必须要有一个总体规划，挑选这学期我认为最近关注比较多、最基本的一些内容。

二是还需要考虑单次课的效用最大化。一次课程包含两课时、每课时 50 分钟，我可以根据自己的语速计算出需要多少个 PPT、每个 PPT 大致承载多少内容。我通常会用 90 到 100 张 PPT，其中大约 10 张是提纲或过渡页，这样就能够满足课堂的基本需求。

（二）必备要素

必备要素包括如下三项：目录或提纲、思维导图、课前问题，主要为了满足基本需求，即能够学到知识。

一是目录或提纲，主要目的是提示本次课的核心内容和知识结构，如第七讲的提纲示例。（见图 5）

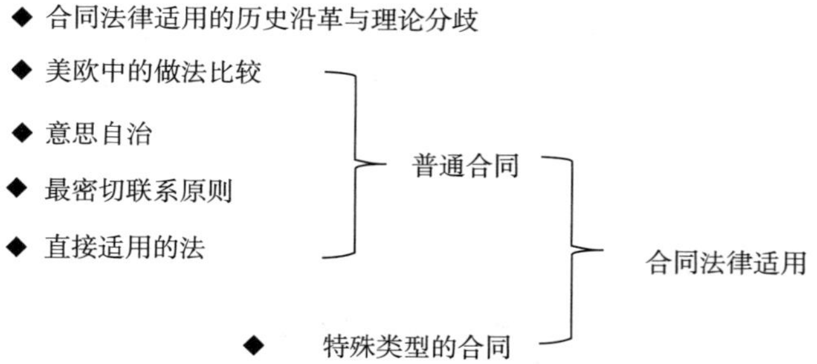

图 5　第七讲的提纲

二是思维导图。根据学生的反馈，除了提纲之外，PPT 还需要反映推理和解决问题的过程，所以思维导图也是 PPT 的必备要素，如第六讲的思维导图示例。（见图 6）

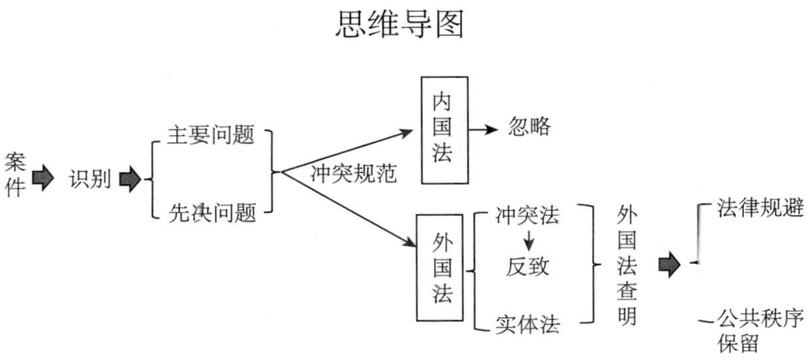

图 6　第六讲的思维导图

三是课前问题，它可以把学生的思路聚焦于问题，起到凝神聚气的作用。问题分为两类，第一类是每讲之前给同学们的问题、在讲完之后请同学们一起回答，起到引导同学们带着问题听课的目的。考虑到学生同时接收课堂信息和思考问题的压力，这些问题基本上较为简单，不宜太复杂。（见图 7）

第三讲

- 哪个国家是国际私法理论的起源地？
- 哪个国家的理论开创了意思自治的先河？
- 哪个国家国际私法理论最多？
- 哪个国家的理论更多地注重法律适用的方法？
- 哪个国家最早有“国际私法规范”？
- 哪个大学的学者提出的有影响的理论最多？
- 国际私法的理论发展与经济的发展有没有关系？

第七讲

1.中美欧合同法律适用有何异同？

2.如何依照当事人的意思自治确定合同准据法？

3.如何依照最密切联系原则确定合同准据法？

4.是否所有的合同法律适用都适用意思自治和最密切联系原则？

5.消费者合同和劳动合同如何保护弱者？

6.不动产合同适用不动产所在地的法律吗？

图 7　课前问题示例

第二类是均匀分布在各节之中的问题，比如通过一个案件把本讲知识点、制度甚至思维串起来，提问学生案件所涉及的国际私法制度、怎么把这些制度变成诉讼策略等。举例而言，我在讲“冲突法的一般问题”时，通过一个表兄妹在美国结婚后男方死亡涉及的国内遗产继承纠纷案件，贯穿本次课所涉及的识别、先决问题、反致、外国法的查明、法律规避和公共秩序的所有内容。然后我们要把学到的知识应用到具体案件，变成诉讼策略，比如说什么情况下适用中国法，这时的诉讼策略是什么；而什么时候当事人想适用外国法，这时的诉

讼策略又是什么。最后再结合这个问题进行具体分析,力图把知识或者说制度转化成我们国际私法的诉讼策略。(见图8)

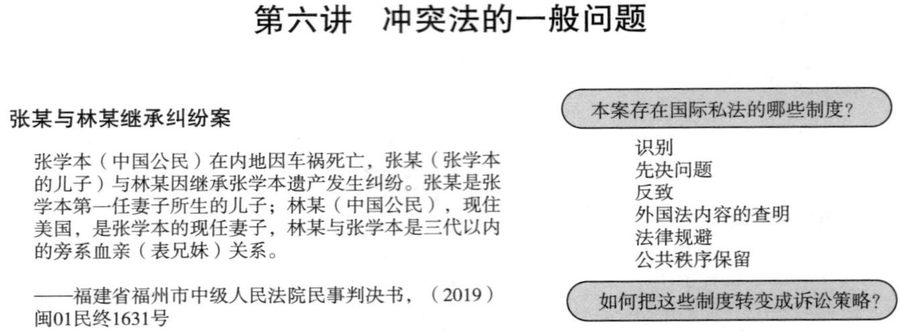

图8　用案件将知识点、制度与思维串连的例子

(三)特色方法

关于特色方法,主要是考虑国际私法的特殊性。

一是术语偏僻。国际私法最基本的术语,如系属公式、准据法、连结点等,源起不明且特别偏僻,难以解释其含义,需要学生记、背这些东西。

二是思维环节众多。冲突法的一般问题其实大部分都是思维的问题,比如识别的问题是法官怎么去对案件进行归类或定性,然后根据定性寻找冲突规范,再根据冲突规范找寻准据法,几乎主要是法官的思维活动。再如先决问题、反致、法律规避也涉及大量的法官和当事人的思维活动。

三是混合性,国际私法是一个混合性特色的学科。首先是程序法和实体法的混合,国际程序规范(诉讼、仲裁、国际调解),以及《联合国国际货物销售合同公约》(CISG)等实体规范,都是国际私法最基本的内容。此外,国际私法还涉及公法和私法、国际法与国内法的混合。(见图9)

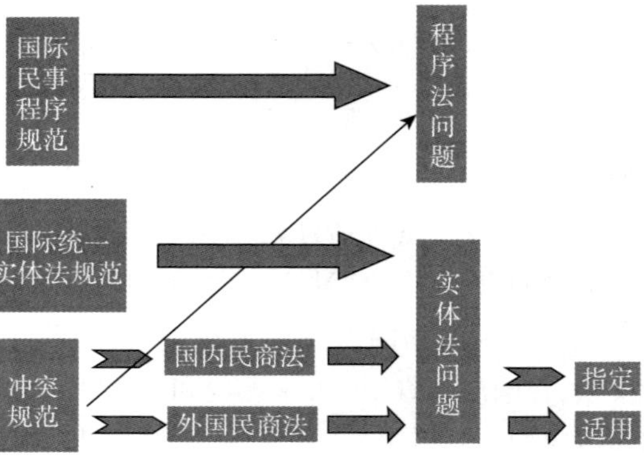

图9　国际私法的混合性

针对上述国际私法的三个特点，我在国际私法教学中运用了如下特色方法。

第一个方法是强调思维差异。思维主要体现一个人的思考习惯，其通常外现为一个人的行为方式。在国际民商事争议的处理中，冲突法思维方式的存在与否，对于争议的解决有着重要影响。对于当事人而言，冲突法思维能够带来收益的最大化；对于律师而言，冲突法思维能够提供实现当事人利益的多元化路径；对于法官而言，不仅能以多元的方式确定案件所适用的法律，还能够不触动国家利益的底线。下面以一个假定的案件作以说明。

中国公民甲从美国纽约机场乘坐飞机准备回国，在纽约机场与准备前往中国的美国公民乙发生冲突。公民甲受到一定伤害，回到北京后经医院检查发现，其某部位骨折。在北京住院治疗近半个月伤愈后，甲准备向乙寻求赔偿。

对于此案件，如果不了解冲突法，通常会选择在北京起诉，适用中国的法律来审理案件，而在了解冲突法后，会从成本和收益角度考虑四种选择(见表1)：

表1　冲突法下的四种选择

选　项	管辖权	法律适用
A	北京	中国法
B	北京	纽约州法
C	纽约	中国法
D	纽约	纽约州法

考虑到纽约州法在人身赔偿方面的规定通常要高于中国法的规定，因此，适用纽约州的法律无疑会取得较高的收益。因此B是最佳的选择。

但是，对于一个深刻了解冲突法的人来说，他需要进一步考虑判决的承认与执行，尤其是外国人乙在中国境内是否有可供执行的财产。如果有可供执行的财产，则上述B是最佳的选择；如果在中国境内没有财产，则需要考虑到美国申请承认和执行，而美国各州法院对于金钱判决大都采用重新审理程序，对于中国法院的判决重新审查，其所耗费的时间和精力，和一个在美国开始的诉讼没有多大的区别，因此，在这种情况下D可能才是最为理想的选择。

综合前述对冲突法实践价值的分析，根据冲突法的内涵，我认为冲突法思维的高低对于涉外民商事争议的解决有着实质性的影响。

首先，在选择法院阶段，需要当事人和律师能够根据案件的争议和事实，综合权衡案件的连结因素，结合有关国家的法治环境，尤其是司法环境以及诉讼成本和收益，来选择解决争议的法院。这一阶段是案件解决的最初阶段，但当事人良好的预判，将会为案件的圆满解决争取更大的可能。

其次，在法律适用阶段，需要当事人在法院受理案件后，根据案件的事实进行准确定性，同时根据案件的连结因素，积极主张对自己有利的法律，并根据法院地法的规定，请求法院查明或自己主动提供相关的实体性法律。进一步而言，不仅需要当事人及其代理人能够根据国际私法思维准确地定性，从而找到合适的连结因素，还需要能够根据冲突法的一般制度，诸如先决问题、实体和程序的区分、反致、法律规避、直接适用的法、例外条款以及公共秩序保留等，来实现自己的利益。同时，又不违反法院地的公共秩序。

最后，在判决的承认与执行阶段，需要案件的当事人和律师不仅能够积极主张法律适用，而且能够评估案件的综合成本与收益，尤其是判决作出后，认真权衡是否需要到另一个国家申请承认和执行，以及在另一个国家申请承认和执行的时间消耗、可能支出的成本、判决被承认与执行的可能性等。

因此，涉外民商事案件的处理不仅需要冲突法知识，更需要能够灵活运用冲突法知识，综合考虑成本与收益，制定争议解决方案和策略。而要形成完整的冲突法思维，无疑需要长期的冲突法训练，需要有国际化的视野和比较法的方法，需要加强国际私法的教学。

第二个方法是设计趣味场景。举例而言，婚姻家庭两章细碎且杂乱，该领域也没有全球统一的实体规则，所以国际私法教材这部分内容通常较为“碎片化”，上课也特别不容易。我花了很长的时间来思考这部分内容怎么讲：首先讲总的规则、一般性的趋势和原则，接下来设计了一对青年男女结婚的情景，由此出发设计了包括选择荷兰还是中国作为结婚地、在中国结婚能否拿到结婚证等 15 个假定案例。为了讲解无人继承财产，我们又在最后一个假定案例上让所有的主人公死亡，如此将其间的法律适用问题结合具体的知识点串联下来。[1] 这种假定的案例带有一些情节和故事，能够形成趣味场景，提高学生对课堂的关注度和对复杂知识的接受度。（见图 10）

---

① 参见何其生：《国际私法》，北京大学出版社 2023 年版，第 183－222 页。

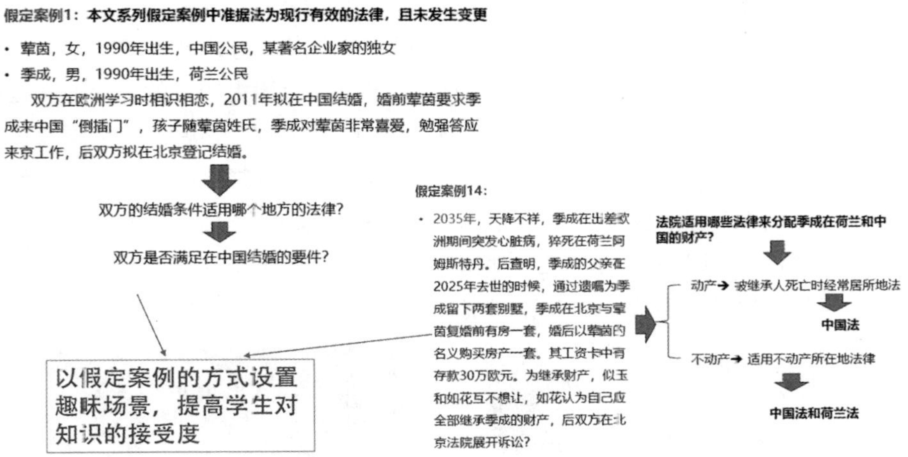

图 10　用假定案件形成趣味场景

第三个方法是描绘全球图景。国际私法所调整的涉外民商事法律关系，尤其是合同和侵权，是最为普通的民事法律关系，在全球的范围内频繁发生。因此，我经常给学生罗列美国、欧盟和中国分别如何规定，呈现这些规则和制度之间的共性和差异，通过中外制度的对比来提升学生的国际视野。（见图11）

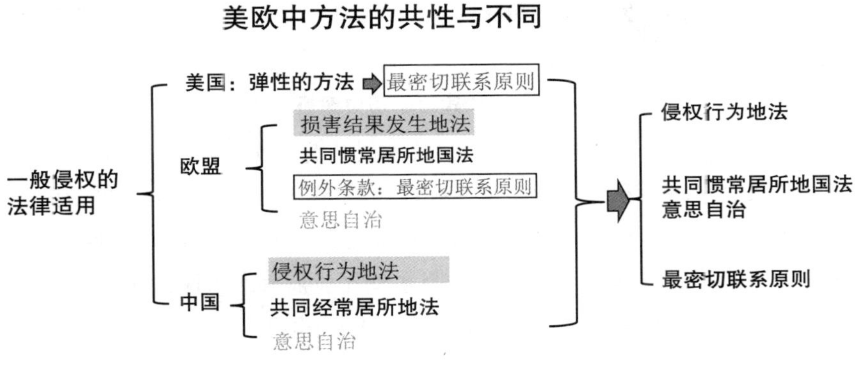

图 11　对比中外制度的示例

这三个特色方法主要是满足进阶的要求，即通过有点趣味的讲解，让学生感到课程和知识有用、有价值。

（四）内容佐料

最后是内容佐料，就是会在课程中添加一些内容，增加同学们的视野和学习兴趣，主要包括以下几个方面。

第一个方面是构建百年历史图景,即国际私法学术史的教育。这是我每一学期第一次课必讲的,我想它也是一个主题教育,因为它呈现了北京大学120余年国际私法教学所处的位置和地位(见图12)。历史图景的构建通常是按照如下顺序进行:首先,我从自己参与的公约谈判引入,然后谈到中国历史上谈判能力很强的李鸿章,当国家实力微弱的时候,他所能签的大都是不平等条约。再从这个背景过渡到清末的戊戌变法和京师大学堂,京师大学堂开课的时候就有两门课:一是国事交涉即国际公法,二是民事交涉即国际私法。因此,了解中国百年的国际私法史不可能避开北京大学。

图12　构建百年历史图景

其次,我把北京大学国际私法教学的发展分为7个阶段,让同学们分析一下哪个阶段会有国际私法课程。最后统计如下:在120余年的历程中,有12年无法上课,有5年的时间有上课、但是没有安排国际私法课程;在其他时段,国际私法有95年是必修课、8年是专门课(第四年级需要上的课),也就是说国际私法作为本科生必须修的一门课程,一共有103年的时间。

最后,分析国际私法本身的学科发展:早期民事交涉主要是从交涉法、对外关系来认知国际私法,而现在实际上我们处理涉外民商法律关系、构建国际民商事新秩序,都需要通过"国际私法"这一学科。

就此,可以得出两个结论:其一,清末的国际私法,主要聚焦其对外交涉的功能;其二,国际私法教学恒定论——有103年都是必修课,今天同学们也应当学好这门课程。通过该"主题教育",让同学们感受120年国际私法所处的位置,也希望同学们好好学习。这也和第三讲国际私法学说史,尤其是该讲第四部分"中国与国际私法:现在与未来",形成了一个完整的时间链条闭环。

第二个方面是前沿问题。我通常会结合自己参与国际谈判或国内立法的经历进行讲授。举例来说,2023 年 9 月 18 日到 23 日我去阿根廷参加海牙管辖权公约的谈判,回来之后就安排了几张 PPT,向同学们做个交代,给大家讲述了谈判的场景、谈判语言、谈判方式等。结合这些经历的主要目的是希望同学们对于前沿问题有所了解。

第三个方面是补充材料。课堂 PPT 的内容主要是基本知识和制度、一些虚拟或真实的案例,以及一些史料等,但课程的很多章节都涉及理论上的争鸣。为了弥补这个缺陷,尤其是为了满足对国际私法有更强学习兴趣同学的需要,我就让助教在我讲完每次课之后,把相关理论争鸣的中英文资料,以压缩包的形式发到课程微信群。比如,第八次课后,助教在微信群中发了如下材料:

1. [英]劳伦斯·柯林斯爵士:《戴雪、莫里斯和柯林斯论冲突法》(第 14 版),商务印书馆 2012 年版,第 35 章;

2. J. H. C. Morris, *The Proper Law of a Tort*, 54(6) Harvard Law Review, 881(1951);

3. 何其生:《多元视野下的中国国际私法》,高等教育出版社 2019 年版,"第六章　侵权行为法律适用的新发展";

4. 何其生、卢熙:《论侵权行为自体法的发展》,载《武大国际法评论》2010 年第 1 期;

5. 杜新丽:《论涉外侵权法律适用法的价值目标及实现路径》,载《法学杂志》2010 年第 2 期;

6. 贺琼琼:《论意思自治在侵权冲突法中的现代发展——兼评〈涉外民事关系法律适用法〉之相关规定》,载《武汉大学学报》2011 年第 6 期;

7. 于飞:《欧盟非合同义务法律适用统一化——以〈罗马条例Ⅱ〉为中心》,载《法律科学》2009 年第 1 期;

8. 宋晓:《侵权冲突法一般规则之确立——基于罗马Ⅱ与中国侵权冲突法的对比分析》,载《法学家》2010 年第 3 期;

9. 金彭年:《涉外民事关系法律适用法中的不当得利规则》,载《中国法学》2012 年第 2 期;

10. 霍政欣:《涉外侵权之债的法律适用——以"7·23 甬温线特别重大铁路交通事故"中外籍伤亡乘客的赔偿为视角》,载《法商研究》2011 年第 6 期。

这些课后材料主要是给同学们增加一些信息量,这些材料均涉及理论上的问题,有不少同学确实会认真阅读材料并在课下和我讨论。

第四个方面是课后答疑。我每次上课之后还会有半个小时在教室回答学生们课后的疑问,更主要的是通过微信、电子邮件等方式课后回复学生们提出的问题。我整理了 2022—2023 学年第一学期自己回复的邮件(见图 13),对同学们问题进行了归纳和分析,整整 79 页,觉得很受益,既能够知道同学们在想什么,也促使自己去查资料、提升自己。我还会把整理好的问题发给下一届学生,让下一届同学不断地去看上一届同学在思考什么,然后他们再补充新问题,一届一届往下补充。我和助教团队会花很多的时间回复邮件,我觉得这是值得的,因为它能够满足同学们的高阶需求。

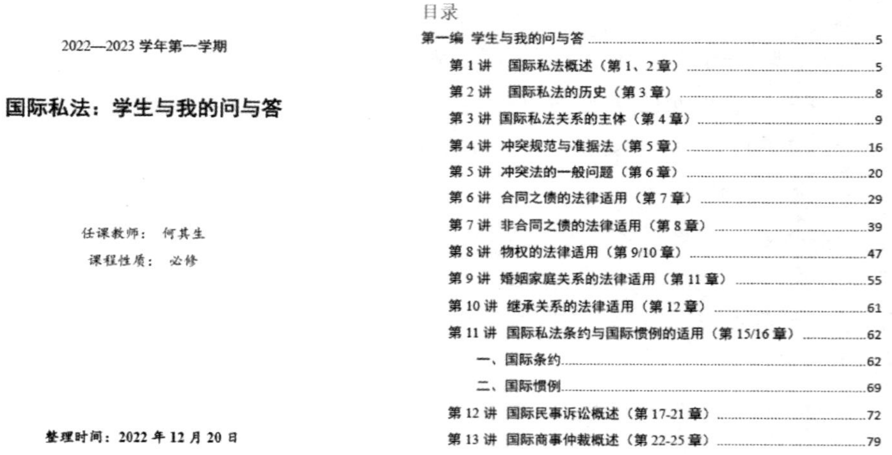
2022—2023 学年第一学期

国际私法:学生与我的问与答

任课教师: 何其生

课程性质: 必修

整理时间:2022 年 12 月 20 日

目录

图 13 整理出的 2022—2023 学年第一学期邮件问答

三、助教

我的助教团队对本科授课发挥了重要的建设性作用。

第一,他们参与课程的管理,与同学们保持联系,平时一些行政和教学上的琐事,他们在协助处理。

第二,他们是我课程建设的重要一环。我自己讲了 20 多年课本的知识,存在教学疲劳,于是 2023 年就让 3 位助教(师若文、余丽缘和张心颜)和 2 位本科上过我“国际私法”课程的在读硕士生(赵泽宇、杨冰冰)组成了一个团队,每周一用一个半小时的时间开一次例会,让他们指出我 PPT 的不足、往年课程讲解中没听懂的地方,也提出他们觉得怎么讲更有趣、更能吸引同学们的方法和方式。这能够促使我不断地更新和提升我自己。

第三,我还有一个课程纠错团队,包括助教和200多个学生。我特别欢迎他们指出我PPT和教材里面的错字和错用的标点符号。我觉得作为一个老师可能需要保持一个开放的心态对待自己的短板和不足。不管是上课还是自己写的书,能够得到同学们的批评,证明他们看了听了,我觉得这是一种认可。

四、结论

我认为自己就是做了一个喜欢自己工作的老师应该做的事情,结论有两点:

一是当激情不在的时候,可能更多地需要理性,需要开放灵活的态度;

二是需要知道听者是谁,知道自己是谁,也就是所谓的知己知彼,了解对方,做自己想做和应该做的事情。

所以我的结论就是"国际私法本科教学:听者众讲者乐"。

【提问与讨论】

精彩的讲座过后,刘哲玮老师主持了互动和交流环节。

问题1:您刚才说对学生课前的准备时长觉得不是特别的满意,那您觉得一般两个课时的课,学生预习多长时间比较合适?或者说,如果每周上两小时课,学生课外应该对应准备大概多长时间是比较合适的?

何其生老师回应:根据我的经验,在通常的情况下,学生要在课前花1到2个小时,看看这个课讲的是什么。因为国际私法确实很难,涉及新的思维、新的知识、新的不同内容,所以我每周日把以前老的PPT发给同学们,然后周三的夜晚把新的最终一版PPT发给同学们,主要是希望他们课前能花时间预习。课后我也希望他们花2到3个小时的时间,也就是1个星期最起码要3到5个小时。光指望课堂,这个课是很难得其要义、形成知识体系的。

问题2:何老师会特别认真地看教学网上每年的教学评价和分析,如果出现一些比较尖锐的意见,是怎么处理的?

何其生老师回应:这个问题肯定是避免不了的。我在《国际私法》教材的后记里面也提到,有点赞,肯定也有吐槽。学生的意见值得关注,因为这是一部分心声,可以看、可以听,但不能全听,因为全听了就没主见了。所以还是要保持自己的主见,尤其是主流的做法。这个课堂没办法满足所有人的需求,只能满足主流的需求。

问题3:一门课程被设置为必修课,意味着我们是希望学生在毕业时对必修课是掌握了的,所以考勤的要求是否仍有必要?若没有考勤,如何处理平时成绩?法学课程庞杂,国际类课程是否有必要设置为必修课?

何其生老师回应:关于考勤,确实受制于时间。我觉得不可能强迫所有人都成为你理想中的学生,有80%成为你想要的学生就够了,主要是通过自己的讲课去吸引他来。每次课都是满满一教室,对此我还挺欣慰的。有一次我觉得自己讲得挺投入,突然就听见同学们在下面有节奏地打键盘、做记录的声音,我当时心里一下子就喜欢上了这个课堂,有时候就需要这种感觉,要相信北京大学的学生大都是认真的。平时成绩有两个方面:一个方面是期中作业,期中作业我是亲自阅的,为了防止ChatGPT代写,我想了一系列的办法,每年都变换各种各样的题目;另一个方面是好学生会给人留下印象,无论是课后问问题还是写邮件,我每年会记录30至40个学生。

关于将国际类课程设置为必修课,我们在涉外法治实践的调研中发现,各个国家部委的反馈都是欠缺涉外法律高端人才,缺乏WTO争端解决、涉外制裁与反制裁、国际谈判等高端人才,这说明了我们确实大量需要这方面的人才。作为世界一流大学法学院,北京大学法学院应更加重视国际类课程。

问题4:大家都认同国际化人才很重要,涉外法律人才的培养,是采取统一加课的方式,还是对真正感兴趣的人进行小范围的培养更为合适?

何其生老师回应:关于这个问题,我们在多个场合讨论过如何培养涉外法治人才的问题。就国家需求来说,国家需要的是既有理论知识又有实践经验的高端涉外法律人才,需要的是专门做美国制裁的律师、国际条约谈判人员、WTO谈判专家等专业性的高端人才。这些人才需要在本科或研究生阶段具备良好的国际法基础,所以在学校期间教授国际法基础理论知识,养成其学习兴趣,我觉得这很重要。例如,如果本科没有课程让学生对国际私法感兴趣,学生可能就选择别的方向了,所以本科必修课程还是挺重要的。学生到社会上自己再根据兴趣去打磨和成长,至于最终是否能够真正长成国家所需求的人才,还取决于成长的环境、历史的选择和自己坚持不懈的努力。

问题5:刚才何老师也讲了5年教学的经历,您每年教学的时候,学生应该也会下载课程PPT或对课堂进行录音,形成非常详细的电子化笔记,然后每一届在上一届的基础上积累,基本可以做到老师的每一句话都在上面。因此我想了解您在教学的时候怎么样应对这种情况?是变换一些内容呢?还是维持原来的一个框架?

何其生老师回应:对此我有同感。我知道第一年讲课是最有激情的,有时候总是想去看第一年的录像。后来我发现同学的笔记整理得比我那本教材还详细。在这种情况下,我觉得必须改变自己的讲课内容,因为学生真的知道你接下来要讲什么。所以我就不再回顾录像,自己临场发挥多一点,而且每年更新部分章节和 PPT、增加最新最前沿的内容,或者根据同学们给我的建议修改 PPT,这也是我设立助教小组协助我的原因。每年 PPT 都会有 1/5 到 1/4 的更新,需要花费较多的时间和精力。虽然不一定能赢得认可,但是尽量满足自己"求新"的要求。

法律实证研究中的理论与问题*

吴雨豪**

绝大多数的规范法学的论文常常以一个理论问题作为展开。那么在法律实证研究中,我们究竟如何关注法学理论在实证分析中的应用。实证研究的特征之一就是“可证伪性”。从这个意义上说,法律实证分析的基本步骤与科学研究有着天然的共同性。为了更好地明确这种理论与实证研究之间的贯通性,我们将以大家在中学物理课上熟知的“比萨斜塔实验”作为切入点,探讨法律实证分析的一般过程。随后,我们将探讨如何将法律实证分析方法与法律理论资源结合起来,尤其是如何将不同类型的理论转化为可供验证的假设。

一、理论、假设与检验:比萨斜塔实验与实证分析的一般步骤

1589 年的一天,25 岁的伽利略登上比萨斜塔,将一个重 100 磅和一个重 1 磅的铁球同时抛下,进行了著名的“比萨斜塔实验”。这一实验的起因源于对自由落体理论的两种分歧。长期以来,人们对自由落体规律的理解都基于亚里士多德的理论。亚里士多德认为,物体下落的速度取决于其重量,物体越重,下落得越快;反之则越慢。这一观点影响了后世两千多年。然而,意大利物理学家伽利略对此提出了不同意见。他认为,物体的下落速度与其重量无关。如果两个物体受到的空气阻力相同,或者忽略空气阻力,那么它们将以相同的速度下落,并同时到达地面。

为了验证自己的理论并推翻亚里士多德的论断,伽利略进行了这个令人瞩目的实验。在众目睽睽之下,他抛下的两个铁球几乎是同时落到地面。由此,伽利略用事实证明了他的推断,并成功推翻了亚里士多德的理论。①

---

* 本文根据吴雨豪老师的“法律实证分析”课程材料整理形成。

** 北京大学法学院助理教授。

① 参见[美]亨利·托马斯、[美]达纳·李·托马斯:《斜塔上的实验》,陈仁炳译,载叶永烈主编:《中国学生必读文库·科学卷》,语文出版社、天津教育出版社 2000 年版。

以上就是我们从中学开始就熟知的比萨斜塔实验。比萨斜塔实验标志着自然科学运用实验方法验证理论的开端,而这种从理论到假设再到验证的研究进路,正是实证分析的一般步骤。现在,让我们再一次回顾伽利略探索自然现象的过程。

(一)从理论争议中发现问题

比萨斜塔实验源于两个关于自由落体的不同理论。简单概括,当时占统治地位的亚里士多德理论认为,物体的下落速度与其重量有关;而伽利略的理论则主张,物体的下落速度与重量无关。正是这一显而易见的理论分歧,激发了伽利略进行这项实验的兴趣。对理论的验证与证伪也成了接下来实验的核心主线。

(二)从理论构建假设

然而,很容易发现,上述关于自由落体的两种理论实际上都是抽象的。例如,亚里士多德和伽利略的理论中都提到了“物体”,但这里的“物体”究竟指的是什么?它仅仅指的是比萨斜塔实验中的铁块吗?事实上,这种抽象性正是所有理论的普遍特征。因此,问题在于,我们如何在现实世界中验证这样一种抽象的理论?

这就引出了实证分析中的一个重要步骤——从抽象的理论中构建具体的假设(hypothesis)。在比萨斜塔实验中,伽利略实际上需要检验以下两个具体的现象哪个会发生。

现象1:100磅的铁块比1磅的铁块先落地。

现象2:100磅的铁块与1磅的铁块同时落地。

可以看到,伽利略通过验证这两个现象,实际上完成了两个重要的跨越。一方面,他将理论中的抽象要素具象化了。这种具象化不仅体现在他将理论中抽象的“物体”具体化为不同重量的铁块,还将理论中的“下落”具体化为从比萨斜塔同一高度的下落过程。另一方面,这两个现象实际上是不同理论的自然预测(prediction)。换言之,如果某一理论是正确的,那么理论预测的现象就一定会发生;反之,如果理论错误,预测的现象就不会发生。正是这种理论与现象之间的逻辑关系,使得我们能够通过观察和测量现象来验证理论本身。

在实证分析中,为了更好地说明理论与事实预测之间的关联,我们通常会通过假设的方式来表述这种关系。例如,在比萨斜塔实验中,我们可以将假设表示如下。

假设1:如果物体下落的速度与物体的重量相关(亚里士多德的理论),那么 100 磅的铁块会比 1 磅的铁块先落地(由亚里士多德理论产生的事实预测)。

假设 2:如果物体下落的速度与物体的重量无关(伽利略的理论),那么 100 磅的铁块会与 1 磅的铁块同时落地(由伽利略理论产生的事实预测)。

由此可见,在上述两个假设中,我们同时包括了理论和事实预测的部分,并通过一个"如果理论正确,什么现象将会发生"的逻辑命题将两者联系起来。一旦假设构建完成,我们就打通了理论验证与实证分析之间的桥梁,使得抽象的理论具有了可验证性(testable)。

(三)通过检验假设验证/推翻理论

在构建了相关假设之后,我们对理论的验证就有了一条可行的路径,即通过验证特定的假设是否成立来验证理论本身。例如,伽利略通过比萨斜塔实验验证了假设 2 成立,而假设 1 不成立,从而证明了自己的理论,并推翻了亚里士多德的理论。

整个研究过程体现了"大胆假设,小心求证"的科学方法。其中,构建"可供检验的假设"在连接理论与实证分析之间起到了桥梁作用。事实上,法律实证分析的一般步骤与实验科学的基本方法极其相似,都遵循着"理论—假设—验证"的基本进路。我们可以用图 1 来表示法律实证分析的一般步骤。

图 1　法律实证分析的一般步骤

图 1 展示了法律实证分析的一般步骤,同时也是本文介绍法律实证分析方法的路线图。在本文中,我们将主要关注一般步骤的前三个部分,即如何从既有的法律理论和实践中确定值得研究的主题,基于理论模型构建与研究假设,确立接下来研究的目标。

二、法律实证分析的选题

选题在法律实证分析中具有举足轻重的作用,只有能够产生真正知识增量的选题才是有意义的选题。正如我们所提到的,法律实证分析关注于发现与法律相关的事实。然而,当我们放眼整个立法、司法乃至执法的过程时,会发现与法律运行相关的事实包罗万象。由此,我们可以提出一连串关于这些事实的问题。这些问题既可以宏观到"法律为什么能够促进社会治理?"也可以微观到“一个街道的执法情况改善是否能提升邻里关系?”既可以直接指向司法制度运行的核心问题,例如“法官自由裁量权的影响因素是什么?”也可以关注法律运行中的一些边缘但有趣的现象,例如,“被告人的性别是否会影响法官的量刑结果?”

通过对上述问题的列举,我们可以发现,由于法律运行的复杂性,我们似乎总能从中发掘出无穷无尽的可供研究的事实。因此,与理论研究形成鲜明对比的是,在实证分析中,我们通常面临的困境并不是可选的问题太少,而是问题太多。而这种选择的多样性也常常会使初学者陷入选题的困境——在这么多事实中,究竟哪些事实才是有重要意义的?

我们认为,一个有价值的法律实证分析必须具备特定的理论或实践意义。所谓理论意义,就是实证分析至少需要回应法学领域中的一些重要理论问题,实证分析者需要具备与理论研究者对话的意识。实践意义则指的是,实证分析者的事实发现应有助于为法律运行中的重大实践性问题提供循证式的证据。一个法律实证分析只要具备上述理论意义或实践意义,就是一个有意义的选题。

正是基于这一理论意义或实践意义的评价标准,我们可以从关注理论传统和关注实践现实两个角度来检索值得研究的法律实证分析问题。

(一)从法学理论中选择研究问题

任何创新性的研究都应当建立在对前人知识的回顾基础之上,这不仅能够避免无意义的重复研究,还能够帮助研究者总结前人的经验,进而在继承的基础上实现超越。值得承认的是,在法学研究领域,绝大多数既有的成果是论证性的理论研究,而非实证性的经验研究。然而,笔者认为,这种研究方式的差异不应成为实证分析者忽视理论研究成果的理由。相反,在现阶段,法律实证分析者应当具备与理论对话的强烈意识。我们应不断追问自己:我的实证分析是否对法学理论的发展有所贡献?是否有助于填补一些悬而未决的理论空白,或者回应一些经久不衰的理论争论?简言之,实证分析应当关注理论,与理论展开对话。其中的理论既包括法教义学的理论,也包括社科法学的理论。

1. 从法教义学的理论中选题

在我国的法学学术传统中,法教义学理论占据着举足轻重的地位。法教义学是一门将现行实在法秩序作为不加怀疑的前提,并以此为基础开展体系化与解释工作的规范科学。[①] 其主要活动包括对现行有效法律的解释与运用、对法律概念体系的研究，以及提出解决疑难问题的建议。[②] 在我国的民法、刑法等部门法领域，法教义学研究一直占据主流地位。同时，经过几十年法学教育的发展，法教义学的理论也成为司法实践中法官解决司法疑难问题的主要理论工具。

我们在此前课程中提到，法学实证分析的功用既包括提供法律论证的经验素材，也包括探寻法律决策的运行机制。而正是因为法教义学理论与法律论证和法律决策之间存在密不可分的关系，这使得其能够为法律实证分析提供重要的方向指引。

一方面，法教义学理论构建的框架能够为实证分析提供基本的检验标准。张永健教授曾经进行过一系列关于我国台湾地区民事裁判的实证分析。例如，他以我国台湾地区"民法典"第787条、第788条和第789条[③]中的袋地通行权[④]为切入点，分析了法官在相关判决中会考虑哪些要素。为此，他的研究立足于相关条文的适用，从"土地无适宜之联络"、"通行必要"、"领地损害最少"和"开设道路之必要"四个方面分别检验法官在判决中如何适用这些要件。[⑤]

在刑事法领域，江溯教授曾对以危险方法危害公共安全罪的认定规则进行过实证分析。在这项研究中，江溯教授同样以该罪的犯罪构成要件为切入点，确定了影响该罪认定的8个因素。同时，在分析法官裁判规则与理论的契

---

① 参见车浩：《理解当代中国刑法教义学》，载《中外法学》2017年第6期。

② 参见[德]罗伯特·阿列克西：《法律论证理论》，舒国滢译，中国法制出版社2002年版，第311页。

③ 参见我国台湾地区"民法典"："第787条（袋地所有人之必要通行权）　土地因与公路无适宜之联络，致不能为通常使用时，除因土地所有人之任意行为所生者外，土地所有人得通行周围地以至公路。前项情形，有通行权人应于通行必要之范围内，择其周围地损害最少之处所及方法为之；对于通行地因此所受之损害，并应支付偿金。第七百七十九条第四项规定，于前项情形准用之。

第788条（开路通行权）　有通行权人于必要时，得开设道路。但对于通行地因此所受之损害，应支付偿金。前项情形，如致通行地损害过巨者，通行地所有人得请求有通行权人以相当之价额购买通行地及因此形成之畸零地，其价额由当事人协议定之；不能协议者，得请求法院以判决定之。

第789条（通行权之限制）　因土地一部之让与或分割，而与公路无适宜之联络，致不能为通常使用者，土地所有人因至公路，仅得通行受让人或让与人或他分割人之所有地。数宗土地同属于一人所有，让与其一部或同时分别让与数人，而与公路无适宜之联络，致不能为通常使用者，亦同。前项情形，有通行权人，无须支付偿金。"

④ 我国大陆《民法典》也有类似的规定，《民法典》第291条规定了相邻关系通行权："不动产权利人对相邻权利人因通行等必须利用其土地的，应当提供必要的便利。"

⑤ 参见张永健：《法实证研究：原理、方法、应用（二版）》，台北，新学林出版股份有限公司2022年版，第155－166页。

合程度时，江溯教授回归到了该罪中法教义学理论探讨的三个核心问题，包括："公共"的含义、"单纯的财产安全是否属于公共安全"、"其他危险方法"的内容与判断，并进一步提出了对该罪实践和理论完善的建议。①

在上述研究中，我们可以看到，法教义学的理论模型为实证分析者提供了检验的基本框架，从而极大地减轻了实证分析者在确定研究框架时的思维负担。

另一方面，法教义学理论能够帮助研究者更加精准地把握司法决策机制，从而形成更符合司法实践现实的实证分析。例如，笔者与刘庄教授曾对民意与量刑关系进行了实证分析。在传统的法理学理论中，民意与司法的关系可以概括为两种理论模式：回应型司法（responsive justice）与自治型司法（judicial self - governance）。回应型司法认为，法官为了确保其地位的合法性，可能在裁判中自觉或不自觉地回应民意诉求；而自治型司法则主张，在法治国家的构建中，立法与司法应当分立。为了确保司法审判的专业性和权威性，法官在具体案件的审理过程中应与公众态度保持距离。

如果秉承这两种理论，在检验民意与司法的关系时，法官的量刑决策可能会被简单地理解为屈从民意或不屈从民意的两种模式。然而，如果结合刑法教义学理论，我们会发现法官的量刑决策还有可能自发地"违背"民意。这是因为，根据刑法教义学理论，刑罚目的之一是一般预防，即通过刑罚威慑潜在的犯罪人不实施犯罪行为。因此，法官可能将民意视为一般预防必要性的指征——民意对某一行为的刑罚态度越强硬，反而意味着对该行为的一般预防必要性较低，法官可能因此采取较为宽和的立场。

随着教义学理论的不断完善和普及，法教义学理论对司法决策的影响将日益显著，这也将成为法律实证分析者源源不断的理论源泉。②

2. 从社科法学的理论选题

"社科法学"对应的英文有"law and social science""social science of law""socio - legal studies"，但在西方语境中更多被称为"交叉法学"（interdisciplinary legal studies）。严格来说，社科法学并没有确定的范围、边界和体系。所有与法学相关的社会科学理论资源，包括法社会学、法经济学、法律与文学、法律与认知科学，甚至批判法学、女性主义法学、法律与哲学等都可以被纳入其中。

法律实证分析与社科法学之间有着天然的紧密联系。在研究方法上，法

---

① 参见江溯：《以危险方法危害公共安全罪认定规则研究》，载《中国法学》2021 年第 4 期。

② 参见吴雨豪、刘庄：《民意如何影响量刑？——以醉酒型危险驾驶罪为切入》，载《中国法律评论》2023 年第 1 期。

律实证分析正是运用社会科学的一般方法。① 法律实证分析中对事实的观察、对理论假设的求证以及对因果关系的解释,本身就是社会科学中实证主义流派的继承与发展。然而,在这里更需要强调的是,社科法学中的理论资源对于法律实证分析中的问题发现具有重要的指导意义。

我们在此前课程中提到,法律实证分析能够为法律论证提供目的论证,即某种方案是否有助于实现特定的目标。而社科法学的一个重要特征就是立足于不同的社会科学分支,从后果出发,逆向分析、解释和批判法律条文和法律问题。② 从这个意义上说,社科法学中确立的一些基本目标和实现目标的路径自然会成为法律实证分析的重要研究对象。

例如,法经济学通常关注法律制度的设计是否能够实现效益和社会福利的最大化。基于这一目标,在公司法领域,法经济学者经常探讨的问题之一是,怎样的股权结构设计能够更好地维护股东的利益。其中,双重股权结构(Dual - class Share Structure)便是一个被广泛讨论的话题。简言之,双重股权结构是一种通过分离现金流和控制权来实现公司控制的有效手段。与"一股一票、同股同权"的制度不同,双重股权结构将股份划分为高投票权和低投票权两种类型,其中高投票权的股票拥有更多的决策权,使得公司少数高管可以一股多票。

关于这种股权结构是否有利于良性公司治理,形成了两种观点。一种观点认为,这样的股权结构有助于管理团队既能进入资本市场募集资金,又不必稀释其对公司的控制权,同时还能帮助企业更有效地抵御控制权收购,从而使管理团队能够实施长期战略。③ 然而,另一种观点则认为,在双重股权结构的企业中,经营者(通常是创始人)通过持有多数表决股主导企业控制权,导致两权分离度大幅提高。这种情况下,内部股东拥有绝大多数资本运作权,却付出极少资本,权责利高度不匹配,可能导致更严重的代理问题和更高的代理成本。④

因此,实证分析者对双重股权结构是否是一种良好的公司治理模式展开了研究。例如,Masulis 等人研究了内部人投票权和现金流权益之间的差异如何影响管理层提取私人控制利益。他们的研究发现,随着这种差异的扩大,公

---

① 也有不少学者将法律实证研究作为社科法学的一个分支。

② 参见侯猛:《社科法学的传统与挑战》,载《法商研究》2014 年第 5 期。

③ 参见陈若英:《论双层股权结构的公司实践及制度配套——兼论我国的监管应对》,载《证券市场导报》2014 年第 3 期。

④ 参见张继德、陈昌彧:《双重股权结构相关理论综述与国内推行展望》,载《会计研究》2017 年第 8 期。

司现金持有对外部股东的价值降低,首席执行官获得更高的薪酬,管理者更频繁地进行破坏股东价值的收购,而资本支出对股东价值的贡献减少。这一结果印证了双重股权结构加剧了公司治理中实际经营者的道德风险和逆向选择问题。①

在刑事法领域,一个与刑事政策选择密切相关的问题是,严厉的刑罚是否能够有效遏制犯罪。长期以来,“乱世用重典”和“禁奸止过,莫若重刑”的观点在古今中外的犯罪治理中似乎被视为不言自明的真理。然而,随着现代犯罪学理论的发展,社会科学研究发现,严厉刑罚遏制犯罪的因果链条远比想象中复杂得多。

一方面,刑罚能否发挥威慑效力的重要前提是潜在犯罪人对刑罚的主观感知。如果潜在犯罪人对刑罚的变动并不知情,那么即便统治者采取再严厉的刑罚,也无法有效遏制犯罪。另一方面,从犯罪人理性决策的视角来看,影响刑罚威慑效力的因素不仅限于刑罚的严厉性,还包括刑罚的确定性和及时性。如果这两个属性无法得到保证,严厉的刑罚便难以发挥应有的威慑效果。

上述对刑罚威慑效力的因果机制的理论探讨,进一步催生了有关刑罚威慑效力的实证研究。例如,笔者基于我国 36 年来犯罪与刑罚互动关系的实证研究发现,刑罚的各个维度对严重暴力犯罪均未能发挥威慑效力;而对于一些非暴力的财产犯罪,刑罚的确定性则具有稳定而显著的威慑效力。在刑罚严厉性的维度中,仅提高收监率能够在一定程度上增强威慑效力,而提高重刑率不仅未能有效遏制犯罪,反而对许多类型的犯罪产生了促进作用。这一研究结果验证了储槐植教授提出的“严而不厉”刑事政策的功利价值。②

(二)从法律实践的运行事实中选题

上文探讨了如何从理论角度选择法律实证分析的选题,这类研究通常被称为理论驱动的法律实证分析。在这类研究中,理论与实证之间存在严格的对应关系,实证分析的目的是验证一些重大的理论争议问题。

然而,还有一类法律实证分析并非直接由理论驱动(但这并不意味着这些法律实证分析不需要理论支撑)。相反,这些实证分析的选题来源于对法律实践中重大问题的直接关切,通过对一些重要事实的检验,进而提出循证式的公

---

① See Ronald W. Masulis, Wang Cong & Xie Fei, *Agency Problems at Dual – Class Companies*, 64(4) Journal of Finance 1697(2009).

② 参见吴雨豪:《刑罚威慑的理论重构与实证检验》,载《国家检察官学院学报》2020 年第 3 期。

共政策建议。

在此前课程中，我们专门提到了法律实证分析的功用之一是“评估法律公共政策”。实际上，绝大多数近年来对我国立法、司法和执法变革进行评估的实证论文，都是实践驱动型的法律实证分析。

除此之外，一些法律实证分析虽然并不直接针对法律公共政策的变动进行评估，但它们关注的是我国司法实践中长期存在的某些实际难题。左卫民教授曾就我国诉讼制度中的诸多实践性难题展开了实证分析。例如，左卫民教授在《中国“执行难”应对模式的实证研究——基于区域经验的分析》中，探讨了我国民事诉讼中长期存在的“执行难”问题。

通过实证分析，左卫民教授发现，基层法院存在执行难的原因多种多样，包括案件数量的长期增加及近年来的加速增长、执行以本院判决书为主、合同纠纷为主要案由类型、自然人逐渐成为主要的被执行人类型，以及执行的主要标的是金钱等。基于这些发现，左卫民教授进一步运用实证分析的方法描绘了地方法院应对“执行难”问题的解决路径。这些路径包括：大幅增加资源投入、推进执行组织机制改革并调整相应的权力结构、构建信息化的执行体系、强化执行惩戒措施，以及打造规范、公正、有效的执行管理体系。上述地区经验的总结，有助于在全国范围内探索具有中国特色的民事执行模式。①

在刑事诉讼领域，何挺教授曾对青少年司法中的附条件不起诉制度展开研究。通过对2013—2017年全国及部分地区相关数据的考查，何挺教授发现，虽然附条件不起诉的适用增长显著，但其总体适用范围仍然过窄、适用数量较低且地区间差异较大。同时，阅卷和访谈等研究进一步揭示了附条件不起诉在适用条件与影响因素、监督考察、附带条件与撤销等四个方面的实施状况及存在的问题。上述实证分析的结论为未来完善附条件不起诉制度提供了重要的经验证据。②

由此可见，实践驱动的法律实证分析选题具有鲜明的应用导向。有价值的法律实证分析往往回应的是我国法律实践中的重大问题，其研究发现将为这些问题的解决提供宝贵的经验素材。值得注意的是，在这类研究中，理论与实证之间不一定存在一一对应的关系。然而，研究假设的构建和实证分析的解读仍然需要依托现有的理论资源。例如，在左卫民教授关于“执行难”的实证分析中，他特别论证了为什么执行问题是一个国家性的综合性问题，因此，

---

① 参见左卫民：《中国“执行难”应对模式的实证研究——基于区域经验的分析》，载《中外法学》2022年第6期。

② 参见何挺：《附条件不起诉制度实施状况研究》，载《法学研究》2019年第6期。

解决这一问题需要从“法院系统的‘单兵作战’转向整个国家与社会系统的共同应对”。[①] 在何挺教授的研究中,他也特别提到,附条件不起诉的性质及恢复性司法因素等理论问题的认识偏差可能导致附条件不起诉的适用偏差,由此完成了理论对实证发现的归因。[②]

换言之,在实践驱动的法律实证分析选题中,尽管理论争议可能不是实证分析的直接诱因,但现有的法学和社会科学理论仍然在实证分析的设计和结果解读中发挥着重要作用。

三、从理论到研究假设

在此之前,我们也曾讨论过不同理论如何为法律实证分析提供选题方向。然而,正如在“比萨斜塔实验”中所提到的,实证分析者在验证一个理论时,需要经历的一个重要步骤就是将抽象的理论转化为可供检验的研究假设。在民意影响量刑的实证分析中,我们已有的理论模型包括回应型司法、自治型司法和一般预防理论;在刑罚与犯罪的实证分析中,我们的理论基础是犯罪学中的刑罚威慑理论。这些理论本身都是抽象的,研究者必须将它们转化为可检验的研究假设。在这个过程中,研究者需要完成三个关键步骤:(1)将理论转化为事实预测;(2)确定事实预测中的变量;(3)概念的操作化。

(一)将理论转化为事实预测

法律实证分析立足于对事实的观察和测量。因此,当我们需要验证某一理论时,必须将该理论转化为对特定事实的预测,并形成理论与事实预测之间的必然逻辑关系——如果该理论成立,则相应的预测事实就会发生,从而赋予理论可证伪性。

例如,在民意与量刑的研究中,我们可以分别构建以下针对特定理论的事实预测(见表1)。

---

① 左卫民:《中国“执行难”应对模式的实证研究——基于区域经验的分析》,载《中外法学》2022年第6期。

② 参见何挺:《附条件不起诉制度实施状况研究》,载《法学研究》2019年第5期。

表1　关于民意与量刑的理论模型与事实预测

理论模型	事实预测
自治型司法:法官在裁判中保证司法的独立性	如果该理论正确,法官的量刑将不会受到民众刑罚偏好的影响
回应型司法:法官在裁判中需回应民意的诉求	如果该理论正确,法官的量刑将会遵循民众刑罚偏好
一般预防理论:法官在裁判中会考虑通过刑罚预防潜在犯罪的可能性	如果该理论正确,那么法官的量刑将会与民众刑罚偏好呈现相反的态势

上述表格的左侧列举了三种法官在面临民意进行裁判时的理论模型,右侧则根据这些理论给出了相应的事实预测。我们可以发现,从理论到事实预测的过程实际上是一个明显的具象化过程。大多数理论都具有一定的抽象性,这种抽象性赋予了理论一定的普适性,但抽象的理论本身无法直接成为实证分析的检验对象。因此,我们需要在事实预测中将其具体化到特定的情境中。例如,在这里,我们将法官的裁判具体化为法官在特定罪名中的量刑倾向,并将民意具体化为民众对特定罪名的刑罚偏好。正是通过这种将抽象理论转化为具体事实的过程,实证分析对事实的发现才成为可能。

值得特别说明的是,正是由于这种具象化过程,我们可以从一个理论中提取出多个事实预测。例如,在上述研究中,我们从两种民意与司法的理论中引申出了民意与量刑之间的两种关系。实际上,我们也可以将这些民意与司法的理论运用于民事审判领域,从而做出不同的事实预测,进而形成其他领域的实证分析。这也解释了为什么我们可以针对一个抽象的理论在不同领域中开展多种实证分析。

此外,虽然一个理论可以对应多个事实预测,但对于一个特定的事实预测而言,如果该理论成立,那么对应的事实预测必然会发生。这意味着理论和事实预测之间存在必然的逻辑联系。例如,我们会注意到,在事实预测中,我们使用了"如果理论正确,……"的表述。从逻辑学的角度来看,理论的成立是现象发生的充分条件。因此,如果我们通过实证分析证明某一现象不会发生,那么我们就可以得出结论,这一理论至少在我们设定的情境中不成立。举例来说,如果我们验证了"法官的量刑会遵从民众的刑罚偏好"这一事实不成立,那么我们事实上就证伪了回应型司法在我们研究情境中的成立。这也再次呼应了法律实证分析的一个重要属性——可证伪性(falsification)。

在某些情况下,由于一个理论往往会描述多个影响因素,因此我们可以基于该理论形成多个不同方面的现象预测。例如,现代犯罪学中的刑罚威慑理论认为，刑罚的威慑效力由三个维度共同决定：刑罚的严厉性、确定性和及时性。具体来说，刑罚的严厉性是指对犯罪人施加惩罚的严重程度；刑罚的确定性是指犯罪人因犯罪行为而受到惩罚的概率；而刑罚的及时性是指行为人犯罪与受到刑事惩罚之间的时间间隔。犯罪学理论认为，这三个因素都会对刑罚的威慑效力产生因果影响。[①] 一个完整的刑罚威慑效力公式可以表示为：

$$刑罚威慑效力 = 刑罚的确定性 \times 刑罚严厉程度 \times \beta^{刑罚的及时性}$$

$$(0 < \beta < 1)$$

如果我们将上述理论转化为现象预测，可以得出与刑罚属性和犯罪治理相关的三种现象预测（见表 2）。

表 2　刑罚威慑理论的事实预测

理论	事实预测
刑罚威慑理论	事实预测 1：刑罚越严厉，犯罪治理的效果会越好
	事实预测 2：刑罚越确定，犯罪治理的效果会越好
	事实预测 3：刑罚越及时，犯罪治理的效果会越好

从表 2 的右侧可以看到，我们可以从刑罚威慑理论中的三种关键属性出发，构建出有关刑罚与犯罪的三种具体事实预测。在这一过程中，我们完成了从抽象理论到具体事实的转化。同时，这三种预测分别对应着理论的不同侧面。在这种情况下，理论可能会被部分证实或证伪。例如，如果我们发现事实 1 并不成立，即"刑罚越严厉，犯罪治理的效果并没有更好"，而事实 2 和事实 3 成立——"刑罚越确定、越及时，犯罪治理的效果越好"，那么我们就部分证实了刑罚威慑理论的正确性，同时也部分证伪了该理论中关于严厉刑罚能够遏制犯罪的观点。这种对理论的部分证实或证伪在法律实证分析中非常常见。

（二）确定事实预测中的变量

一旦研究者完成了将理论转化为特定的现象预测，法律实证分析的目标就变得相对明确——研究者通过对特定事实的观察和测量来验证特定的理论。接下来的法律实证分析的研究设计将围绕着对事实的观察和测量展开，而在实证分析中，观察和测量的基础单位就是变量（variables）。变量指的是在事实预测中可以被测量或量化的任何特征。因此，在构建一个清晰的研究假设时，研究者需要明确，哪些变量是研究所需要观察和测量的对象。

---

① 吴雨豪：《刑罚威慑的理论重构与实证检验》，载《国家检察官学院学报》2020 年第 3 期。

在绝大多数的实证分析中,如果研究者探寻的是因果关系,那么现象预测的表述中至少会包括两种类型的变量:自变量(independent variables)和因变量(dependent variables)。自变量是指被假定为导致或决定因变量的变量,简单来说,自变量是在现象预测中导致结果的原因。而因变量则是研究者感兴趣的解释或预测的变量,通常在现象预测中自变量是可能导致因变量的结果。

根据上述定义,我们可以分别在上述研究中界定出自变量和因变量。在民意与量刑的研究中,"民众的刑罚偏好"是原因,因此是自变量,而"法官的量刑"是结果,因此是因变量。在刑罚与威慑效力的研究中,刑罚的属性(严厉性、确定性和及时性)是原因,都是自变量,而"犯罪的治理效果"是结果,因此是因变量。

在某些实证分析中,研究者可能想要探寻更为复杂的事实机制,这时就需要在原因和结果之间加入中间机制,也就是某一原因通过什么渠道导致了结果的发生。这类变量被称为中介变量或介入变量(intervening/mediating variables)。顾名思义,这些变量介导自变量与因变量之间的关系,帮助解释自变量如何影响因变量的机制或过程。例如,在刑罚威慑效力的研究中,刑罚威慑效力理论认为,客观的刑罚状态要达到有效治理犯罪的效果,一个重要的中介变量是社会公众对刑罚的主观感知。换言之,即使立法将刑罚制定得再严厉,如果潜在的犯罪人并未感知到这一变化,那么自始至终就不可能改变犯罪决策,因此犯罪治理也不会达到预期效果。由此,我们可以将刑罚威慑效力理论的事实预测表述如图 2 所示。

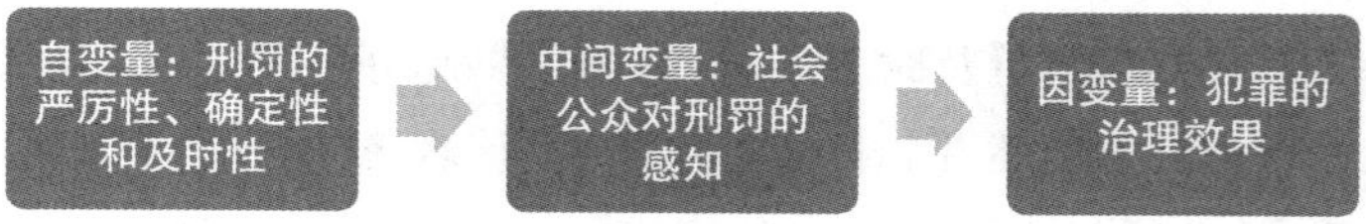

图 2

(三)概念操作化与研究假设的建立

我们在此前课程中提到,法律实证分析立足于对法律现象的观察和测量。然而,即便我们已经将理论转化为现象预测,我们依然面临一个问题:如何测量这些关键概念?例如,在研究民意与量刑的关系时,如何量化"公众的刑罚偏好"和"法官的量刑轻重"?在研究刑罚威慑效力时,如何测量自变量"刑罚的严厉性"、"刑罚的确定性"和"刑罚的及时性",以及因变量"犯罪的治理效果"?

这些问题引出了构建理论与实证分析桥梁的最后一步——操作化(operationalization)。在社会科学中,操作化是指将变量定义为可测量的具体因素的过程。在这个过程中,实证分析者将理论和现象预测中的抽象概念(如"民众的刑罚偏好"或"犯罪的治理效果")转化为可以量化和测量的指标(indicator),从而能够对研究结果进行测试和验证。

在实证分析中,概念的操作化不仅是从理论构建研究假设的最后一步,也是随后数据分析的前提条件,因此其重要性不容忽视。对于一个概念,不同的研究者可能会选择不同的指标来衡量它。以刑罚威慑效力中的"刑罚的严厉性"为例,不同的研究者可能会选择不同的指标来评估某一时空内的刑罚是否严厉。一些研究者可能认为"该地区罪犯被判处有期徒刑的平均时长"是衡量刑罚严厉性的客观指标;另一些研究者则可能认为,用"该地区被判处重刑的犯罪人的比例"更为合适;还有人可能会选择"死刑适用的比例"作为刑罚严厉性的客观指标。

在我们看来,上述不同的操作化方案并没有绝对的对错之分。事实上,这些指标都反映了刑罚严厉性的不同面向。因此,一些实证分析会采用多个指标对同一变量进行量化和测量,以此观察实证结果的稳健性。另外,值得注意的是,变量的操作化不仅受到研究者主观理解的影响,还受到客观条件的限制。例如,在"刑罚的严厉性"变量的操作化过程中,如果研究者无法获得死刑执行的数据,即便认为"死刑适用的比例"是一个好的指标,他也不得不放弃这一操作化方案。

同时,我们需要对现象预测中的所有变量进行操作化。例如,在"刑罚越严厉,犯罪治理效果越好"的假设中,我们不仅需要决定如何衡量"刑罚的严厉性"(自变量),还需要确定"犯罪的治理效果"(因变量)的衡量指标。大多数研究者在衡量犯罪治理效果时,会选择使用"犯罪率"(每10万人中的犯罪数量)作为指标。

当所有变量的测量方法都被定义后,我们便完成了研究假设的构建。例如,在刑罚威慑效力的研究中,我们可以选择"重刑率"(罪犯中被判处5年以上有期徒刑的比例)作为衡量"刑罚的严厉性"的指标[①],以"犯罪率"(每10万人中的犯罪数量)作为衡量"犯罪的治理效果"的指标。这样,我们便完成了从理论到现象预测,再到研究假设的整个过程(见图3)。

---

① 在真实的研究中,采用这一指标具有可行性,中国法律年鉴每一年都会公布我国重刑率的数据。参见吴雨豪:《刑罚威慑的理论重构与实证检验》,载《国家检察官学院学报》2020年第3期。

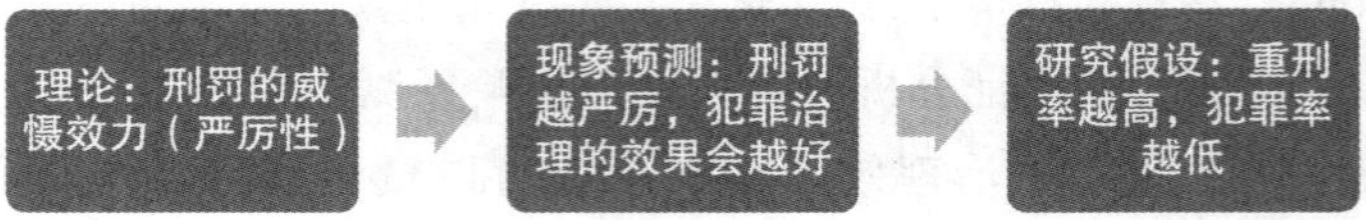

图 3

在这一过程中,抽象的理论经过研究者的修正,逐渐变得具体且可量化,从而使得社会科学中的实证分析和统计分析成为可能。然而,这一过程中,研究者不断地进行着定义和替换,例如,将“刑罚严厉性”替换为“重刑率”,将“犯罪治理效果”替换为“犯罪率”。这种替换过程也往往成为实证分析容易受到质疑的脆弱之处:研究者对理论中变量的测量方式是否合理?从抽象概念中建立的研究假设是否科学?研究假设的证成或证否能否等同于对理论的证成或证否?为了回答这些问题,我们需要回归到评价实证分析科学性的一般标准。

四、结语

我们可以将法律实证分析拆解为“法律”和“实证分析”两个部分。一方面,在进行法律实证分析时,我们必须始终关注所选题目在理论和实践中的重要意义。一项好的实证分析,应该回应法律实践中重大而关键的理论命题,并具备与法学主流学术圈对话的意识。另一方面,科学性是实证分析的根本要求,这体现在法律实证分析遵循社会科学乃至更广泛的科学研究方法。“大胆假设,小心求证”是法律实证分析的核心特征。在此过程中,研究者需要完成的一个关键步骤,是将抽象的理论转化为具体的研究假设,从而为实证分析的方法应用设定清晰的目标和框架。由于研究假设的构建已经启动了实证分析中的观察和测量过程,因此必须接受实证分析科学性的严格检验。

总而言之,用科学的方法去研究法律问题,这是法律实证分析的应有之义。

模拟法庭课程设计:赛队开启、赛题公布与书状写作

仇小雅[*]

自2008年创院以来,北京大学国际法学院(Peking University School of Transnational Law,简称STL)始终将国际模拟法庭赛事作为法学教育的重要部分,积极鼓励学生参与这一赛事,助力培养具备国际视野、通晓国际规则、能够娴熟应对法律实务挑战的高素质法治人才。经过多年的实践探索,STL逐步形成了独具特色的模拟法庭培训体系。采用高度灵活、互动性强的教学方法,从赛队选拔、赛题公布、书状写作、庭审训练,再到赛后的全面复盘,每一个阶段都精心设计,确保学生获得全面而深入的训练与提升。区别于传统的授课式教学模式,STL的模拟法庭课程没有固定讲义、固定教材,只有固定框架。在STL,模拟法庭的课堂可以发生在任何时间和场景,课程内容不仅包括法律思维的培养、法律检索的训练、法律写作的提升,也包括社交技巧和服装礼仪、线上庭审的设备布局和使用等。本文将以STL现行的模拟法庭课程设计为例,分享在模拟法庭教育项目中如何组建赛队,如何在赛题公布阶段进行准备,以及书状写作的注意事项。

一、赛队开启阶段

在学年结束之际、STL院内选拔赛成功举办后的一个月内,新学年的STL赛队名单基本得以确定。届时,笔者将与每一支新成立的赛队进行一次线上会议,以布置赛队启动的初步工作。会议内容主要包括三个部分:团队建设、学术要求及赛前学习。

---

* 北京大学国际法学院模拟法庭赛事主任。

(一)团队建设

团队建设环节旨在加强赛队成员间的相互了解,构建赛队凝聚力,确立赛队模拟法庭比赛文化和工作机制。在院内选拔赛阶段,参赛者主要依靠个人的法律知识和技能争取荣誉。在赛程各个阶段,STL 会提供充分的指引和支持,确保即便是初次接触模拟法庭的参赛者也能获得丰富的赛事体验。

然而,随着新赛队的成立,参赛者的角色和目标发生了转变——赛队成员应以赛队为单位参加校外模拟法庭比赛,而不仅仅是为个人荣誉而参赛。这与模拟法庭赛事的竞赛模式相契合,每场比赛中每支队伍通常至少有两位辩手上场,而赛队的晋级成绩直接与上场成员的表现挂钩。因此,赛队的团队合作对于其在模拟法庭比赛中的表现至关重要。团队建设不仅促进了成员间的协作,还培养了共同的责任感和目标感,这对于赛队在比赛中取得成功具有决定性的影响。

在赛队启动会议中,笔者的首要任务是向赛队成员明确 STL 模拟法庭项目的核心特征:一个以学生为主导(student – directed)的教学活动。这种近似"放养"的教育模式旨在激发学生的内驱力和创造性。每年,STL 全资资助二十多项比赛,覆盖三十多名赛队成员的机酒费用,确保经济因素不会成为学生参赛的障碍。然而,STL 并不对赛队成绩设定硬性指标,也不存在与成绩挂钩的奖励机制。这种政策选择反映了 STL 对于模拟法庭教育本质的理解:重视过程甚于结果,鼓励探索甚于追求成绩。

在这一教育理念的引领下,赛队教练的角色由传统的绩效压力承担者转变为学生学习过程的引导者和支持者,帮助赛队成员发掘自身潜力,成为他们理想中的法律专业人士。教练的职责在于营造一个支持性的环境,让学生能够在自主探索中成长,而非盲目地追求竞赛成绩。此外,教练的职责还包括分享过往经验,为赛队成员提供参考,而非单向地塑造他们成为特定类型的获奖选手。

由此,笔者会进一步介绍团队合作经验,落实赛队工作的细节,确保赛队的自主运营能力。在赛队合作中,首要确定的应该是各成员的分工协作。在模拟法庭赛队的环境中,任务分配不仅限于法律检索、书状撰写、口头陈述等显而易见的核心活动,还包括诸多容易被忽视的辅助性任务。这些"隐藏"任务对于赛队的顺利运作至关重要,包括但不限于团队资料的系统化管理、备赛时间线的规划与监控、与教练及团队成员的有效沟通、出行计划的制订与执行、财务管理及费用报销、签证申请及出访手续信息收集等。赛队成员应进行内部沟通和责任落实,确保在备赛过程中对每一项事宜,无论大小,都能安排妥当。笔者每次会着重强调,教职教练及学生教练的工作并不是事务主管或者团队领导,而只是经验分享者和法律顾问。教练不应该也不会参与任何赛队的决策和执行,仅会在赛队提出问询时给出建议。

比如,针对成员关于如何在特定持方和赛点分配上做出决策的常见询问,笔者倾向于结合具体比赛的背景,提供基于经验的指导和分享而并不是进行干预或者直接分配。以杰赛普(Jessup)国际法模拟法庭比赛为例,根据赛事规则,每个赛队可注册 4 位庭审选手,但不同的赛队可能会根据各自的策略和偏好采取不同的成员安排方式。一些赛队可能选择仅安排 2 位庭审选手,这 2 位选手需要同时准备申请人和被申请人两方的陈述;而其他赛队则可能选择充分利用规则,让每位选手分别专注于一方的陈述。笔者会提醒赛队成员,在 STL,每位通过院内选拔赛的同学都具备成为庭审选手的资格和权利。STL 没有强制设置研究员(researcher)角色,而是鼓励赛队作为一个团队,根据自身情况和战略考量,选择最终上场的庭审选手数量和分配方式。选择仅有 2 位庭审选手的策略可能会增加备赛期间的压力,因为这 2 位选手需要全面掌握双方的论点和策略。而选择 4 位庭审选手,可以在一定程度上分散备赛压力,同时也要求 4 位选手在庭审表现上达到较高且一致的水平,以确保赛队在比赛中取得最佳成绩。赛队成员将针对利弊自主讨论,最终做出以团队为基础的决定。

其次,在赛队合作的过程中,赛队目标的设定对于构建积极的团队文化和培养坚韧的参赛精神至关重要。有效的目标设定应避免陷入笼统和不具体的口号式宣言,而应是一个深思熟虑、基于实际情况的集体决策过程。这一过程要求赛队进行自我考查,评估自身的竞争力,明确优势和不足。同时,赛队成员的个人课业安排和职业规划也应纳入考虑,确保目标既能激发团队潜力,又不至于与成员的个人发展目标相冲突。

此外,赛事的难度和赛队的经验也是目标设定的关键因素。笔者会建议赛队对于将要参加的模拟法庭赛事进行“尽职调查”,详读比赛规则,查询 STL 赛队历年成绩,搜索赛事组公开音视频资料及文书资料等,用以评估赛队目前与优胜队伍的差距。通过对这些综合因素的考量和讨论,赛队能够制定出既有挑战性又切实可行的目标,比如具体的书状奖项、最佳辩手奖项、具体的晋级目标等。这些目标将指导赛队的战略规划和日常训练,确保团队在准备和参赛过程中保持聚焦和动力。

最后,在模拟法庭赛事中,赛队的表现往往依赖于团队成员之间的协同合作与一致性。鉴于此,赛队内部争议解决机制的明确和建立显得尤为关键。有效的争议解决机制不仅能够预防潜在的矛盾,还能在出现分歧时提供及时且公正的解决方案,确保赛队运作的连续性和稳定性。在赛队启动会议中,笔者将详细宣读 STL 模拟法庭项目的争议解决条款,该条款分为三个阶段实施。

(1)初步协商阶段:当赛队成员间出现争议,首先鼓励各方本着合作精神,通过开放和诚实的沟通来寻求共识。

(2)调解阶段:若争议未能在初步协商中得到解决,应通知学生教练介入。学生教练将承担起沟通和调解的角色,努力协助各方找到解决争议的途径。

(3)正式调查与决策阶段:若争议进一步升级至无法调和的程度,模拟法庭赛事主任将启动正式的调查程序,进行全面调查,公正地评估争议情况,并提出解决方案。若发现参赛者存在严重违背合作精神的行为,或涉及学术不端等严重违规行为,赛事主任有权采取包括撤销参赛资格、取消学分在内的严厉措施。

通过制订和公开此争议解决条款,赛队成员被赋予了充分行使知情权的环境。这为赛队成员提供了必要的信息保障,确保每位成员清楚地了解在争议发生时可采取的措施、可利用的资源以及预期的结果,使他们能够在争议解决过程中做出明智的决策。同时,随着知情权的行使,赛队成员也承担了相应的义务,即尊重并遵守争议解决条款中规定的原则和程序。这种义务要求成员在遇到分歧时,积极寻求条款框架内提供的解决方案,展现出对规则的尊重和对团队利益的考虑。此外,公开透明的条款还鼓励赛队成员发展出更高的责任感和自我管理能力。成员们被期望在遵守条款的同时,通过建设性的沟通和协作,共同维护团队的和谐与效率。

(二)学术要求

与 STL 院内选拔赛不同,正式成为 STL 模拟法庭赛队成员的学生可以通过参与模拟法庭竞赛获得 3 学分。这一学分授予机制意味着队员需完成既定的课程内容,以确保教育价值得到实质性体现。因此,在设计模拟法庭课程内容时,重点应放在促进每位队员在法学素养上的全面提升,而非单一地聚焦于竞赛成果,如提交给国际模拟法庭比赛赛事组的书面书状或口头辩论表现。在赛队的首次会议中,笔者将明确阐述完成学分所需的具体要求。这不仅界定了赛队成员的学术责任,也明确了他们参与模拟法庭赛事所应达到的教育目标。

课程内容的设计应全面覆盖多个方面,包括法律专业知识的深化、法律思维能力的训练、法律文书撰写技巧的提升以及口头辩论与表达能力的加强。这些法学素养的培养目标将通过一系列量化指标进行评估,如案例分析的深度、法律文书的质量、口头陈述的训练等(具体指标详见表 1)。

表 1　STL 模拟法庭课程学分要求

工作类型	工作项目	工作内容
文书训练	案件事实梳理	对模拟法庭赛题里每件发生的事实进行按时间顺序的详细排列与描述。
	论点大纲	对持方所需陈述争议焦点的所有相关法律框架和论点汇总的大纲。大纲的结构应遵循逻辑性和系统性原则，首先明确争议焦点，然后围绕这些焦点展开法律问题的探讨。每个法律问题都应有相应的法律框架作为支撑，包括但不限于适用的法律原则、法规条文、司法解释以及相关学术观点。
	书状初稿	在确立了论点大纲的基础上，初稿的撰写应当深入展开，将每个论点与案件的具体事实紧密结合。这一阶段的文本不仅是对大纲的扩展，更是对实质性法律论点的详尽阐释。
	书状二稿	在汲取教练提供的评论后，第二稿的修订应聚焦于法律论点的深化、写作风格的优化以及引用的精确化。针对法律论点的改进，第二稿应进一步强化论点的逻辑性和说服力，包括对案件事实的更精准应用，以及对论据的进一步补充和强化；针对写作风格的提升，应当强化语言的流畅性、句式的简洁性，以及表达的准确性。改进后的文稿应展现出更高的写作标准，使读者能够更加顺畅地理解和跟随作者的思路。
	书状三稿	在充分吸纳第二稿及所收集的评论意见后，第三稿应接近最终形态，涵盖所有提交部分，包括案件事实概要、论点摘要、目录和资料来源列表等。第三稿提交之后，赛队应于备赛计划中预留至少一周的时间，专门用于进行逐行审查（line - by - line review）。逐行审查是一个细致的校对过程，赛队成员将在教练的引导下，共同审阅书状的每一行文字。此过程的目的是确保书状在逻辑连贯性、组织结构、清晰度以及论点的合理性上达到高标准。 此外，逐行审查还包括对语言的精准度、引用的准确性和格式的一致性进行把关。根据以往的经验，书状中每 1000 字的逐行审查需要 60 至 90 分钟。这一过程虽然耗时，但对于提升书状的整体质量和专业性至关重要。
	书状四稿	在模拟法庭比赛书面提交的最终截止日期前 1 周，应提交书状的第四稿。此稿应达到可提交的完成度，意味着它是一个内容完备、结构严谨的最终草稿，准备好进行最后的审查与提交。在最后 1 周内，赛队应专注于执行详尽的校对工作，包括但不限于错别字检查、专有名词和术语的大写规则、缩写的准确性、引用的正确性以及其他可能影响书状专业性的细节。这一阶段的细致审查对于确

续表

工作类型	工作项目	工作内容
		保书状在提交前达到无可挑剔的学术标准至关重要。此外,赛队成员应利用这段时间对书状进行最后的润色,进一步强化论点的说服力,优化语言表达,并确保所有部分流畅衔接,形成一个统一且有说服力的整体书状。
庭审训练	模拟庭审	每位参赛者应从比赛日期前至少6周开始,每周至少进行3次庭审练习。这些模拟练习包括个人独自练习以熟悉论点和自查自纠,与学生教练一起练习以获得即时反馈和指导,与队友相互练习以增强团队协作和应对不同策略的能力,或与教师教练一起练习以获得更深入的专业点评和建议。

当然,考虑到不同模拟法庭赛事的赛程时长、难度以及不同要求,STL 模拟法庭课程的学分要求会根据不同赛事安排灵活调整。以法兰克福国际投资仲裁比赛为例,该赛事的独特性在于它不要求参赛队伍提交详尽的书状,而是要求提交更为精练的辩护概要(skeleton brief)。鉴于此,参加法兰克福赛事的 STL 赛队成员将更早地投入庭审训练中,并且相应地增加训练频率,以确保口头辩论的质量和效果。相对地,对于那些书状在赛队总分中占有较大比重的比赛,如普莱斯模拟法庭(Price Media Law Moot Court)和国际刑事法院(International Criminal Court,ICC)模拟法庭等,STL 赛队通常会经历一个更为深入和反复的文书撰写过程。在这些赛事中,赛队可能会提交6至7稿书状,每稿都在前一稿的基础上进行精心地修改和提升,从而在比赛中构建得分优势。

值得注意的是,STL 模拟法庭课程设置的要求并不直接反映一个优胜赛队在备赛中所需完成的工作内容。相反,该课程设置旨在反映那些以专业精神认真对待比赛,并致力于以高标准完成比赛任务的参赛队伍所应达到的工作量。这一设置的合理性在于,从学分分配的角度出发,3 学分的课程应当与其他同为3学分的 STL 课程在学术负担上保持一致性。此外,诸如额外的书状修订或庭审演练等备赛活动,应源自学生的内在动机,而非课程学分的外在要求。实际上,所有 STL 参赛队伍在备赛过程中普遍展现出超越课程学分要求的自主性和积极性。

(三)赛前学习

STL 模拟法庭项目并不会在赛题发布之前专门开设为比赛做准备的课程或者培训。相反,在完成 STL 研究生一年级的课业之后,STL 赛队成员应有自主学习新的法律领域的能力。这一期待来源于研究生一年级的课程设计,通过在美国法课程中苏格拉底教学法的训练和案例分析的教学,以及法律分析、检索与写作课程的三学期的练习,STL 学生应能够独立地进行法律概念的理解和应用,从而在没有直接指导的情况下,有效地进行赛前学习。

由此,在赛队开启会议中,笔者仅会从方法上指导赛队进行赛前学习的准备。在接触新法律领域及模拟法庭比赛的过程中,建议赛队成员遵循以下五个步骤进行系统化准备。

深入研读该法律领域内公认的权威教科书,并积极寻找并利用在线公开课、学术讲座等补充资源,以构建坚实的理论基础。许多法学院图书馆都有较为全面的研究指南(research guides),其中包括细分国际法领域中的权威教材、相关国际法条约、案例搜索数据库、学术论文数据库、相关国际法院、仲裁机构及国际组织等网站和资源的内容。笔者会指引赛队对其参加模拟法庭赛事所涉及的国际法领域进行现有的研究指南的检索和总结,并根据赛队提交的检索报告和笔者的过往经验,给予学习资料的推荐。这些建议将涵盖备赛所需的关键学习材料,包括但不限于教科书(treatises)、条约评注(commentaries)以及案例检索数据库等资源。

(1)系统回顾并分析过去 3 至 5 届的赛题,以了解赛事的发展趋势和重点议题。在细致阅读赛题的基础上,赛队成员应运用已构建的理论基础,识别赛事所考查的核心争议焦点。赛队成员应边阅读边尝试构建赛点分析框架,明确争议的法律性质、相关法律原则及其适用。此外,赛队成员可多留意该细分国际法领域内的法律法规发展趋势,包括新兴的法律问题、赛题所映射的国际事件、法律规范的演变以及法律实践的更迭。通过对既往赛题的研究,赛队成员能将其学习的抽象理论具体化,加强对法律概念、原则和应用的理解和记忆,从而在赛题发布之后更熟练地开启法律分析和检索。

(2)仔细研究过去 3 至 5 届的最佳书状,以掌握优秀的法律文书写作技巧和论证策略。这一过程要求赛队成员不仅阅读文本,还要批判性地分析文书的结构、论证逻辑和语言运用。在对最佳书状的分析过程中,赛队成员应将其作为一面镜子,对照自己的法律分析和理解进行自我评估。通过这种比较,成员们能够识别自己分析中的潜在误区,并通过模仿优秀书状中的论证方法来提升自己的法律分析能力,包括如何构建有力的法律论证、如何运用法律原则和案例来支持论点。同时,赛队成员也应学习这些优秀书状的写作风格和语言表达,确保能够清晰、准确、有说服力地传达法律观点。

(3)观看并分析过去 3 至 5 届的决赛视频,以直观了解高水平的庭审表现和辩论技巧。通过观看决赛视频,赛队成员能够直观地了解在高水平庭审中所需的表现标准,包括语言表达的清晰度、逻辑论证的严密性以及对法律问题的深刻理解。此外,赛队成员应批判性地分析决赛赛队选手如何构建论点、应对反驳,以及与法官或仲裁员互动,识别问题并对自己的庭审能力进行查漏补缺,同时对决赛选手的陈述取长补短。

(4)深入了解赛事的文化和风格,包括但不限于搜索和学习其他赛队公开发表的经验分享、赛事周边相关的宣传信息,了解出题人、法官、仲裁员等相关人士的学术背景和法律观点等,以更好地适应赛事环境和要求。通过综合分析赛事的多元文化和特定风格,赛队成员应发展出对赛事环境的深刻洞察力,识别并适应赛事的评审标准和偏好,从而在备赛策略和庭审表现上做出相应的调整。

在赛前学习的过程中,赛队成员可自行组成学习小组,以实现相互监督和促进学习进度的目的。通过小组内的积极讨论和深入交流,成员们可以共同深化对所学内容的理解。比如,有 STL 赛队在赛题发布之前曾组织每周一次的读书分享会,赛队成员可以展示自己的学习成果,分享学习心得,同时教授其他成员。这种互教互学的方式不仅能够提升个人的表达和教学能力,还能够促进团队成员之间的知识共享。

二、赛题公布阶段

鉴于模拟法庭赛事赛题发布时间每年可能存在细微变动,赛队成员有责任持续关注并及时监测赛题发布的最新动态。一旦赛题公布,赛队应迅速响应并立即展开正式的备赛工作。赛题发布后一周至两周内,赛队应及时梳理赛题事实并提交案件事实梳理。随即,教练会与赛队围绕赛题主要争议问题进行讨论和指引,为赛队的论点大纲撰写提供建议。

在分析赛题时,教练的职责不在于帮赛队预设论点或者布置“命题作文”,而在于通过提问引导赛队成员自主进行法律检索与分析。一位资深的教练应在审阅赛题后,结合时事动态、历年赛题趋势以及特定法律领域的基础知识,精准识别赛题的主要争议点以及出题者意图考查的法律问题。

以 2024 年第 31 届 Vis Moot 的实体问题为例,教练应指导赛队成员从案件事实出发,站在客户立场上审视其诉求,并对关键事实细节进行深入质询。主要案件事实概述如下:2022 年 1 月,Visionic 公司(买方)依据 9601 号采购订单向 SensorX 公司(卖方)订购了 120 万个传感器,相关款项原定于 2022 年 5 月和 6 月支付。然而,Visionic 公司声称,由于一封最终被识别为网络钓鱼诈骗的电子邮件,其已将款项错误地支付至一个替代银行账户。SensorX 公司作为卖方并未收到相应款项,要求 Visionic 公司支付剩余货款。此次网络钓鱼攻击涉嫌冒充 SensorX 公司员工,诱导买方将款项汇至非指定账户,且相关邮件存在明显的欺诈迹象。

基于案件事实,教练应首先提出与事实相关的问题,帮助赛队成员梳理事实脉络、把握关键证据。此类提问应依托于国际货物销售合同的基本法律框架,例如:

(1)针对双方交易本身,买卖双方交易的货物是否具有特殊性质?双方是否存在长期合作关系?在汽车传感器领域,此类采购订单是否常见?双方的交易方式(如通过电子邮件交流)是否普遍?双方是否有过其他类似争议?

(2)针对网络钓鱼诈骗,在国际货物销售实务中,买卖双方是否经常遭遇此类诈骗?双方如何预防电子邮件钓鱼诈骗?如何识别网络诈骗?一旦发现诈骗,双方在实务中可采取哪些救济措施?

(3)在本次订单中,网络钓鱼事件的具体时间线是什么?例如,何时收到欺诈性邮件、何时支付款项、何时发现欺诈?在此过程中,负责双方交易的主要公司人员是谁?发现诈骗后,双方的沟通情况如何?

(4)如何评估电子邮件的诈骗风险?本案中的网络诈骗邮件有哪些异常之处应引起收件人的警觉?本案双方是否有处理诈骗邮件的经验?如果有,这些经验在本案中是如何被执行(或未被执行)的?

(5)网络钓鱼诈骗给买卖双方造成了哪些财务或名誉上的损害,包括资金损失以及对他们商业关系可能造成的任何潜在干扰?

(6)买卖双方是否有未来合作的计划?除了本次争议的交易外,双方是否还有其他正在进行或即将进行的交易?

进一步地,教练应提出基于现有事实的更为具体的法律问题,例如:

(7)在买卖双方的合同关系中,若指定支付银行账户发生变更,双方签订的采购合同是否有具体条款规定此类变更?如果没有此类条款,那么在国际货物销售合同适用的法律下,是否存在一般性规定?如果有具体条款,买方收到的支付账户变更是否符合合同条款规定的变更方式?

(8)针对网络钓鱼诈骗的法律问题,买卖合同是否有相应条款规制诈骗情景下的风险分担?是否还有其他适用法律,包括国内合同法、联合国国际货物销售合同公约(United Nations Convention on Contracts for the International Sale of Goods, CISG)、国际商事合同通则(Principles of International Commercial Contracts, PICC)等,规制类似风险分担?

(9)鉴于本次诈骗邮件是诈骗方冒充卖方员工实施的,这一事实在法律适用上有哪些值得关注的地方?如果诈骗方冒充的不是卖方员工,而是买方员工或与买卖双方无关的银行职员,是否会改变法律分析?

(10)买方可以根据哪些条款主张其已完成支付义务？卖方可以依据哪些条款主张买方尚未完成其支付义务？

(11)如果卖方主张买方未完成其支付义务，卖方可以依据哪些条款主张何种救济？如果选择赔偿作为救济方式，赔偿金额应如何确定？买方可以依据哪些条款主张赔偿的免除或减少？

这种提问方式旨在促使赛队成员全面思考事实所涵盖的内容，而不仅仅是表面争议焦点。在解决问题时，如果赛队成员认为某一事实或某一法律问题对买卖双方均无争议，那么排除该问题的过程也是帮助赛队确认赛题考查内容的重要步骤。此类提问式交流可重复多次进行，每次提问内容随着赛队成员的检索深度的增加而进一步深入。

在赛队成员逐步确立买卖双方的核心法律框架和主要论点的过程中，教练的角色应当转变为批判性的审阅者，测试队员论点的深度和合理性。同时，教练应指导队员采用逆向思维，从潜在反方的视角出发，对己方的观点进行反驳。这一过程不仅有助于识别和强化论点的潜在弱点，而且促进了赛队成员对法律问题多维度的深入理解和全面准备。

比如，针对此案中的申请人卖方 SensorX 公司，教练可以问询：

(1)在与买方交易中，卖方是否采取了任何措施来避免被诈骗的风险？特别是作为一个汽车行业中应用广泛二级传感器的主要生产商之一，卖方在公司内部及商务交易中是否建立了防诈骗的意识和措施？

(2)若卖方先前已遭受网络安全攻击，为何未能及时通知买方关于公司信息安全的潜在风险？如果这是由卖方内部人员变动导致的损失，卖方是否有理由要求买方承担责任？

(3)卖方在货物交付后，长时间未意识到未收到相应货款的原因是什么？在发现货款未付后，卖方是否采取了任何补救措施，例如通知相关机构、联系并协助买方追回被诈骗的货款？

针对此案中的被申请人买方 Visionic 公司，教练可以问询：

(4)在根据钓鱼邮件将货款支付到新的银行账户之前，买方为何未对新账户进行审查或确认，尤其是当涉及货款数额高达 3800 万美元时？买方公司的财务系统是否缺乏对此类大额支付的严格审核机制？

(5)作为一级光学系统生产商，买方是否应充分了解货物买卖交易中存在的诈骗风险，并在公司内部及交易过程中建立相应的防范措施？

(6)在发现被骗后，买方是否采取了任何措施来追踪和纠正错误的支付？买方是否已通过执法机构或其他合法途径对诈骗者进行追责？

通过这一系列的提问，赛队成员应逐步培养对案件理论(case theory)的深入思考。成员们需要综合考量买卖双方的事实基础，识别各自有利与不利的事实因素，以及各自论点的优势与不足。在此基础上，赛队应致力于构建一个合理且具有说服力的叙述框架，这一框架应能够尊重双方的立场，同时突出各自持方论点的合理性。比如，针对申请人卖方 SensorX 公司，构建案件理论的一个有效途径是着重强调采购订单中明确规定的付款账户，并指出被申请人在遭遇钓鱼邮件攻击后所进行的直接付款行为缺乏必要的审慎。此案件理论将突出买方未能遵守合同条款，以及在面对潜在网络风险时未能采取合理防范措施的过失。对于被申请人买方 Visionic 公司而言，构建案件理论的关键在于强调申请人卖方内部工作人员在诈骗风险防范意识方面的不足，以及未能妥善处理网络系统的安全性能问题，从而导致关键交易信息的泄露。被申请人可强调卖方在维护交易安全方面的疏忽，以及这种疏忽为犯罪分子实施诈骗提供了可乘之机。

三、书状写作阶段

随着赛题讨论的逐步深入，赛队应根据书状提交时间以及模拟法庭课程学分要求，制定每一份书状稿件提交和修改的具体日期，以便教练及学生教练监督及辅导。在国际模拟法庭赛事中，常见的法律论证方式有 4 种。①

（1）基于规则的推理（rule – based reasoning）：依据明确的法律规则进行逻辑推演。

（2）类比推理（reasoning by analogy）：通过比较类似案例，展示当前案件与先例之间的相似性，以支持论点。

（3）区分先例（distinguishing precedent）：明确区分当前案件与先例的不同之处，论证为何该先例不适用于本案。

（4）基于政策的推理（policy – based reasoning）：从法律背后的政策和目的出发，论证为何某一法律规则或解释更符合公共利益和社会价值。

不论在文书阶段还是在庭审陈述阶段，主流的分析呈现方法均是 IRAC（Issue，Rule，Application，Conclusion）或者其变种，比如 CREAC（Conclusion，Rule，Explanation，Application，Conclusion）。② 文书写作的过程是一个漫长的

---

① See Edwin S. Fruehwald, *Legal Argument and Small – Scale Organization*, Hofstra University Legal Studies Research Paper, No. 07 – 11, p. 1 (2007).

② 深入 IRAC 方法论的相关资料如下：Linda H. Edwards & Samantha A. Moppett, *Legal Writing: Process, Analysis, and Organization*, 8th ed., Aspen Publishing, 2022; Jane Kent Gionfriddo, *Thinking Like a Lawyer: The Heuristics of Case Synthesis*, 40 Tex. Tech L. Rev. 1 (2007).

提升过程,从最开始的论点大纲到最后成型的最终稿件,赛队对于赛题的理解会随着检索、写作、修改等步骤的多次重复有量变到质变的提升。在书状写作阶段,教练的核心职责包括以下几个方面。

(1)审阅与评论:细致阅读赛队成员提交的书状草稿,提供专业的反馈和建议。

(2)分析方法指导:指导赛队成员如何有效地运用 IRAC 或其变种框架,以优化论点的表达和逻辑结构。

(3)法律论证审核:评估法律论证的合理性,确保论证的逻辑严密和法律依据充分。

(4)关键部分强调:特别关注 rule(规则阐述)和 application(规则应用)部分的撰写,这两个环节对于论点的清晰呈现至关重要。

现存的法律写作教科书、关于 IRAC 框架介绍的学术文章以及模拟法庭的书状写作经验分享帖等资源极为丰富,能够为赛队们提供书状写作的指导。[①]尽管 STL 赛队队员在一年级的法律分析、检索与写作课程中积累了三学期的经验,已经对 IRAC(问题陈述、规则阐述、规则应用、结论)写作方式有了基本的掌握,但在模拟法庭比赛中,特别是在书状的 rule 和 application 部分,队员们仍面临着显著的挑战。此外,由于队员们通常更习惯于应对课堂作业或期末考试,他们在理解和体现法律文件的专业形式方面不够敏感。本节旨在深入探讨和介绍在书状写作中 rule 和 application 部分的写作技巧,以及文书专业度的训练。

(一)Rule(规则阐述)部分写作

模拟法庭作为一种教学和实践手段,旨在模拟真实的庭审环境和诉讼过程。因此,赛队成员在书状写作时,应以代理律师的身份,以严谨和专业的态度对待文书写作,确保提交的书状符合法庭或仲裁庭的具体要求。

这些要求并非抽象的号召,而是有明确的法律依据。例如,《中华人民共和国律师法》(2017 年修正)第 3 条明确规定律师执业必须以事实为根据,以法

---

① 如,《Jessup 特刊系列| Jessup Memo 上册 1.0 版(上篇)》,载微信公众号“法律竞赛”2021 年 8 月 5 日,https://mp. weixin. qq. com/s/PXkpIk5bDnJ6SdgGnOyudQ;《Vis|如何撰写法律书状》,载微信公众号“法律竞赛”2021 年 10 月 22 日, https://mp. weixin. qq. com/s/E0tC43oZrdCSD－njSarHRw;《好风频借力——Jessup 资料合集(二):书状写作指南》,载微信公众号“国际法促进中心”2021 年 8 月 8 日, https://mp. weixin. qq. com/s/HAW9KIMNDnIkYmP－fDMjvQ;柳新潮:《案件分析方法论 &memo 写作逻辑论(一)》,载微信公众号“明法青年 LY”2022 年 6 月 22 日, https://mp. weixin. qq. com/s/1xyK－CCxR2suzh96Nyv－zQ。

律为准绳。同样,美国律师协会(American Bar Association)2024 年修订的《职业行为模范规则》(Model Rules of Professional Conduct)中的 rule 3.3 要求律师不得故意向法庭作出明知是虚假的事实或法律陈述,并应及时纠正自己之前向法庭作出的重大虚假事实或法律陈述。这些规定在实务中的体现是,律师在撰写书状时,应充分利用专业知识和技能,尽职尽责地完成法律检索和分析,诚实地呈现法律权威,不得进行虚假陈述或曲解法律,误导法庭或仲裁庭,影响司法公正。

在模拟法庭的语境中,赛队成员同样应尽职尽责地完成法律检索,诚实地呈现有利及不利于己方观点的法律权威,并清晰地引注相关法律法规、案例和学者观点等。在这一过程中,教练的角色至关重要,他们应指导赛队成员正确解读法律条款,正确分析案例,并诚实地呈现学术观点。只有当赛队成员准确把握了规则(rules),才能被视为找到了文书的构建模块(building blocks),从而确保文书建立在坚实的基础之上。这一坚实基础是后续修改和完善的前提,也是确保文书质量和说服力的关键。

在国际法模拟法庭赛事中,赛队成员在书状写作的初期阶段,往往对国际法规范的深刻理解和准确应用能力尚显不足。这种情况并不罕见,因为国际法是一个庞大且复杂的体系,涵盖多重法律渊源,所以在辨别适用特定案件特定事实的法律渊源时,赛队成员不免会进入一些误区。以普莱斯传媒法国际模拟法庭竞赛为例,赛队成员在初次接触国际人权法,特别是言论自由权这个争议焦点时,容易对法律渊源位阶的判断不准确。

具体而言,2023 年普莱斯传媒法国际模拟法庭竞赛的题目构建了一个假想国家 Kurulu,该国的高等教育领域完全由政府掌控。在这一背景下,申请人 Shikra,一位享有终身教职的公立大学教授,通过社交媒体积极发声,支持教育私有化的理念,试图打破政府对教育的垄断。她的行动激起了网络上的广泛讨论,并在现实世界中引起了一系列的摩擦和冲突。竞赛要求参赛者深入分析互联网环境下的多项基本权利,包括言论自由、隐私权、受教育权、集会自由和学术自由,这些权利均受到《公民及政治权利国际公约》[①]及其他国际性条约的保护。此外,赛题亦触及国际法中规定的国家积极义务和提供有效救济的责任,以及社交媒体平台在当代社会所承担的责任和国家对其的监管等议题。

---

① 《公民及政治权利国际公约》(International Covenant on Civil and Political Rights, ICCPR)是一个国际条约,旨在保护和确保个人的基本自由和权利。该公约由联合国大会于 1966 年 12 月 16 日通过,并在 1976 年 3 月 23 日生效。它与《世界人权宣言》相辅相成,但具有法律约束力,要求各缔约国采取具体措施来实现公约中规定的权利。

在讨论言论自由权这个争议焦点时，赛队成员一个常见的习惯是联想到美国宪法第一修正案的丰富案例。但实际上美国对于言论保护设置了一个非常高的、独一无二的（*sui generis*）言论保护标准，且此标准来源于美国历史和政治环境的特殊性。与此同时，欧盟在言论保护方面似乎采取了与美国不同的路径。近年来，欧盟在言论自由的保护上表现出降低标准的趋势，这可能与欧盟对个人数据保护和隐私权利的高度重视有关。例如，《通用数据保护条例》（General Data Protection Regulation）的出现反映了欧洲人民对隐私权利的高度重视，这在一定程度上影响了言论自由的范围。至关重要的一点是，美国的言论自由案例主要是对宪法第一修正案的解释，而欧盟人权法院的相关案例则主要针对《欧洲人权公约》的解释，这两者均不直接涉及《公民及政治权利国际公约》的解读。

因此在撰写有关《公民及政治权利国际公约》中言论自由权的论点时，赛队成员应首先立足于国际法框架内的通则和权威性解释。具体而言，应当以联合国人权委员会（Human Rights Committee）①的评论和案例作为论述的核心依据，这些评论和案例为国际社会提供了关于言论自由权的权威指导和解释。在此基础上，可以参考欧盟、美国等特定法域的实践和案例，以此作为补充性的参考材料，丰富和深化论点。

比如，联合国人权委员会通过其一般性评论（general comments）对《公民及政治权利国际公约》中的言论自由权条款（第 19 条）提供了详细阐释。这些一般性评论不仅解释了言论自由的界限和条件，还强调了国家在促进和保护言论自由方面的责任。又如，第 34 号一般性评论就专门针对言论自由权进行了深入讨论，指出言论自由是民主社会的基石，并强调了保障这一权利的重要性。因此，在撰写关于《公民及政治权利国际公约》中言论自由权的 IRAC 论点时，rule 部分应主要援引联合国人权委员会的评论和案例，以确保观点具备国际法的普适性。

而对于区域性案例的引用，赛队应当注意它们与国际人权法的兼容性和互补性。例如，欧盟法院在言论自由方面的判例，尤其是关于政治表达和媒体自由的案件，可以作为分析言论自由在特定社会和政治背景下应用的实证材料。同时，美国作为拥有成熟言论自由司法审查体系的国家，其最高法院在诸多案件中对宪法第一修正案的解释，也为理解言论自由的深度和广度提供了

---

① 联合国人权委员会（Human Rights Committee）是一个由 18 位独立专家组成的机构，负责监督《公民及政治权利国际公约》（International Covenant on Civil and Political Rights）的缔约国实施情况。

重要视角。然而，在国际人权法的法律渊源中，区域性案例尽管具有其价值和意义，但并不能取代联合国人权委员会的权威地位。区域性案例应当被视为对国际法原则的补充，而非主导。

最后，在找到准确的规则（rules）及法律权威（legal authorities）后，当面临多个同位阶的法律权威时，赛队成员需要进一步整合规则（rule synthesis）。继续沿用《公民及政治权利国际公约》中言论自由权作为范例，《公民及政治权利国际公约》原文如下：

“第十九条

一、人人有保持意见不受干预之权利。

二、人人有发表自由之权利；此种权利包括以语言、文字或出版物、艺术或自己选择之其他方式，不分国界，寻求、接受及传播各种消息及思想之自由。

三、本条第二项所载权利之行使，附有特别责任及义务，故得予以某种限制，但此种限制以经法律规定，且为下列各项所必要者为限：

（子）尊重他人权利或名誉；

（丑）保障国家安全或公共秩序、或公共卫生或风化。”

第19条第3款在条款正文中明确指出，对言论自由的任何限制都必须满足两个要件，既“经法律规定”（legality）与“所必要”（necessity）。这时，赛队成员应检索联合国人权委员会发布的一般评论对于“经法律规定”与“所必要”的进一步释义。其中，人权事务委员会的第34号一般性意见在第34段对这些限制的解释进行了详细阐述，指出限制不得危及权利的本质，并且必须是实现合法目的可采用的最小限制手段。①此时，赛队成员常有的一个疑问是不同于第19条条款正文的两个要件，第34号一般性意见仿佛提出了第3个要件，既对言论自由的限制必须符合比例原则（proportionality）。这时，赛队成员应结合条款原文及一般性意见，检索相关的判例，并总结出应用在本案赛题中的规则。在Faurisson v. France一案中人权事务委员会指出，“所必要”要件的释义

① Human Rights Committee, General Comment 34, CCPR/C/GC/34, U. N. ¶ 34 (2011). ("Restrictions must not be overbroad. The Committee observed in general comment No. 27 that ‘restrictive measures must conform to the principle of proportionality; they must be appropriate to achieve their protective function; they must be the least intrusive instrument amongst those which might achieve their protective function; they must be proportionate to the interest to be protected...The principle of proportionality has to be respected not only in the law that frames the restrictions but also by the administrative and judicial authorities in applying the law’. The principle of proportionality must also take account of the form of expression at issue as well as the means of its dissemination. For instance, the value placed by the Covenant upon uninhibited expression is particularly high in the circumstances of public debate in a democratic society concerning figures in the public and political domain.")

隐含着比例原则的要求。[①]由此,赛队最终应得出的规则整合是,根据《公民及政治权利国际公约》第19条第3款,对言论自由的任何限制都必须是依法规定(legality)的,追求合法目的(to achieve their protective function)的,并且该限制措施与其目的的关系必须是必要和相称的(necessity and proportionality)。

因此,在国际性模拟法庭比赛书状撰写的过程中,教练应指导赛队成员深入研究并准确识别国际法领域内的法律渊源,包括但不限于条约、国际习惯法、一般法律原则、司法裁决以及学说等。赛队队员应学会恰当地使用各种法律权威(legal authorities),比如在国际人权法领域中的国际法院判决、人权委员会的一般性评论、国际法委员会的草案和意见、区域性案例等,确保这些权威在论证中的适用性和说服力,从而搭建出IRAC论证中的最重要的rules部分。

(二)Application(规则应用)部分写作

在规则部分得到明确之后,赛队成员必须精心运用案件事实,以此为基础来巩固其法律立场。继续以2023年普莱斯传媒法国际模拟法庭竞赛的题目为例,案情中一个争议焦点是申请人教授Shikra于7月9日早上9点在社交媒体平台Chirp上发布的一条帖子是否属于该被限制的言论的范畴。Shikra在Chirp上拥有超过20万的关注者,并且她的账户设置为"公共模式"。7月9日的帖子获得了超过15000个"点赞"。帖子的超链接被分享了数千次,尽管确切的数字未知。具体言论如下:

"*I'm saddened by the thought that so many young, deserving people in Kurulu cannot access university education today. We owe it to them to change the system.*

It's time for all academics and students to take a stand. Until change comes: REFUSE to teach or attend classes; OCCUPY all university premises. DO NOT TOLERATE traitors to the cause.

I start my vigil today."

作为被申请人Kurulu政府,赛队成员承担着证明责任(burden of proof),他们必须提供充分的证据来证实申请人Shikra的帖子应该受到限制。要达到

---

① Faurisson v. France (1996), CCPR/C/58/D/550/1993, ¶ 8 (1993). ("This requirement of necessity implies an element of proportionality. The scope of the restriction imposed on freedom of expression must be proportional to the value which the restriction serves to proect. It must not exceed that needed to protect that value. As the Committee stated in its General Comment 10, the restriction must not put the very right itself in jeopardy.")

这一目的,必须证明帖子具有引发暴力行为的潜力,或者存在导致公共秩序混乱的风险。根据这两条标准,赛队成员应从申请人 Shikra 的帖子入手,从帖子内容具体分析此帖引发暴力的潜力或扰乱公共秩序的风险。

常见的一些误区包括以下方面。

(1)表面化的事实分析,如认为"因为 Shikra 鼓励人们占领大学校园并拒绝上课,这就是煽动暴力"(Because Shikra is encouraging people to occupy university premises and refuse to attend classes, this is incitement to violence)。但在校园里的抗议活动并不少见,通过罢课、罢工等行为进行政治言论也是被许可的。

(2)过度依赖某些事实而忽略事件发生的背景,如认为"因为 Shikra 有超过 20 万粉丝,并且帖子获得了 15000 个'点赞',这证明了 Shikra 的帖子对公共秩序构成了严重威胁"(Because Shikra has over 200000 followers and the post received 15000 'Likes', this proves that Shikra's post posed a serious threat to public order)。然而,社交媒体的粉丝量和"点赞"数量的绝对值能带来的论证意义较低。如果 Shikra 的关注者多数是社会人士而非在 Shikra 任教学校所求学的学生,那么 Shikra 的帖子引发暴力行为的潜力也相对较低。

(3)忽略反方论点,如认为"'拒绝','占领','不容忍'这些词语明显表明 Shikra 在煽动非法行为"(The words 'REFUSE,' 'OCCUPY,' and 'DO NOT TOLERATE' clearly indicate that Shikra was inciting illegal behavior)。然而,这些用语的选择同样也可以表明 Shikra 特地避免使用更为暴力的词语比如"FIGHT"或者"ATTACK"。

在构建法律论证的过程中,赛队成员应当避免这些误区,深入挖掘并广泛检索具有详尽事实背景的案例,细致研读这些案例中对类似事实的分析方法,而不是仅仅依据规则进行表面分析。在本案中,赛队成员需要根据案件的关键事实,如"社交媒体""引发暴力的言论",来寻找并研究具有指导意义的关键案例,从而更为精准地支撑其法律观点。

在 Perinçek v Switzerland 案中,欧洲人权法院通过三个维度分析了言论可能引发暴力行为的潜力。

(1)言论背景:欧洲人权法院考查言论是否产生于紧张的政治或社会背景之下,以评估言论对公众情绪的潜在影响。例如,在既往案例中,法国穆斯林移民社会融入问题被认为是一种可以适当限制言论的政治背景。若赛队成员将该观点应用于本赛题中,则应适当拓展对 Shikra 发帖的政治和社会背景的讨论,尤其是考虑到 Kurulu 国高等教育的政府垄断现状,这一教育资源分配问题已在 Kurulu 社会引起了广泛的热议。因此,Shikra 的言论更可能会在这一社会背景下被理解为激化社会矛盾的催化剂。

（2）言论内容与构造：欧洲人权法院还分析了言论本身，无论是直接还是间接，能否构成对暴力的呼吁或是对暴力、仇恨或不容忍的辩护。法院认为该问题需要公正地解释言论，并结合其直接或更广泛的背景来审视。在此维度上，欧洲人权法院举例在既往案例中，法院对于抨击或以负面色彩描绘整个族群、宗教、或其他群体的笼统言论较为敏感，尤其是对于非欧洲人（如法国穆斯林移民）的负面言论。若赛队成员将该观点应用于本赛题中，则可以聚焦于"traitors"这个负面词语本身，分析 Shikra 的用语是否以负面色彩抨击所有教育公有化支持者，表现出 Shikra 对于不同政治观点的不容忍。

（3）言论的表达方式及其后果：欧洲人权法院认为言论的传播媒介和表达方式对其社会反响有重要影响。例如，如果一个言论是在电视辩论中发表，或者是以诗歌的形式发表，其负面言论影响力可能相对较小。若赛队成员将该观点应用于本赛题中，因为 Shikra 的言论是发布在社交媒体上并引起了广泛的阅读、"点赞"和关注，则赛队成员可以强调社交媒体的传播速度、覆盖范围及留存时间比电视广播更快、更广、更长久。不同于诗歌，Shikra 的言论是直接对于罢课、占领学校等具体行为作出号召，而不是文学创作中的隐喻表达。

在 application 部分，赛队成员应全面应用事实，始终紧扣法律规则，分析事实与规则之间的链接并使用逻辑推理进行事实和规则相结合，而并非仅仅进行事实描述。同时，赛队成员应预测并尝试解决潜在的反驳论点，而不是过度依赖或者夸大对某一方有优势的事实。

（三）文书专业度

在求职时，一个雇主看到一份简历时第一时间会注意到什么？这份简历的整体设计和格式。同理，在模拟法庭比赛中，一份格式严谨、设计精良的文书不仅彰显了赛队的专业性和对细节的重视，而且在评审的眼中，它还是对赛队法律素养和职业态度的直观反映。这样的文书能够立即抓住评审的注意力，为赛队赢得有利的第一印象，从而在激烈的竞争中脱颖而出。在法律实务中，格式和设计在交付的法律文件中同样起着至关重要的作用。一份专业且具有美感的法律文件不仅展示了律师及其团队和律所的专业形象，还能赢得客户和法庭信任的第一步。良好的格式设计可以增强法律文件的可读性，使得文件内容条理清晰、逻辑严谨，便于阅读者快速抓住要点。

在模拟法庭赛事中，除了严格遵守规则中直接规定的字体、字号、格式、段落、页边距和字数等要求外，赛队成员还应发挥自身的审美能力，在未明确规定的格式和设计方面进行创新，以提升整体的阅读体验。鉴于评审者可能需要投入大量时间来细致阅读并评估赛队提交的书状,一个经过精心设计的文书不仅能够降低阅读障碍,还能有效促进信息的吸收和理解。比如,虽然在许多赛事规则中并没有明文要求书状必须标明页码,但页码可以帮助读者了解其阅读进度,理解某一部分论点在全文的具体位置。又如,一份较长的书状常常会出现 3 到 4 个层级的论点展开,而小标题的格式和缩进在帮助读者区分论点层级时尤为重要。小标题最好避免全大写的使用,因为全大写的文本会使每一个字母失去其特征,增加阅读难度并降低阅读速度。为了进一步提升文书设计的质量,包括用词的精准度、句式结构和段落设计,赛队可以借鉴和参考一系列专业的指导书籍,以及赛事组公布的历届最佳文书,摸索出符合自己审美的格式和文书设计。①

至关重要的是,无论赛队成员选择了何种文书设计方案,整份文书都必须保持高度一致性。通常,一份篇幅较长的文书(在许多比赛中,这类文书的字数限制通常在 4000 字到 9500 字之间)往往需要由多名赛队成员合力完成。因此,在最终校对稿件时,赛队应安排至少 1 到 2 天的时间,专门用于检查拼写和语法,统一特殊用词和缩写,确认脚注准确性,并审查和调整文书的格式与设计,以确保文书的连贯统一。虽然这项工作乍听起来可能显得烦琐且不太吸引人,俗称为"dirty work",但实际上,它对提升实务技能极为重要。通过这一过程,赛队成员能够培养出对细节的敏感度和对整体结构的把控能力,这些技能不仅在律师实习期间,甚至在未来的法律职业生涯中,都具有直接的实用价值和高度的可转移性。简言之,这种对文书精细打磨的能力,是法律专业人才必备的素质之一。

附录一

文书检查清单

1. 检查字体、段落、行距、页边距、字数限制等赛队规定的细则要求。如无

---

① See, e. g., Matthew Butterick, *Typography for Lawyers*, 2nd ed., https://typographyforlawyers.com/; David Mellinkoff, *Legal Writing: Sense and Nonsense*, West Group, 1982; Richard C. Wydick & Amy K. Sloan, *Plain English for Lawyers*, Carolina Academic Press, 2024; Michele M. Asprey, *Legal Writing in Plain Language*, The Federation Press, 2024; Bryan A. Garner, *The Redbook: A Manual on Legal Style (Coursebook)*, West Academic Publishing, 2023; Wayne Schiess, *Writing for the Legal Audience*, Carolina Academic Press, 2014; Antonin G. Scalia & Bryan A. Garner, *Making Your Case: The Art of Persuading Judges*, West Group, 2008.

要求,保证全文所有格式都一致。

2. 检查单词拼写,并确保全文统一使用英式拼写或美式拼写(如:“analyze”是美式英语拼写,而“analyse”则是英式英语拼写)。

3. 检查全文内缩写和特定用语的一致性,特别是引用条款时的具体表达方式。例如,对于罗马规约的相关条款,可能存在的表述包括:“Article 7(1)(k) of the Rome Statute”“Art. 7(1)(k) of the Rome Statute”“RS Article 7(1)(k)”或“RS Art. 7(1)(k)”等。

4. 检查标点符号规范,特别注意引号、逗号等标点符号的格式规范。

5. 检查各级标题的缩进和格式,确保各级标题的格式在全文中缩进的距离及其格式都保持一致。如果选择在小标题后加上标点符号,也应确认同样的标点符号存在于每一级标题中。

6. 在规则允许的情况下,考虑加入段落编号、页码编号、段落缩进等辅助读者阅读的格式设计。

7. 检查脚注的精准度和格式。如果赛事对脚注格式有直接规定,则按照规定的脚注格式进行标注。如果未具体规定格式,则可参考往年最佳文书所使用的脚注格式。

8. 检查除正文之外的部分,包括封面、目录、事实摘要、论点摘要等赛题要求的格式和内容。在检查此类内容时,可先把 Word 文档转换成 PDF 文件,可更直观地看到文档格式存在的问题。

9. 如果赛事有匿名要求,确保最后提交的文件没有任何作者信息,或者能够揭露赛队信息的内容。

10. 确认文书提交方式。如果通过邮件提交,则注意邮件的专业性。确保提交文档的文件名称及邮件标题等符合赛事组规定。如果通过赛事组的平台提交,则注意提前测试平台的网络连接,确保能在网络通畅的情况顺利提交到此平台。

域外课堂

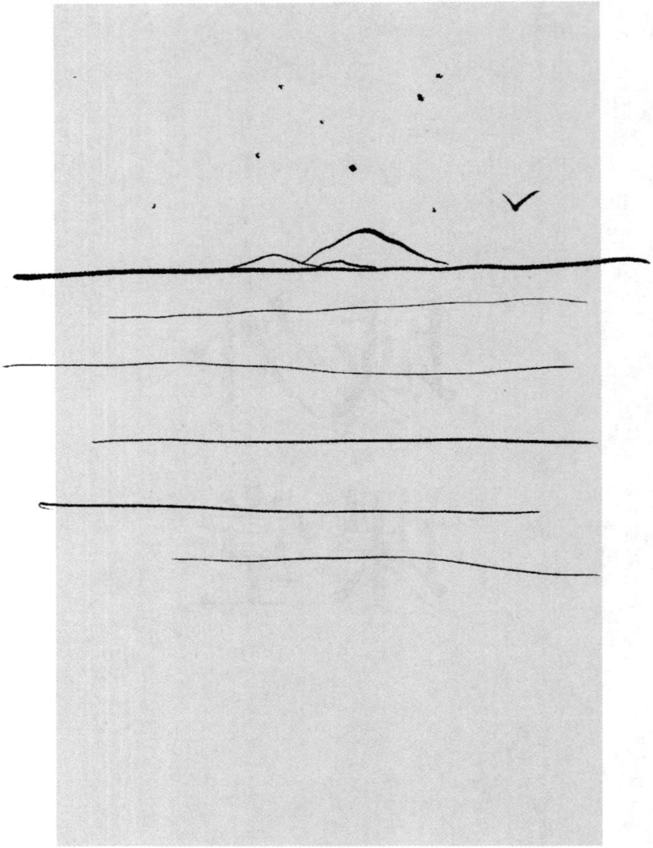

伯克利法学博士培养

——JSD 与 JSP 并轨*

边仁君**

美国大学法学院一般会设置 JD(Juris Doctor,偏向于职业化培养)和 JSD(Doctor of Justice Science,偏向于学术型培养)两个博士项目。相较于此,伯克利法学院却设置有两个学术型博士项目:JSD 和 JSP(Jurisprudence and Social Policy)。JSP 项目对 JSD 的培养体系影响很大,二者风格类似,共享很多资源。因此,今天将会着重介绍 JSP 项目——类似于 JSD 的豪华版,再对 JSD 项目进行简要介绍。

一、JSP 项目简介

图 1 是对 JSP 项目的官方简介。

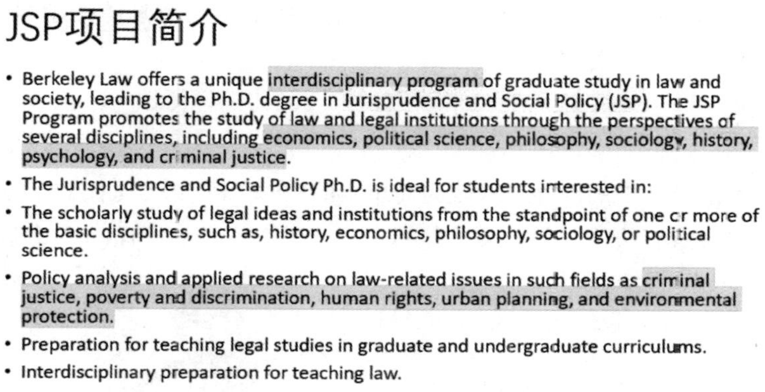
JSP项目简介

- Berkeley Law offers a unique interdisciplinary program of graduate study in law and society, leading to the Ph.D. degree in Jurisprudence and Social Policy (JSP). The JSP Program promotes the study of law and legal institutions through the perspectives of several disciplines, including economics, political science, philosophy, sociology, history, psychology, and criminal justice.
- The Jurisprudence and Social Policy Ph.D. is ideal for students interested in:
- The scholarly study of legal ideas and institutions from the standpoint of one or more of the basic disciplines, such as, history, economics, philosophy, sociology, or political science.
- Policy analysis and applied research on law-related issues in such fields as criminal justice, poverty and discrimination, human rights, urban planning, and environmental protection.
- Preparation for teaching legal studies in graduate and undergraduate curriculums.
- Interdisciplinary preparation for teaching law.

图 1

---

* 本文根据北京大学法学院教学沙龙 2023 年第 7 期“伯克利法学博士培养——JSD 与 JSP 并轨”讲座整理。

** 北京大学法学院助理教授。

可以看出,JSP 的全称是法律与社会政策,定位为跨学科项目(interdisciplinary program),研究视角多元,包括经济学、政治学、哲学、社会学、历史、心理学等。此外,简介中还列举了更为具体、颇受学生欢迎的交叉研究领域,大部分可能无法归入传统意义上的法学研究范畴,包括:

- 刑事司法政策:这一领域无论在国内外都是法学实证研究的前沿阵地,广受关注;
- 贫困、歧视以及人权:这些并非传统法学研究的问题,更多地被经济学、政治学所关注;
- 城市规划与环境保护等:这一领域量化程度极高,不仅存在一套非常完整、全面的"成本收益分析"框架,甚至可以对人的健康和生命进行经济价值的评估。

从上述内容可以看到,JSP 项目主要以"跨学科"作为培养目的。至于如何实现这一目的,需要从两个方面加以介绍,一个是课程设置,另一个是考核方式。

二、JSP 培养计划:课程设置

在跨学科目标的指引下,JSP 项目要求学生掌握三个方面的知识和技能。其一,法学知识,JSP 项目要求学生掌握一定的法学知识,但学分分配不高;其二,跨学科理论,即其他学科领域的知识,例如经济学知识、社会学知识;其三,研究方法,具体而言是社会研究方法,它并不特定于某个具体的学科,而是社会科学领域共用一套方法。

(一)法学知识

针对法学知识的硬性要求较为简单,如图 2 所示,要么具有 JD 学位(如此就需要修习所有法律课程),要么修习一门法学知识类的课程(3 学分即可)。

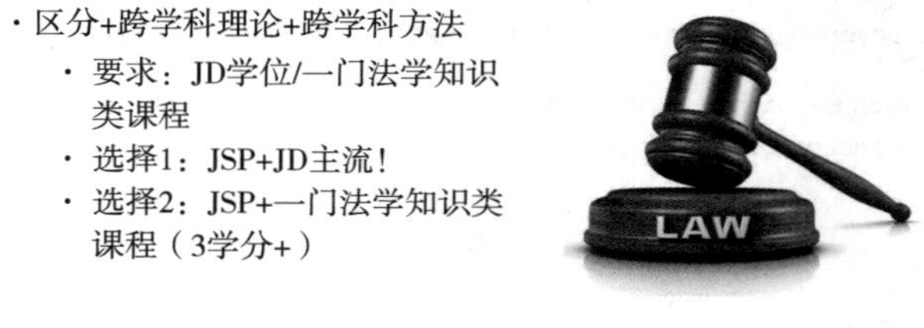

图 2

可以看出,JSP 项目对法学知识的要求确实很低。因此,对于 JSP 项目的学生来讲,主要存在两种方案。其一,同时进修 JSP 与 JD,这也是大多数学生的选择。在美国,博士生就业同样竞争激烈,好的法学院的 JD 加社科领域的 PhD 是标配。如此一来,在伯克利法学院同时进修 JSP 和 JD,可以为博士生节省大量时间。理论上,修完两个项目需要 7 年左右的时间,不过也有同学只花费了 3 年或 4 年时间。然而,一旦将两个项目分开就读,则需要 10 年左右的时间——JD 项目 3 年时间较为固定,但社科领域的 PhD 时间却很长,需要 5 到 8 年。

其二,修习一门法学知识类课程。能够选择的课程范围很广,以知识产权为例,知识产权导论、专利法、商标法、著作权法、娱乐法、体育法都可以。选择这一方案的学生人数较少,但并非没有,与学生的个人就业选择高度相关。相当比例的 JSP 学生并不谋求或只谋求法学院的教职,而是在一些相关学科寻找合适的职位,例如政治学和社会学。在美国,学科之间似乎并没有铜墙铁壁。

我记得在毕业季,我的答辩委员会中有一位经济学院老师,他询问我工作去向如何,我回答说还在找,投递了一些学校的法学院。但是他接着问道,不考虑经济学院的教职吗?我听后极为震惊。在我看来,以自己的经济学知识储备是无法与经济学专业的学生竞争的,但是,在他们看来,却是一件很正常的事情。

尽管 JSP 项目容量不大,但就业情况很不错,既有获得排名前 14(T14)法学院教职的同学(如斯坦福大学、芝加哥大学、伯克利大学、杜克大学),也有大量同学进入非法学院部门工作(如哈佛大学的政府管理学院、西北大学的社会学系、伦敦政治经济学院的社会政策中心、密歇根大学的政治学等)。可见,JSP 学生的就业并非仅限于法学院。

(二)跨学科理论

JSP 课程体系设置中占比最大的部分是跨学科理论。如图 3 所示,这一部分的课程设置极为丰富,并且呈现出一种"金字塔"的三级结构,点面结合、由浅入深。

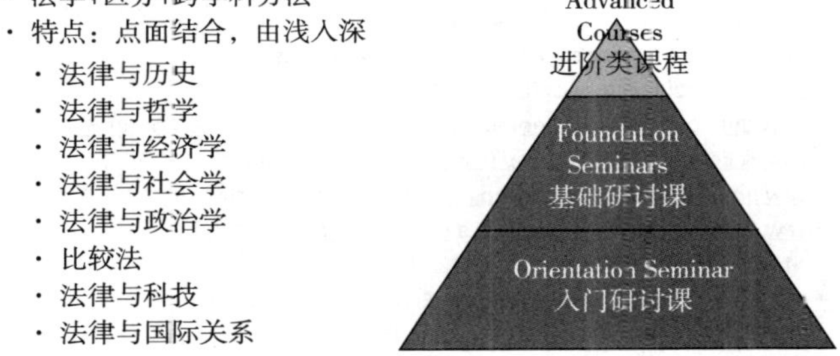

图 3

首先,范围最广、深度最浅的是入门研讨课(orientation seminar),也是第一学年第一学期的必修课。该课程目的有二:其一,介绍各种跨学科方法,形成较为感性的初步认识;其二,实现同学之间的破冰,不仅是人际关系意义上的相互熟识,也包括对彼此研究方向和课题的熟悉。

JSD 也设置有类似的入门研讨课,共 14 周。第 1 周和第 2 周以富勒的《再审洞穴奇案》作为切入点,系统地介绍法学研究以及方法的流变;第 3 周至第 10 周由不同的老师针对跨学科方法进行介绍,包括法律与历史、法律与哲学、法律与经济学、法律与政治学、法律与社会学、比较法、法律与技术、法律与国际关系等;第 10 周至第 14 周则由博士生汇报各自的研究计划,不同的法律问题和不同的研究方法时常可以碰撞出火花。

其次,范围相对较广且较为深入的是基础研讨课(foundation seminars)。此类课程学分要求较高,需要选择 3 个方向,并在每个方向修习 3 门 3 学分及以上的课程。以我自己的研究兴趣为例,如果我是 JSP 学生,应该会选择经济学、哲学(科技史方向)和心理学。需要注意的是,受限于师资力量,并非所有的基础研讨课都由 JSP 项目开设,很多时候需要借助其他院系的资源。在美国,跨系选课非常自由,只要导师认可且经过 JSP 管理委员会批准即可。

最后,范围最窄且深度最深的是进阶类课程(advanced courses)。进阶类课程要求学生在上一层级所选的 3 门方向中选定一个方向进行深挖,并至少要选修该方向 3 门 3 学分及以上的课程。此类课程的设置和学习更加倚重外院资源。

以"经济学"为例。图 4 中标下划线的课程是由法学院开设的基础研讨课和进阶类课程(课程编号 law),包括"法律、经济和商业""法律、经济和道德"以及两个工作坊(workshop)。其他课程则全部由经济学院开设,包括宏观经济学、微观经济学、比较经济学、政治经济学等,数量上是法学院开设课程的两倍。

JSP培养计划:课程设置

- **基础&进阶法律经济学课程**
- Comparative Economics (Econ 23059 Roland)
- Economic Theory (Econ 201A Ahn)
- Intermediate Microeconomics (Econ 100A 3 units)
- International Economics (Econ 23068 Rodriguez)
- <u>Introduction to Law, Economics and Business (Law 251.31 Cooter 3 units)</u>
- <u>Law & Economics Workshop (Law 216.1 Cooter 2 units)</u>
- <u>Law and Economics Workshop (Law 217 Krishnamurthy)</u>
- <u>Law, Economics and Morality (Law 216.5 Medina 2 units)</u>
- Macroeconomic Theory (Econ 202A Obstfeld)
- Microeconomics of Development (Econ 23062 Sadoulet)
- Political Economics (Econ 215A Roland)
- Public Economics (Econ 230A Auerbach)

图 4

此种三级课程的模式与之前对法学知识的“忽视”形成了鲜明对比。

（三）跨学科方法/社会研究方法

跨学科方法主要指“实证”。“实证”这一概念是个舶来品，定义并不清晰。但是，我在伯克利法学院的老师认为，实证就是“基于观察”（based on observation）的研究，即图 5 中所提及的，通过对世界的观察，提出、检验和修正理论。

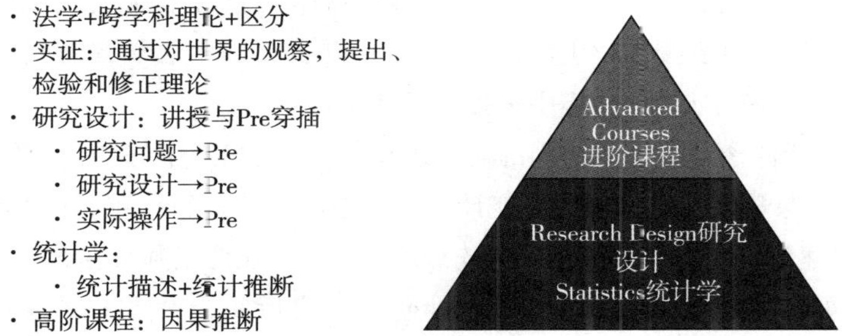

图 5

这里可以插入一个小故事，元培学院设置有“元培学者”项目，以鼓励本科生科研，我曾受聘为人文社科组别的评委。参选学生的研究领域非常广泛，包括经济学、政治学、社会学、法学等。有趣的是，只有法学方向同学的研究停留在纯理论甚至规范层面，而且跨度极广，从私法到公法，从实体法到程序法，而其他所有社科方向的学生都聚焦于一系列相关的问题，而且都在做实证，通过定量的方法检验和发展理论。

近年来，实证研究在社会科学研究中非常受欢迎，原因可以归结为两个方面。其一，现实原因。很多学科的理论发展已经非常成熟，能做的东西很少，或者说进行纯理论创新的边际成本太高了。其二，理论是对现实世界的抽象，但为了检验这一理论，自然需要实证的方法对现实世界进行衡量和评估。

我在上课时很喜欢举伽利略实验的例子。虽然这是一个自然科学的例子，但在社会科学领域也同样适用。在伽利略之前，存在一个由亚里士多德提出的旧理论，即物体下落的速度与物体质量成正比。这一理论多年未受质疑，因为它极其符合人的直觉。然而，伽利略通过在比萨斜塔上抛球，推翻了旧理论并提出了新的理论，即如果不计空气阻力，物体下落的速度与其质量无关。

实际上，在除法学以外的社会科学领域，理论发展的轨迹与伽利略实验的例子类似:前人进行逻辑上的推演得到理论,后人通过实验对理论进行检验和补充。社会科学和自然科学即在这种理论与实验的周而复始中得到了发展。

方法部分的课程设计也呈“金字塔”形,但与知识类课程相比层级较少,仅有两层。作为底层基础的是两门必修课,也是我攻读 JSD 期间最喜欢和收获最大的两门课程。

第一门是研究设计(research design)。这门课用一个学期的时间引导学生进行科研,包括从提出问题到设计研究再到具体实施的全流程、手把手教学。此外,这门课程将讲授和学生汇报穿插进行,与目前国内法学院研究生课程习惯性采取的先集中讲授、后集中汇报的模式十分不同。

例如,任课老师会先用 2 周的时间讲授“如何提出一个好的研究问题”,第 3 周便由选课学生针对其自身研究计划中的选题部分进行汇报,并由老师和同学们提出建议。在“研究问题”已经较为完善之后,任课老师会在第 4 周和第 5 周讲授“如何从研究问题出发进行设计研究”,之后又会设置 1 周时间由学生汇报其研究设计。接下来,老师会进行实际操作层面的讲授,讲授完毕再由同学们针对其实际操作进行汇报。

这门课上完,绝大多数同学的研究计划已经发展为成熟的博士论文框架,之后的工作只剩具体实施和写作,而且这个框架是经过老师和同学们的反复讨论和修正的,避免了很多同学在提交博士论文前夕还在调整结构和返工的麻烦。

第二门是统计学基础,伯克利的这门课程叫作“法律和社会科学的定量方法”(Quantitative Approaches to Law and Social Science),主要内容包括描述统计和统计推断两部分。

方法部分的课程设计除了基础课程,还有进阶类课程,但是对进阶类课程不作学分上的要求。不过 JSP 的同学一般会选修大量的进阶类方法课程,因为简单的统计学基础对于从事定量研究是远远不够的,例如,比较关注法学理论与规范的同学一般会选修“因果推断”课程。

以上就是 JSP 项目课程设置的基本面貌,总的来说,其目标在于提供系统的跨学科训练,对于法学知识要求相对较少,对跨学科理论的要求最多,对跨学科方法的要求紧随其后,以求与理论形成互动和补充。

三、JSP 培养计划:考核

考核部分并不复杂,主要包括三场重要的考试,即表 1 所示。

表 1 JSP 培养计划:考核

时间	名称	内容
第三学年春季学期之前	前资格考试(书面考)	法学知识 + 跨学科知识
第四学年开始之前	博士生资格考试(面试)	基础知识储备(书单) + 研究计划(20 页)
第四学年结束(弹性)	提交论文、正式答辩(面试)	

(一)前资格考试

由于第一场考试的时间在博士生资格考试之前,我将其称为“前资格考试”,需要在第三学年春季学期及之前完成。考试采取笔试的形式,一共两场:一场考查法学知识,另外一场考查跨学科理论知识。

以我自己为例,我的大的研究方向是知识产权法,但前资格考试不会考查知识产权法的全部内容,而是具体到我的研究问题,例如知识产权损害赔偿。委员会会围绕上述问题设计一套试卷,以此来检验对于基础知识以及稍微有深度一些的知识的把握情况。至于跨学科知识,以在跨学科理论部分选择了经济学方向为例,委员会会围绕经济学基础知识设计一套试卷进行考试。

(二)博士生资格考试

博士生资格考试需要在第四学年开始之前完成,以通过前资格考试的笔试为前提。此次考试的形式为面试,面试官即你的论文评审委员会。

美国法学院组织论文评审委员会的方式很特别,主要体现在两点:第一,学生需要自行联系和组建论文评审委员会,并由导师批准;第二,委员会不能全是本院教师,需要有至少一位外院系教师。官方的解释是引入外院系老师可以一定程度上防止本院老师在考核时放水,但客观上讲,外院系老师的引入可以很好地把关博士论文的跨学科方面,非常有助于论文的完善。

博士生资格面试主要考核两个方面:基础知识储备和研究计划。关于基础知识储备,有些类似于北京大学法学院的中期考核。学生需要提交一份书单,这份书单应当包括上过课程中所有授课老师的推荐书单。以一名 JSP 学生需要上 10 门必修课为例,每门课老师推荐 3 至 5 本书籍,则书单上至少会有 30 到 50 本参考书。委员会可以针对其中任意的书籍进行提问。关于研究计划,学生需要提交 20 页左右的开题报告,主要包括研究问题、研究背景、文献综述以及研究方法、研究计划、预期成果。

(三)提交论文、正式答辩

提交论文以及博士学位答辩在第四学年结束之后即可启动,具体时间安排较为灵活。我个人认为,美国法学院的博士生培养呈现出一种“严进宽出”的局面,前面两场考核较为严格,但最后的答辩基本都很顺利。

四、JSD:“低配”版 JSP?

之所以称为“低配”,是因为 JSD 项目与 JSP 项目基本框架一致、具备了相同的要素,但在广度和深度上都差一点。学习时间便是一个很明显的例子,JSP 学生要同时具备法学知识和研究能力,需要修读 3 年的 JD 和 4 年的 JSP,一共 7 年时间;而 JSD 学生要实现相同的目的,只需要 1 年的 LLM(Master of Laws)和 3 年的 JSD,总共 4 年时间。用 4 年的时间修习别人 7 年的项目,各方面都难免减配了一些。

图 6 是我自己的选课记录。可以看到,JSD 的课程设置同样包括 3 个模块。

图 6

首先,我上了一门法学知识类的课程“面向技术人员的隐私法”(Privacy Law for Technologist),涉及信息行业的数据保护问题。之所以选修这门课程,是因为我在 LLM 期间学习了“隐私法”(Privacy Law),但该门课程非常类似于“侵权法”(Torts),并未涉及太多数据保护的问题。为了弥补这个遗憾,我才选修了这门课程。这门课程由三院合开,包括计算机系、信息管理系(ischool)和法学院,相应地,学生来自三个院系,他们将来会分别担任技术人员、产品经理和公司法务,所以课堂氛围非常类似于未来的实际工作环境。

其次，是跨学科理论类课程。研讨课(JSD seminar)前面已有介绍，通过一周讲授一个主题，介绍了几乎所有的跨学科方法，对标 JSP 的入门研讨课。在基础研讨课的学习中，我选择了两个方向：比较法和经济学。进阶类课程没有选择太多，而是将更多的学分放在了方法课程上面。

最后，我在方法类课程的学习上基本与 JSP 学生等量，两门必修课——“研究设计”和“法律和社会科学的定量方法”均有学习，并通过网络资源学习了因果推断等相对进阶的课程。

伯克利的博士生培养有很多值得借鉴的地方。

其一，对方法的强调。在美国法学院的教育理念里，专业知识应当在博士阶段之前就已经基本掌握，博士生不应当再花费大量时间夯实基础知识，而是要训练解决开放式问题的能力，“授人以鱼，不如授人以渔”。

其二，课程设置与毕业论文高度相关。每个学期、每个课程的学习都会按部就班地推进博士论文，最终成稿也就水到渠成：在入学之前就形成了研究计划，第一学期确定研究方法，第二学期形成研究框架，第三学期及以后逐步填充内容。

提问与讨论

有老师提出：通过今天的讲座对 JSP 项目有了初步了解，非常感兴趣。我个人理解，既然是跨学科研究，更多还是采用社科法学的视角学习法律，与大陆法系的教义学视角不太相同。根据我的求学经历，通常是先确定博士论文主题，之后再选修相关课程去充实。但伯克利法学院 JSP 项目的博士生培养似乎是反过来进行的：先通过课程学习把基础打好，之后在第三学年开题。我的问题是：导师具体是什么时候确定的？如果在博士生三年级确定题目，那么剩下一年的时间是否足以完成高质量的博士论文？基于社科法学的学习和积淀之后，您的博士论文的分析范式包括哪些？

边老师回应：导师是在申请之前就确定了，如果在申请前没有找到愿意接收的导师，那么申请大概率无法通过，也就不会录取。伯克利 JSP 项目的博士生在申请时就形成了一个初步的研究计划，紧接着从第一学年开始就逐步完成博士论文的各个部分，在所有课程结束后，基本上可以完成博士论文的一半，因为课程中要求写作和做汇报的内容都围绕着博士论文展开。至于研究问题，导师不会主动划定题目，而是由学生自己决定。我的博士论文还是采取定量的研究范式，相对比较偏向于方法论。

有老师提问：伯克利法学院 JSP 项目的确可以称得上豪华版，除此之外，类似的还有密歇根大学 SJD 项目、耶鲁大学 JSD 项目、哈佛大学 SJD 项目、芝加哥大学 JSD 项目。大部分还是叫作 SJD，少部分叫作 JSD。伯克利法学院 JSD、JSP 项目的课程设置都是比较成熟的；相较而言，密歇根大学 SJD 项目，从一开始就是跟着导师做研究，在这个过程中如有需要再去选相应课程，并没有设置入门研讨课、方法课等，基本上是按照导师要求去选相应课程。我的问题是：第一，伯克利法学院的 JSP 和耶鲁大学法学院的 PhD，二者之间的共性和差异是什么？第二，你的同学中有没有从事非跨学科研究的？他们的研究计划和课程安排又是怎样的？

边老师对此回答道：第一个问题我可能无法回答，因为没有深入了解过耶鲁的 PhD 项目。第二个问题，在 JSP 跨学科研究的大背景之下，纯粹做教义学研究（doctrinal research）的很少，不过确实也有。在我当时的学分计划中，教义学（doctrinal）课程占据了小一半。

左亦鲁老师对第一个问题进行了补充回答：如果说美国法学教育中有 PhD 项目的话，一般指的就是伯克利 JSP 和耶鲁 PhD。耶鲁 PhD 项目的两位主推者，当年从耶鲁毕业后就前往伯克利任教，之后还担任了伯克利法学院的院长，并且在职期间正式推出了 JSP 项目。之后，两人回到耶鲁大学法学院任教，并提出要在耶鲁设立 PhD 项目。PhD 项目设立正值我毕业那一年，我也由此见证了关于这一项目的全部争论。支持者认为耶鲁 PhD 项目不够完善，需要更加结构化的课程；增加社科方法的学术训练。反对者认为设立这一项目完全没有必要；JSD 项目的学生也对此感到不满。在我看来，二者的区别在于：其一，伯克利 JSP 更加注重跨学科的研究方法，但是耶鲁 PhD 项目对此并没有那么强调；其二，耶鲁法学院的后任院长对这一项目没有那么关注，相关资源的投入也减少了。

有老师提出：JSP 项目有一套成熟的法学训练。比较而言，我们的本科生训练模式不太容易改变，但博士生培养是不是可以做出一些改变，将 JSP 项目作为一个参考，尤其是对于方法的强调。“法学研究与写作”的课程是否可以集合一些老师讲授写作方法？

边老师回应：伯克利 JSP 项目的确非常强调跨学科研究。虽然我们没有必要达到如此高的跨学科研究程度，但必须强调方法。教义学是一种方法论，但同学们也并没有系统地学习过教义学。社科法学同样是一种方法论，可以考虑为博士生设置一些相关课程。此外，比较有参考价值的是研讨类（seminar）课程的设置，国内博士生汇报的主题铺展得很开，但基本属于“横着走”，并不深入；这种观念也会导致同学们的法学研究多是基于文献，而不是对社会的观察、对技术的了解，这种缺陷在知识产权学科中表现得尤为明显。法学院学生

“不出门”的问题很严重，导致自己的知识结构比较陈旧，已经与社会发展脱节。所以，法学研究的观念与方法都需要一定的反思和更新。

有老师提问：前面提到的研讨会类课程，规模有多大？授课模式是怎样的？

边老师回应：学生在20人左右。授课老师需要对每位同学的研究主题有所了解，给出一些指导意见。虽然各自学科不同，但可以有观点的碰撞。不同学科间的确也有一些共通之处，加强沟通很有必要。

有老师提出：在招收博士生时，可以预先设定研究的领域和主题；入学之后，按照既定方向进行更加深入学习和培养，加强相互之前的交流和理解。如此一来，或许也能在一定程度上实现与JSP项目类似的效果。关于方法的学习和锻炼，也是在交流的过程中逐渐意识到的。不过，如果以此为主题开设课程，也许会给学生带来压力，或许还可以寻找更多的方法去落实。

也有老师提出：也许可以考虑在现有的“校长奖学金”之外，设置一项新的针对博士生的奖学金。这个奖学金的评选可以通过答辩形式，不以发表的数量、发表期刊的质量作为唯一衡量标准，而是主要关注研究的内容、质量与实效。

还有老师提出：博士生培养确实存在很多值得加强的地方，可以适度增加对课程和学分的要求。那么，需要增加一些什么类型的课程，每个学校有不同的定位和理念。开阔的视野，需要法律之外和法律之内两方面的知识。从本科到硕士到博士，研究视野实际上越来越受到限制。的确应该采取一些措施去推动同学们跳出自己的专业小圈子接触一些其他学科的知识，使得视野不至于过于闭塞。

在本次讲座中，边仁君老师围绕伯克利法学院博士生培养的两大项目JSP及JSD进行了详尽全面的介绍，尤其针对极具特色的JSP项目的课程设置、就业走向、考核方式进行了分享。“金字塔式”的三级课程设置、博士生培养的三轮考核、相对较为“轻视”法学知识的跨学科理念等内容令人印象颇为深刻。边仁君老师在介绍的基础上，将其与国内法学博士的培养理念、制度设计进行了比对，提出了诸多可供借鉴的方向和建议。

为法律多元化的世界培养人才：如何向非美国学生教授美国民事诉讼法

雷·坎贝尔(Ray Campbell)*

一、引言

当前,越来越多的人认为,法学院学生应当了解本国以外的法律体系。然而,关于这一“了解”应以何种方式展开,尚未达成共识。一种观点主张在各门课程中适度引入跨国法律内容;另一种则提倡通过双学位项目,使学生能够深入学习两种法律体系,而非停留在表层认识。相比之下,对于课程应如何具体设计的讨论仍较有限,且多聚焦于未来有可能在相关法域执业的学生。

本文结合我在全球法律教育背景下独特的教学经验,试图回应一个常被忽视却日益重要的问题:对于不以在美国执业为目标的学生而言,学习美国程序法课程究竟应当掌握哪些内容?我在 STL 教授美国民事诉讼法已有十余年,学生大多并无赴美执业的意向,也几乎无缘亲历美国法庭实践。他们需同时修读完整的美国 JD 课程与中国法律硕士课程。在教学过程中,我不断思考:对这类学生而言,哪些内容才真正具有意义?本文正是对此问题的回应。我亦认为,这一课程设计思路,对那些虽在美国学习程序法课程、但无意或无条件在美执业的 LLM 及其他国际学生,同样具有一定参考价值。

在教学初期,我曾面临一个问题:部分学生更看重学历所带来的“标签效

---

* Ray Worthy Campbell,北京大学国际法学院法学教授,北京大学第四届燕园友谊奖获得者。本文译自 Ray Worthy Campbell, *Teaching U. S. Civil Procedure to Non - U. S. Students: Educating Students for a World of Legal Pluralism*, 72 J. Legal Educ. 31 (2023),由北京大学国际法学院 2022 级孙凡舒、2023 级康弘和 2024 级仇怡然同学翻译。在翻译过程中,为精简篇幅,对部分注释内容进行了适度删减。

应”,而非课程的实质内容。他们似乎认为,获得本校 JD 学位的意义,主要在于它能够证明自己具备在全英文、具有跨国文化背景的环境中学习和适应的能力,从而在激烈的就业市场中脱颖而出。相比之下,是否真正掌握扎实的法律知识,在他们眼中反而显得次要。这一现象在许多赴海外就读 LLM 的学生群体中也较为普遍。

我的第一反应是重新思考:学生是否真的需要掌握我所教授的内容?一旦确认了这一点,我就开始思考如何让他们也意识到这一点。于是,我不再拘泥于机械追踪美国的诉讼流程,而是向学生阐明:即便将来不在美国执业,美国民事诉讼法对他们来说仍具有重要意义。借用凯文·克莱蒙特(Kevin Clermont)的观点,我开始寻找那些“核心理念”(big idea),以说明美国民事程序对非美国律师同样具有重要价值。①

当今世界正从威斯特伐利亚国家体系转向一个多中心、法律多元化的格局。无论是数据跨境流动、国际并购,还是产品安全等问题,往往涉及多个国家的法律以及非国家主体制定的软法规则。作为全球最大的经济体之一,美国不仅拥有独特且复杂的程序制度,而且其法律体系因对外国当事人具有高度吸引力,在实体法与程序法领域均占据着重要的地位。

为了让学生从一开始就意识到,在法律多元化与多中心背景下理解程序法的重要性,我尝试借鉴卡尔·卢埃林(Karl Llewellyn)关于“具体案例具有强大说服力”的见解。

> 我们逐渐明白,任何一般性的命题——无论是法律规则还是其他原则——只有在具体、生动、反复积累的实例中,才能真正具备意义。没有具体案例的支撑,这些抽象概念就像是包袱,不但无助于理解,反而会成为绊脚石。②

为了提供层次分明、循序渐进的具体实例,我决定自编教材,舍弃大量标准的美国判例,转而选用涉及外国当事人的诉讼案例。这类案例不仅同样能有效展现美国程序法在实践中的运作机制,更重要的是,通过对具体案件和规则的逐步积累,学生能更清晰地认识到:即便是没有海外办公室的中国本土客户,也无法忽视法律多元化现象及他国法律的域外效力。我们重点分析了一

---

① Kevin Clermont, *Civil Procedure's Five Big Ideas*, 2016 Mich. St. L. Rev. 55 (2016).

② Karl N. Llewellyn, *The Bramble Bush: On Our Law and Its Study* 11 (Quid Pro Books 2012) (1930).

起涉及中国石膏板的多地区联合诉讼(multidistrict litigation)①,展示了即使中国公司未在美国设立机构或雇员,也可能受到美国程序规则的约束,其中部分程序规则对相关主体产生了不可忽视的实质影响。

本课程同样关注美国民事诉讼体系中的若干特殊制度设计,但我们力求跳出"法官在诉讼过程中的角色定位和与当事人之间的互动方式不同"这一类表层比较,转而探讨更深层次的制度差异。一种常见却较为片面的误解是:各国诉讼制度在国家治理中的功能相同,或者尽管体系不同,其内部机制运作大致类似。我们重点分析了美国诉讼制度在整体规制与法律制定中的独特作用,这种制度定位反过来又深刻影响了诸如证据开示(discovery)等具体程序安排,使"查明事实"不仅关乎个案的解决,更可能对制度整体运行产生深远影响。

我们也讨论了"金钱"在美国民事诉讼中的作用,以免忽视司法可及性这一核心问题。此外,为了增强学生的兴趣,我还特别选择了一些与中国学生实践密切相关的程序问题,如:如何向中国被告送达诉讼文书、美国法院如何承认与执行外国法院判决,以及非美国判决的既判力效力等——这些主题虽超出传统美国民事诉讼课程的范畴,却具有重要的现实意义。

概括而言,我们的课程在多个方面进行了有意识的调整:更明确地探讨诉讼在美国"事后规制"(ex post facto regulation system)体系中的角色;分析普通法程序中若干看似"特殊"的制度安排如何影响整个法律体系的运行;关注联邦制与多中心治理(polycentric governance)下的法律协调问题;引入通常属于跨国诉讼高阶课程的若干议题;并穿插讲解一些与美国历史和法律文化密切相关的内容。与此同时,我们也不得不精简部分传统课程中的标准模块。但我认为,相较于我早年所教授的"标准版"民事诉讼课程,这样的课程设置更能帮助学生为未来的法律职业实践做好准备。

二、多元法律格局下美国民事诉讼法的教学价值

无论学生来自何种背景,即便美国法律对他们而言是"外国法",在国际法学院,我们仍采用一种独特的教学方法——"从内部教授美国法"(to teach U. S. law "from the inside")。正如凯瑟琳·瓦尔克(Catherine Valcke)所指出的:

通常而言,各国的法学院都会教授学生本国的法律体系:加拿大法学院通

---

① In re Chinese - Manufactured Drywall Products Liability Litigation, 753 F. 3d 521, 529 (5th Cir. 2014).

常教授学生如何像加拿大律师那样思考，美国法学院通常教授学生如何像美国律师那样思考，法国法学院则教授学生如何像法国律师那样思考，依此类推。显然，本国法律体系是该国法学院学生需要深入研究的传统核心。①

我们的学生一方面接受与美国 JD 课程相同的美国法训练，另一方面通过中国法律硕士课程系统学习中国法。JD 课程的教师着力引导学生像美国法律人那样思考，而中国法课程的教师则培养他们从中国法律人的视角出发理解问题。尽管两套课程体系都具备比较法意识，但是真正的整合有赖于学生在学习中的自主领会，而非教师主导；两类课程均由本国法律体系内的教师授课，因而有效避免了比较法教学中可能出现的“法律东方主义”（legal orientalism）的问题。事实上，能在语言、文化和法律体系三方面同时达到学生毕业要求的教师极为少见，我本人也尚未达到这一水平。

对学生和教师而言，一个关键问题是：学习美国民事诉讼法究竟有何实际裨益？不少学生认为，掌握这一体系对其未来职业发展帮助有限，因为即便从事诉讼，往往也是在中国法院或国际仲裁机构。研究表明，在美国的 LLM 项目中也存在类似现象。对一些学生而言，他们更看重借助课程提升英语能力、证明自己能适应全英文、高强度的学习环境，并获得中国顶尖大学学位的认可。相比之下，课堂上学到的具体法律知识则常被视为次要的附加收获。

高举比较法知识的大旗，并不能真正解决这一问题。尽管人们普遍认同比较法知识是有益的，相关学术讨论却多流于泛论，鲜少深入探讨哪些内容真正重要、切实可用。近年来，虽然在美国课堂中就读的非美国学生数量显著增加，但是课程内容却鲜少从他们的视角出发进行设计。换言之，这些学生所学的，是一个他们未来未必有机会实际从事的法律体系。② 考虑到现实情况，这一困境不仅影响大多数顶尖 LLM 项目的学生，也波及不少 JD 学生——他们往往难以在美国顺利就业或获得长期签证。

（一）我教授的具体内容

起初，我采用的是一本标准的美国《民事诉讼法》教材。但因新版价格较

① Catherine Valcke, *Global Law Teaching*, 54 J. Legal Educ. 160, 172 (2004).

② 有学者指出，一些法学院在招收外国 LLM 学生时，并未系统性地考虑这些学生在该项目期间应获得何种收益，更不用说具体课程的设置。参见 Julie M. Spanbauer, *Lost in Translation in the Law School Classroom: Assessing Required Coursework in LL. M. Programs for International Students*, 35 Int'l J. Legal Info. 396, 397 – 403 (2007)（指出尽管 LLM 课程为法学院带来的收入“相当可观”，但“总体而言，这些课程的发展缺乏对学生需求的真实评估，也未考虑满足这些需求的最佳方式”）。

高,且内容不够契合本校教学需要,我最终决定自行编写教材,并发布于哈佛大学的开放教材平台 H2O(OpenCasebook H2O)。[①] 编写教材耗时颇多,尤其是撰写案例之间的解释和引导性问题,既耗费精力,也让我不得不涉足一些超出自身专长的领域。不过,这一过程也让我得以聚焦于那些对学生真正有现实意义的案例和法律原则(doctrines)。除了突出跨国视角下更具讨论价值的问题外,这种方式也让我能更直接地讲授美国民事诉讼法对非美国法背景律师的实际意义。为了激发学生兴趣,我还特别选编了一些涉及中国当事人的案例。

(二)核心理念:全球化背景下的多中心治理

在讨论美国本土的民事诉讼法教学时,凯文·克莱蒙指出,这门课程不应仅作为司法考试的备考工具,也不只是诉讼律师的入门训练,更不应被简单视为了解争议解决机制的起点。[②] 他主张,应从制度层面切入,通过这门课揭示美国司法体系的核心架构。

> 我花费了数十年的时间才恍然意识到这一点:这门课程的主要作用,其实在于帮助学生理解整个法律体系的结构。这才是民事诉讼法课程的核心理念所在。[③]

克莱蒙进一步指出,民事诉讼法课程的设计应围绕一些"核心理念",例如纵向联邦主义(vertical federalism)、横向联邦主义(horizontal federalism)、信赖与承认原则(full faith and credit)以及正当程序保障(procedural due process)。其教学目标在于展示"整个法律体系如何在宪法框架内运作"。[④]

克莱蒙的教学理念在任何课堂上都有其合理性,尤其适合那些尚未深入了解美国制度的学生。他所强调的这些"核心理念",确实是理解美国治理结构和诉讼制度的必要起点。不过,在跨国教学场景下,克莱蒙的模式并不能完全适用。它没有回应一个根本问题:对于那些未来并不直接从事美国法律实务的学生,学习这些内容究竟有何意义?这个问题的答案,可能要从克莱蒙模式之外去寻找——在全球化背景下,现实世界正呈现出多中心治理(polycentric

---

① Ray Worthy Campbell, *US Civil Procedure for International Students* 2022 – 2023 *Edition* (2023), https://opencasebook.org/casebooks/7581 – us – civil – procedure – for – internationalstudents – 2022 – 2023 – edition/. Under the Creative Commons license, this book may be freely used or modified if all or any part of it seems useful.

② Kevin Clermont, *Civil Procedure's Five Big Ideas*, 2016 Mich. St. L. Rev. 55, 57 (2016).

③ Kevin Clermont, *Civil Procedure's Five Big Ideas*, 2016 Mich. St. L. Rev. 55, 57 (2016).

④ Kevin Clermont, *Civil Procedure's Five Big Ideas*, 2016 Mich. St. L. Rev. 55, 58 (2016).

governance)与法律多元主义(legal pluralism)的格局。

我们早已超越了威斯特伐利亚式的单一国家主权观念,甚至这种观念在历史上是否真的存在过,也值得质疑。

我们早已步入一个法律多元的时代,个体往往同时受到多种正式与非正式规则的约束。传统主权观念在美国这样的联邦制国家本就难以成立;而在全球化、非国家规则制定主体兴起以及互联网等跨国界空间的影响下,这一观念更显过时。①

这也改变了我们教授一国法律的方式。对于已经身处或即将进入跨国环境的学生来说,他们需要明确意识到:任何国家的法律都只是多元权力体系中的一部分,无法脱离其他规则和体系单独运作。

国家所处的运行环境,往往同时面临来自其他国家、国际组织,甚至非国家主体的多重管辖主张。这些交错的规则与权力边界,共同构成了一个无法回避的多重法律环境。②

将法律置于多元且重叠的权力体系中加以理解,已成为当代学界的重要研究路径。对我来说,这种转变更直接体现在教学中。我的学生早已不同于朗代尔(Langdell)时代那些只在地方小镇执业、服务单一法域的律师,他们面对的将是一个流动且跨域的法律实践环境。因此,他们从一开始就应认识到,"像法律人那样思考"(thinking like a lawyer)不应局限于某一法律体系,而要具备在多重法律体系中分析与应对的能力——这也正是卢埃林所强调"案例积累"(piling up of examples)的真正意义。

三、从中国石膏板案出发:构建美国民事诉讼法的学习基础

为了回应学生最常提出的一个根本性问题——"美国民事诉讼法和我有什么关系?"——我在课堂上反复引用一个具体案例:卡特里娜飓风过后,美国发生了一起因中国制造石膏板产品质量问题引发的大规模多地区联合诉讼(Multidistrict Litigation,MDL)。③21世纪初期,美国房地产市场火热,国内石

---

① Ray Worthy Campbell, *Personal Jurisdiction and National Sovereignty*, 77 Wash. & Lee L. Rev. 97, 172 (2020). 关于法律多元主义概念的发展综述,参见Paul Schiff Berman, *The New Legal Pluralism*, 5 Ann. Rev. L. & Soc. Sci. 225 (2009)。

② Paul Schiff Berman, *Global Legal Pluralism: A Jurisprudence of Law Beyond Borders*, 2012, p. 5.

③ In re Chinese-Manufactured Drywall Products Liability Litigation, 2:09-MD-02047.

膏板供应紧张,而飓风带来的重建需求进一步加剧了短缺。这一背景为中国制造商打开了进入美国市场的大门。这些中国制造商选择直接向美国商业客户供货,而非通过中间商。与此同时,他们在美国境内既没有员工,也没有办公场所。这批中国石膏板的销售规模巨大,达到数亿平方英尺,广泛应用于美国东南部的新建住房和灾后重建项目中。①

不幸的是,这批石膏板存在严重的质量问题。由于生产过程中使用了不合适的原材料,大量销往美国的中国石膏板被发现含有高浓度硫元素,在使用过程中释放有害气体,部分房屋最终无法居住。由此引发了大规模诉讼,美国境内同时出现了多个集体诉讼(class actions)和大量独立诉讼(standalone actions)。

各个中国被告均已被依法送达法律文书,并被法院判决缺席。部分被告事后主张,因不熟悉美国诉讼程序,未能理解送达的法律意义,遂请求撤销缺席判决。经过多轮争议,法院维持原判,确认对被告具有属人管辖权(personal jurisdiction),并批准了集体诉讼的认证(class certification),最终达成数亿美元的和解协议。即便到今天,仍有部分未纳入和解范围的案件在审理中。

中国石膏板诉讼为多个相关法律议题提供了一个贴近现实的切入点。首先,这一案件揭示了美国法律适用范围的广度与现实影响。许多中国企业虽然在美国既无员工,也无办事处,但仅因向特定州直接销售产品,便被认定适用美国的属人管辖,并因此承担一系列法律后果——这种情况在中国"我们制造,世界采购"的出口型经济中极为常见。这起诉讼本身,以及人们事后对"如果事前做好法律筹划,结果可能不同"的反思,更加突出了跨国法律视角的重要性。

其次,这一案件也使学生更直观地认识到美国法律体系的一个核心特征:诉讼不仅用于争取赔偿,更是一种重要的事后规制手段。没有任何政府部门禁止中国石膏板进入美国市场,也没有对制造商进行罚款或行政处罚。除诉讼中的制裁外,几乎所有"规制回应"都体现在赔偿机制中。我的一个教学目标,是帮助学生理解:不同法域的诉讼制度不仅在具体规则上存在差异(如证据规则、交叉询问等),更根本的区别在于其在国家治理中的功能定位。美国通过诉讼实现的目标,在其他国家可能通过完全不同的方式完成。理解这一点,是深入掌握比较法的关键。

---

① 关于该诉讼的详细发展过程,参见 Ray Worthy Campbell & Ellen Claar Campbell, *Clash of Systems: Discovery in U. S. Litigation Involving Chinese Defendants*, 4 Peking U. Transnat'l L. Rev. 129, 157 - 163 (2016).

除了整体的规制问题外,该案件还为讲授多个具体法律概念提供了现实案例。例如,正是凭借属人管辖权,美国法院才得以审理这些外国公司。案件还涉及两类"长臂管辖法"(long - arm statutes),其中一类聚焦于企业是否"在诉讼地州开展业务"(doing business in the forum state)。这个例子能够很好地说明,在适用成文法时,必须结合法院对该法规的解释进行深入分析,而不能仅停留在法规文本的字面含义上。

该案也可作为"如何应对送达"(service of process)的教学案例。被告辩称,他们并非故意忽视美国诉讼程序,而是因未理解传票内容所致。本案充分体现了未及时应诉可能带来的严重后果。同时,案件中多层级裁决还涉及诸多重要法律问题,包括缺席判决的作出、撤销缺席判决的尝试①、根据28 U.S.C. § 1292(b)进行上诉的问题②、集体诉讼的认证与和解③、多地区联合诉讼,以及跨国法律适用问题(transnational choice of law issues)等。

中国石膏板案有效地拉近了学生与美国诉讼实践的距离,因此我也尝试选取其他涉及中国当事人并进入美国法院的案例。针对石膏板案未涵盖的问题,我引入另一宗跨国商业纠纷作为补充。在Global Material Technologies, Inc. *v.* Dazheng Metal Fibre Co.④一案中,我讲授了美国法院对中国民事赔偿判决的承认、跨国语境下既判力原则(preclusion doctrine)的适用,以及因拒绝配合证据开示所受到的制裁。至于外国人管辖权(alienage jurisdiction),则通过另一宗涉及中国投资者的案件予以说明。⑤

我发现,选用真实且近期发生的案件进行教学,能增强学生的代入感,也让"法律多元主义"不再停留于理论,而成为他们在未来法律实践中必须直面的现实问题。这些案例有时会替代教材中用于讲授同类规则的案例。毕竟,并非所有教材案例都是确立规则的"典型先例"(leading cases),其中不少只是起到说明作用。即便是被视为必学的典型先例,如果我们不再坚持朗代尔式的"通过判例系统归纳规则"的教学法,其必要性其实也值得重新评估。现实

① In re Chinese - Manufactured Drywall Products Liability Litigation, 742 F. 3d 576 (5th Cir. 2014).

② In re Chinese - Manufactured Drywall Products Liability Litigation, MDL No. 2047, 2012 WL 4928869 (E. D. La. Oct. 16, 2012).

③ In re Chinese - Manufactured Drywall Products Liability Litigation, 424 F. Supp. 3d 456 (E. D. La. 2020).

④ Glob. Material Techs., Inc. *v.* Dazheng Metal Fibre Co., No. 12 CV 1851, 2016 WL 4765689 (N. D. Ill. Sep. 13, 2016).

⑤ Hebei Tiankai Wood & Land Construction Ltd. *v.* Chen, 348 F. Supp. 3d 198 (E. D. N. Y. 2018).

感和关联性本身就是教学中的重要价值。例如,“美国是否可以通过属人管辖,对从未入境的外国公司适用本国法律”这个抽象问题,一旦涉及与学生未来客户高度相似的当事方,就更值得深入探讨。这些案例也提醒学生:在法律多元的环境中,即使只从事国内业务,也要做好跨法域应对的准备。

四、课程内容的选择与取舍

(一)事后规制机制:诉讼制度在国家治理中的比较功能

各国政府体制差异显著,即使结构表面相似,实际功能往往不同。比如,虽然许多国家都实行某种形式的议会民主制,但立法机构在不同国家中所起的作用大不相同。诉讼制度也是如此。虽然看起来各国的诉讼机制相近,但其承担的制度功能可能完全不同。在这方面,美国具有一定的独特性。一般而言,诉讼制度旨在解决当事人之间的争议,而在美国,诉讼还承担了大量原本应由其他规制机制履行的职责。

要深入理解美国的民事诉讼制度,就必须把握其“事后”规制体系的基本逻辑。正如塞缪尔·伊萨查罗夫(Samuel Issacharoff)所指出的那样:

> 美国的独特之处在于,它并不着重于“事前管控”,而是更强调对“事后结果”的规制。这与完全不受管制的市场是不同的——美国的做法更像是一种“放宽准入、严格追责”的机制,即在进入门槛较低的同时,对事后的行为后果进行严格审查。①

正如肖恩·法汉(Sean Farhang)所深入研究的那样,在某些情形中,美国的成文法体系在设计时即依赖私人诉讼作为其实施手段。在产品安全或大规模侵权等情境中,美国的普通法传统,尤其体现在州法院体系中,更是将诉讼视为主要的规制手段——通过惩罚不法行为来震慑他人,进而规范市场行为。只有在理解其背后的规制功能时,才能真正把握美国诉讼制度中的许多设计(如集体诉讼)的运作逻辑。另外,有一些制度(如法院对个人的管辖权),也需要放在司法承担规制职能的整体背景下,才能更好理解其意义。

正如一位著名的民事诉讼法学者所总结的那样:

> 公益律师的工作早已超越传统的民权诉讼和选区重划,而是深入多个社会领域——石棉问题因他们的介入得到控制,烟草行业受到限制,有缺陷的药

① Samuel Issacharoff, *Regulating After the Fact*, 56 DePaul L. Rev. 375, 377 (2007).

品，如减肥药、Vioxx 等，也在他们推动下被迫退出市场。安然等公司存在的不当金融行为，则通过诉讼被及时叫停。至今，仍有律师发起诉讼，追究金融危机中相关责任人的责任。正因这些努力，美国才有更多人免于因有毒产品或危险物质致死致残，也正因如此，许多关键的社会和经济政策才真正落到实处。①

我的经验是，大家往往意识不到"事后规制"在美国制度中的重要性。在某些情境下，诉讼可作为一种有效的规制方式，原因也不难理解。最典型的情况是，当"事后规制"与较少的"事前干预"（*ex ante* regulation）结合时，能为企业和个人提供更大的初始自由，进而鼓励创新。比如在美国，企业发行股票几乎无须烦琐审批；而在其他国家，公司往往需要排队等候冗长的预审流程。不过，诉讼式规制也存在明显问题：法院制定规则的效率不高，判断也未必准确，而"司法可及性"（普通人是否有能力承担诉讼成本）问题则进一步加剧了这些问题。在课堂上明确指出这些问题，可以引导学生深入思考与讨论。

深入理解诉讼在美国制度中的角色，有助于更全面地开展比较法讨论。在美国，许多原本由政府部门承担的规制职能往往通过诉讼实现。如果只比较各国的诉讼规则而忽视背后的制度差异，这样的比较就难免片面甚至肤浅。真正深入的比较，应着眼于整个制度架构，意识到法院只是国家治理体系中的一环。

要真正"从内部"理解美国制度，首先要认识法院在政府规制体系中的角色。正如民事诉讼法教授常说，民事诉讼是一个系统，如果不了解其整体运作，就难以理解其中任何一环。在比较法或跨国法律的语境中，这意味着我们必须认识到：各国制度无论在内部运作，还是在治理体系中的定位，其逻辑往往大相径庭。课程伊始，我就引入了"诉讼在规制中的作用"这一核心议题。随着课程深入，每当讲到相关内容，如禁令救济（injunctive remedies）或集体诉讼，我们都会回到这一主题展开讨论。例如，在集体诉讼部分，我们研读了中国石膏板案件中初审法院对被告作出的集体诉讼认证和集体和解批准决定。②

---

① Arthur R. Miller, *Simplified Pleading, Meaningful Days in Court, and Trials on the Merits: Reflections on the Deformation of Federal Procedure*, 88 N. Y. U. L. Rev. 286, 299 – 300 (2013). See also Patrick Higginbotham, *Foreword*, 49 Ala. L. Rev. 1, 4 – 5 (1997).［"国会选择将私人诉讼、私人总检察长（private attorneys – general）机制作为反垄断法、证券法、环境法、民权法等法律的执行手段。在大多数情况下，这些诉讼中的原告必须从被告处获取证据。证据开示的范围实际上决定了国会所设定的社会政策的执行力度……"］

② In re Chinese – Manufactured Drywall Products Liability Litigation, 424 F. Supp. 3d 456 (E. D. La. 2020).

当学生们充分理解了法院的推理后,这起和解金额近 2.5 亿美元的案件清楚地展现了美国集体诉讼在规制方面的作用。

(二)诉讼结构的多样性与功能差异

我在课堂上强调:制度形式相似,并不意味着功能相同。理解不同法律体系下制度功能的真实差异,是开展有效比较的关键。在我的课堂上,大陆法系与普通法系的区别是必谈的话题。对许多学生而言,深入了解普通法传统正是他们选修这门课程的重要动机。而部分有法律本科背景的学生,往往已对大陆法系的知识有较扎实的理解。

不少学者早就指出,大陆法系与普通法系的差异常被夸大。一方面,两者本就不完全符合人们的刻板印象;另一方面,随着制度演变,它们在很多方面也逐渐趋同。我的学生未来大多将在大陆法系中执业。因此,我的重点不是去争论两大法系是否趋同,而是引导他们深入理解美国制度的复杂性,让他们自己判断这种趋同是否存在,不同制度之间是否值得借鉴。比如,当他们考虑是否引入美国诉讼中的某些机制时,能站在更全面的角度思考:在不同国家,诉讼在治理中的定位不同,制度内部各环节在本国背景下的功能也可能完全不同。

从这个角度来看,与其争论当代美国法官在案件中是否变得更"主动干预、积极管理",或大陆法系下的律师是否也开始展现出更强的诉讼对抗风格,不如关注那些虽不完全独特,却长期存在并体现制度差异的核心机制。这要求我们深入理解美国制度中的运作逻辑,而非停留在制度标签的表层比较。

1. 判例在各法律体系中的功能定位

早期的法律课堂多由强调权威与规范的教师主导,判例在法律中的地位一直是讨论重点。学生必须掌握"遵循先例"(*stare decisis*)的基本原则,并能辨别判决中哪些是具有约束力的裁判理由(*ratio decidendi*),哪些只是法官的附带意见(*obiter dictum*)。

如今情况已经不尽相同了。正如拉里·索鲁姆(Larry Solum)所指出的:

> 如今,在美国法学院学习时,如果因为学校或任课老师不同,你甚至到大二还可能没真正弄清"判决理由"(holding)和"附带意见"(dictum)的区别。这并非巧合。虽然"判决理由"具有先例效力(precedential effect),而"附带意见"只是具说服力(persuasive effect),但在经历法律现实主义(legal realism)冲击

后，这种传统的区分方式在当代美国法学中已不再那么明确或实用。①

但在某些情况下，法院仍强调依照既有判例的形式裁决案件；更重要的是，理解先例的基本结构，正是大陆法系学生学习普通法课程的主要动因之一。因此，我在课堂上也会特别强调先例制度的讲解，并反复训练学生区分“判决理由”与“附带意见”这一基本功。

我在讲授“判决理由”与“附带意见”区分的同时，也会推荐学生阅读拉里·索鲁姆的法律理论博客“Legal Theory Lexicon”。其中对“判决理由”的条目不仅涵盖传统定义，还引入了更深入、当代的理解方式。对来自成文法系的学生而言，这是理解美国学界如何看待“先例”并开展比较研究的重要参考。此外，我还会介绍美国部分州法院和联邦第九巡回上诉法院采用的一种判例解释方式，即“裁判性先例模型”（adjudicative model of precedent）。在该模式下，即使法官在判决中讨论的某些问题并非裁决所必需，也可能被视为对后续案件具有约束力的先例。通过这些内容，我希望学生不仅了解普通法如何通过判例生成规则，也能进一步思考：法院在解释法律时，是否可能越过界限，行使类似“立法”的职能。我强调这一部分，是为了引导学生跳出对判决理由的刻板印象，从制度运行的角度理解其功能与现实意义。在判例具有创制力的体系中，“先例应如何生成”“法院应扮演何种角色”始终值得深入探讨。

随着课程推进，学生有充分机会观察先例在真实案例中的实际运作。他们会看到，判决要旨及其确立的规则被废弃（abandoned）、扩展（extended）、限定（qualified）、区分（distinguished）、限缩（limited），甚至被忽视（ignored）。我们也会讨论一个关键问题：判决中的法官表述，是否应被视为与成文法条具有同等的约束力。② 我们还会借助弗雷德里克·肖尔（Frederick Schauer）关于规则重要性的理论，探讨法律为何强调规则本身的作用。同时，我们也会解释“选择效应”（selection effect）：正因为进入判决程序的，往往是那些有争议的案件，学生才会觉得每个案例似乎都可能得出不同结果。

这类内容乍看似乎过于理论、晦涩，但对我的学生，尤其是那些未来可能不会在美国执业的国际学生而言，理解美国判例制度的理论基础，正是他们学习的核心目标和基本能力。在他们的职业生涯中，“懂美国法”往往意味着要

---

① Lawrence B. Solum, *Legal Theory Lexicon* 005: *Holdings*, *Legal Theory Lexicon* (Jan. 29, 2023), https://lsolum.typepad.com/legal_theory_lexicon/2003/10/legal_theory_le_2.html.

② Ford Motor Co. *v.* Montana Eighth Judicial District Court, 141 S. Ct. 1017, 1033 (2021)（阿利托大法官的协同意见），转引自 Reiter *v.* Sonotone Corp., 442 U.S. 330, 341 (1979).

解释美国法院判决的含义。他们必须具备足够的专业素养,不仅能准确理解判例,更要超越对"遵循先例"的机械套用,掌握其背后的制度逻辑与实际运作方式。我的学生在二年级时通常已对中国的"指导性案例"制度相当熟悉。要判断这一制度与英美法中的"具有约束力的先例"(binding precedent)有何异同,首先需要深入理解"先例"及其背后的理论。我认为,帮助他们建立这一理解框架,是我的重要职责。

2. 判例与成文法之间的互动逻辑

普通法最初的形态——由判例完全创设和界定的整套法律体系——如今已基本消失。现代法律早已不再是"从上到下全是判例"。在法院所构建的大量判例之下,通常可以找到一部法律(有时是由判例法发展而来的统一法典),或一条宪法条文作为基础。尽管法院在解释时应忠于法律或宪法文本,但这些规范的适用路径往往并不清晰,也未必有预设答案。

在某些情境下,法院对法律空白的填补本身就构成了法律,并以普通法方式不断演进。例如,《谢尔曼反托拉斯法》(Sherman Antitrust Act)篇幅虽短,但由此发展出的反垄断法体系却极为庞大。宪法中的"正当程序"(due process of law)条款同样如此,条文简洁,却衍生出丰富的判例与法律解释体系。

在成文法层面,国会或其他立法机关可通过修改法律来确认或否定法院的解释。换言之,法院的解释并非最终结论,立法机关可通过重新立法予以"回应"甚至"纠正"。在讲解"补充性管辖权"(supplemental jurisdiction)时,我们会讨论这一问题,例如斯卡利亚大法官在 Finley *v.* United States① 案中的意见很快就被后续修正的成文法所推翻(overridden)②。对来自以法典为中心的大陆法系学生而言,法典既是法律的起点,也是法律的终点。因此,要深入理解普通法,必须充分理解判例法与成文法之间的互动关系。

尽管美国律师应具备独立解读法条的能力,但许多情况下,已有判例会重新界定该条文的解释范围。若某条文在相关问题上已被该辖区最高法院明确解释,其含义即以该判例为准。传统的法律解释原则、立法历史、机构解释甚至常识,在司法解释面前通常都会退居次要地位。若法院的判决理由与当前案件直接相关,那么仅凭个人偏好的成文法解释理论提出的法律观点则于事无补。即使判决要旨不能直接适用于当前案件,任何法律论证仍需同时参考相关判例法和成文法。法律解释理论可能会掩盖援引判例法的必要性,因为

① 490 U. S. 545 (1989).

② 28 U. S. C. § 1367[通过《1990 年司法改进法》(Judicial Improvements Act of 1990)推翻了 Finley 一案的裁决].

它们往往假设案涉法律是一部“尚未被法院触及、可以从头分析的全新法律”。虽然解释理论的学者对此并不陌生，但来自大陆法系传统的学生，往往难以立刻意识到这一背景。

对跨国背景的学生而言，这意味着他们需要意识到：理解法律条文的关键一步，是查明权威法院（authoritative courts）对此作出的解释。很多有关法条解释的论证，实际上取决于对相关判例的解读。正如卢埃林所言，仅有抽象论述远远不够，必须通过大量具体案例，才能真正构建对规则的理解。

在本课程中，我们探讨了一个典型案例：佛罗里达州依据其“长臂管辖法”，对向州内客户销售石膏板的中国公司主张属人管辖。法院依据的是一项法条，允许对“在本州运营、开展、参与或从事商业活动，或在本州设有办事处或代理机构”①的被告实施域外送达（Service Abroad）。从解释角度看，可能存在争议：这些中国公司既未派员工入境，也未在佛罗里达州设立机构或生产产品，是否符合法条所要求的“在本州”（in this state）条件？然而，结合相关判例的解释，第五巡回上诉法院认为，这些公司有相当比例的业务来自佛州消费者，仅此一点，即可构成“在该州开展业务”（doing business in the state）的标准。②

判例与成文法之间的交织与碰撞，有助于学生理解美国联邦体系中的一些微妙之处。在美国，法律并不是单纯地由立法机关制定、法院加以解释那么简单。如果某个州的最高法院已经对该州法律作出明确解释，即使是在联邦法院审理相关案件时，也必须遵循该解释。这正体现了联邦制度下的重要特点：联邦与州在法律制定和适用上的分工与制约，以及不同法院层级在共同建构法律体系中的作用。

（三）制度功能：差异路径与可能空白

1. 事实发现机制（Factual Development）

美国的证据开示制度极具特殊性。美国民事诉讼将广泛的调查权赋予诉讼双方，使私人律师在案件中主导信息收集，这一设计也是其“事后规制”体系的重要组成部分。正如一位著名民事诉讼法学者所说：“美国民事诉讼最独特的特点，就是在对抗性程序中获取信息——也就是所谓的证据开示制度。”③

与此同时，花大量时间讲解民事诉讼教材中常见的证据开示案例，并非最

---

① Fla. Stat. § 48.193(1)(a)1(2016).（规定属人管辖权适用的条件）

② In re Chinese - Manufactured Drywall Products Liability Litigation, 753 F.3d 521, 535 - 39 (5th Cir. 2014).（关于州外企业是否符合“在本州开展业务”标准的判例）

③ Samuel Issacharoff, Civil Procedure, 2022, p.49.

高效的教学方式。这些案例对学生理解规则应用的帮助有限。更关键的是，真正的民事诉讼律师在处理证据开示时，面临的往往是操作层面的难题，而这些经典案例并未触及。比如：如何设计一个真正对案件有帮助的书面问询（interrogatory）；如何在证词陈述（deposition）中应对难缠的证人；又如何在控制成本的前提下，合法且有效地回应对方请求。这类实务问题，才是真正决定诉讼成效的关键。

我教授的并非一门侧重实务操作的美国法律技能课，因此在证据开示部分，我采用概览式教学，不安排太多具体案例。课程主要介绍各类证据开示工具及其适用规则。我们会花一些时间讨论“保密特权”，尤其相比一般美国课程，更深入探讨一个特殊情境：在美国法院中，来自中国的法律服务从业者因未具备美国执业资格，是否有权主张律师—当事人保密特权（attorney – client privilege）或律师工作成果特权（work product privilege），以及具体适用条件。尽管如此，课程的重点仍在于证据开示在美国诉讼中的整体功能。毕竟在“庭审日益稀少”[①]的今天，案件输赢往往在证据开示阶段已见分晓。

正因原告即使面对境外被告也能启动证据开示程序，才使得“事后规制”机制在实践中得以真正发挥作用。

正如一位资深法官所指出的那样：

> 国会选择将私人诉讼，也就是所谓的“私人总检察长”机制，作为执行反垄断法、证券法、环境法、民权法等多项法律的重要手段。在这些诉讼中，原告往往必须从被告那里获取关键证据。因此，证据开示的范围和强度，实际上决定了国会所设定的社会政策能被执行到什么程度。换句话说，调整证据开示的规则，就是在调整这些法律的执行力度。[②]

我们还会讨论，在民事诉讼中履行证据开示义务，尤其是在涉及法院管辖问题时，应遵循的伦理规范。对不熟悉美国程序的人而言，证据开示所要求的信息披露范围往往令人震惊，甚至难以接受。但我们不能止步于“惊讶”。为此，我们会讲解“证据保全指令”（hold orders）的重要性——在许多案件中，即便境外律所尚未正式介入，中国律师也应提前启动证据保全机制。我们讨论的一起跨国案件涉及销毁存有相关文件的过时电脑，该行为被视为故意不履

---

① Marc Galanter, *The Vanishing Trial*: *An Examination of Trials and Related Matters in Federal and State Courts*, 1 J. Emrirical Legal Stud. 459, 459 (2004).（“通过审判解决的联邦民事案件的比例从1962年的11.5%下降到2002年的1.8%，继续长期的历史性下降”）

② Patrick Higginbotham, Foreword, 49 ala. l. rev. 1, 4 – 5 (1997).

行义务,最终导致法院对这家中国公司作出缺席判决。①

简言之,我会在课程中强调证据开示在美国诉讼程序中的结构性作用,并反复提醒学生:忽视这一义务,可能带来严重后果。此外,我们也会讨论另一个常见误解——即认为美国的证据开示"已经失控泛滥"。为纠正这一过时看法,我会带领学生了解近年来《联邦民事诉讼规则》(Federal Rules of Civil Procedure)及相关司法实践中的改革,这些改革已在很大程度上限制并规范了过度开示的问题。

2. 庭审

庭审(trial)是体现制度差异的又一重要环节。我的学生通常通过美剧(如《傲骨贤妻》)对美国庭审已有一定了解,初步意识到美国审判注重叙事性,常常像在讲故事,而陪审团(juries)这一独特机制也可能在其中发挥关键作用。

在具有比较法视角的课堂中,讲授美国民事诉讼自然离不开陪审团制度,包括它的起源、功能、适用范围、合理性基础以及常见批评等内容。学生应能清楚掌握这些基本知识,并熟练理解其制度内涵。

学生必须意识到,陪审团制度深刻影响着律师的案件准备方式。在美国诉讼中,能否讲出一个有说服力的故事至关重要。庭审律师当然知道,案卷中必须包含对自己有利的关键事实,但真正优秀的律师还知道,这些事实必须能够串联成一个打动人心的故事。正如一位作者所说:"想赢得陪审团,唯一的方法就是讲好一个故事。"②

一本著名的庭审辩护指南也表达了同样的观点:

> 在庭审中,每一方都有机会讲自己的故事,虽然这种讲法往往是通过一些比较程式化的方式,比如向陪审团陈述、对证人进行直接或交叉询问、提交证据等。故事的框架,其实是由诉讼程序和证据规则决定的;故事最终要导向的结论,是由适用的实体法律中需要满足的法律要件所决定的。而故事的具体内容、情节和呈现方式,当然要基于事实——或者说,至少是律师能够掌握和利用的那部分事实。最后,谁能把故事讲得更有说服力,谁就更有可能赢得案件。③

这并不是说,"哪些案件可以由陪审团参与""陪审团与法官共同裁判时可

---

① Global Material Techs. *v.* Dahzeng Metal Fibre Co., No. 12 – CV – 01851, 2016 WL 4765689, at *3, 11 (N. D. Ill. Sept. 13, 2016).

② Stephanie Kane, *Narrative*, *The Essential Trial Strategy*, 34(4) Litigation 52, 52 (2008).

③ Steve Lubet & J. C. Lore, *Modern Trial Advocacy: Analysis and Practice*, 6th ed., 2020, p. 13.

能出现哪些问题”等技术性问题不重要——它们当然值得探讨。但更关键的是要认识到，美国庭审的重点不只是拼接证据，还要讲出一个有说服力的故事。理解这一点，是真正读懂美国诉讼制度的起点。

（四）涉外律师需重点掌握的法律领域

有些问题对非美国背景的学生尤为关键。部分内容虽在美国本土课程中有所涉及，但我在讲授时侧重点不同；另一些则通常只在跨国诉讼的进阶课程中才会探讨。我的目标，是帮助学生理解这些诉讼问题如何影响其未来执业，并深化对美国民事程序的整体认识。

1．属人管辖权

“属人管辖权”（Personal Jurisdiction）是所有民事诉讼课程的核心内容，在面向非美国学生的课程中尤为重要。首先，它是美国法院将外国被告纳入审理范围的关键切入点。不仅诉讼律师需要掌握，而且提供出口销售、海外出行等法律建议的顾问也应对此有清晰认识。其次，美国对属人管辖的认定方式在多方面有别于国际通行做法，更侧重于行为人是否有意识地利用某州资源或开展业务，而非其行为造成的影响。最后，深入探讨属人管辖，还有助于学生理解“正当程序”“主权”等基础法律概念。

在大多数方面，我教授属人管辖权的方式与面对美国本土学生时基本相同，仅作了少量调整。我希望学生能从“制度内部”的视角理解美国的属人管辖，而非停留在规则表层的外部观察。不过，在讲授这一部分时，我会特别强调：属人管辖是美国法院将外国被告纳入本国司法程序的关键机制。我还会更侧重讲解一些大法官如何在判例中提出“规避属人管辖、绕开事后规制”的路径。例如，奥康纳大法官在 Asahi Metal Indus. Co. *v*. Super. Ct.①案中的部分意见，以及肯尼迪大法官在 J. McIntyre Mach., Ltd. *v*. Nicastro②案中的立场，都可被视为“教外国公司如何进入美国市场却尽量避免落入美国法院管辖”的操作指南。归根结底，美国最高法院有时确实给人一种倾向于“放过”外国公司，不让其承担与美国本土公司相同规制义务的印象。

从比较法角度出发，我会向学生说明，美国判断属人管辖的标准与许多国家不同。其他国家通常认为，只要产品在某地出现问题，侵权行为即视为发生在当地，法院即可行使管辖。而美国法院则更强调企业是否主动进入该州市场，即是否“有意识地利用”（purposeful availment）当地法律环境或商业机会。

---

① 480 U. S. 102, 108 - 13 (1987).

② 564 U. S. 873, 877 - 87 (2011).

这种判断不仅要求企业有意进入美国,有时甚至要求明确针对某一州开展业务。我们也会进一步讨论,美国法院为何如此强调这一条件,它背后的法律逻辑与政策考量是什么。

从某些角度看,美国在属人管辖分析中对“州界线”的强调似乎有些特殊,但这正是一个切入点,可引导学生进一步理解联邦主义(federalism)。弄清楚“为什么州界如此重要”,有助于认识联邦政府与各州,以及各州之间的权力关系。我的学生一开始往往不了解美国各州在政府体系中的作用,但在完成属人管辖和标的管辖(subject matter jurisdiction)两个主题后,通常已能较为清楚地理解美国联邦制度的基本架构。

讲授属人管辖这一单元,也让我们得以观察普通法随时间演进的过程。从 Pennoyer *v.* Neff 案①到 International Shoe Co. *v.* Washington 案②,再到近年的新判例,这一发展路径并非线性推进,而是充满变化。不同判例所强调的重点各异,有的强调“正当程序”与“个人自由”,有的则侧重“州的主权”。在一些关键案件中,最高法院未能形成统一意见,不同法官各自发表意见,学生须学会辨别哪些意见具有约束力,哪些只是参考意见。我们也会探讨一个重要趋势:过去几十年,美国法院在属人管辖上的适用标准趋于收紧。曾经美国常被批评“管得太宽”,而如今在某些情境下,即便其他国家具备管辖权,美国法院也可能不再受理。这一变化不仅反映了解释路径的演变,也体现了制度价值的转向。

美国的属人管辖制度本就复杂,难以用简单方式讲清。我所能做的,是带领学生逐一分析判例,通过大量具体案例,帮助他们理解法院是如何一步步作出判断的,从而真正把握普通法的发展逻辑与实际运作方式。“石膏板案”展示了一个上诉法院如何以务实的方式处理管辖问题,既分析了“长臂管辖法”,也讨论了宪法层面的分析。通过这个案例,学生可以更直观地理解下级法院在实务中如何处理类似争议,而这种理解单靠阅读最高法院判例是难以获得的。

2.“不方便法院”原则

在美国,主要在联邦法院执业的律师,即使长期从事诉讼,也可能从未提出或应对过一次真正的“不方便法院”(*forum non conveniens*)动议。因为在联邦体系内,法院审理地转移的相关法规(venue transfer statutes)③基本取代了该

---

① 95 U. S. 714 (1877).

② 326 U. S. 310 (1945).

③ 28 U. S. C. § § 1404, 1406.

原则。虽然该原则在州法院体系中,特别是涉及跨州案件时仍有适用空间,但这并非联邦民事诉讼课程的重点。尽管 Piper Aircraft Co. *v*. Reyno 案①展示了诉讼律师如何利用程序工具步步推进,最终实现程序性胜诉,但对专注于联邦程序的课程而言,其教学价值有限。

但在跨国诉讼中,情况就截然不同了。联邦法院中用于"审理地转移"的法定规则在涉及外国法院时并不适用。因此,当法院虽有合法审理权但被认为不够便利时,不方便法院原则就成为唯一可以将案件移送至外国法院的依据。有数据显示,只要案件涉及外国原告,美国法院在此类情形下更倾向于准许被告提出的不方便法院动议,将案件转交至外国法院处理。

3. 域外送达

在我的课堂上,我更侧重讲解域外送达(Service Abroad),不像许多面向美国本土学生的民事诉讼课程那样偏重本地送达。原因很简单:我的学生将来很可能代表非美方当事人,他们更需要了解客户在何种情形下会被美国法院合法送达,这对他们更具实用价值。相比之下,像"一个在被告家中住了 1 个月的 16 岁少年是否可以作为合法送达人"这类问题,对他们的帮助就相对有限了。

这一部分内容让我们有机会讨论国际条约在送达程序中的作用。我们会阅读 Water Splash, Inc. *v*. Menon 一案,该案裁定可以通过邮件向外国被告送达诉讼文件。② 随后,我们将探讨中国的做法——由于中国对《海牙送达公约》(Hague Service Convention)的保留③,邮件送达在中国不被允许。对跨国执业的律师而言,理解国际条约及其保留条款在这种"多中心法律体系"中的作用,是一项基本能力。正如卡尔·卢埃林所说,法律人的成长在于不断积累这类具体经验。哪怕只是"最基础的一步"——比如如何将起诉状送达对方当事人——答案也可能藏在联邦规则、州法、国际条约、保留声明、适用例外以及相关判例的交汇处。从事跨国业务的法律人必须意识到,他们的专业能力之一,就是能在这套复杂规则中准确导航并灵活应对。

4. 外国判决的执行

如何在美国执行外国法院的判决,这个主题在美国本土的民事诉讼课程中很少涉及。我之所以加入这一内容,原因之一是它具有直接的现实意义,这

① 454 U. S. 235 (1981).

② 581 U. S. 271 (2017).

③ 《民事或商事司法和司法外文书海外送达公约》(Convention on the Service Abroad of Judicial and Extrajudicial Documents in Civil or Commercial Matters), opened for signature Nov. 15, 1965, 20 U. S. T. 361, 658 U. N. T. S. 163.

是学生们将来在实务中可能直接遇到的问题。

我讲授这个主题,不仅因为它“有用”,也因为它能引发更深层次的讨论。例如,一些没有法律强制力的判例,依然在全国范围内产生深远影响。19 世纪的 Hilton *v.* Guyot 案①首次提出“司法礼让”(comity)概念,这是跨国律师必须掌握的重要理念。尽管该案源自联邦普通法,且在 Erie 案之后不再直接适用,但在许多州,由于缺乏更明确的法律规定,法院仍会参考其逻辑。为什么一个“技术上不具约束力”的旧案仍能持续影响司法实践？这个问题值得我们深入探讨。

除了 Guyot 案,我们在了解各州法律演变时,还会接触另一个对跨国律师至关重要的话题:软法(soft law)。所谓“软法”,是指本身不具法律约束力,但在实践中具有影响力,甚至可能产生法律效果的规则或文件。② 美国法律学会(American Law Institute)编写的《法律重述》(Restatements)就是典型例子。比如,《美国对外关系法重述》(Restatement of Foreign Relations Law of the United States)(第 3 版和第 4 版)在涉外案件中被频繁引用,虽然不是法律条文,却常被法院采纳或影响司法实践。通过这些材料,学生将理解:即便是由非政府组织制定的“软法”,在国际法律实务中同样具有重要作用。

美国在金钱判决方面通常有更明确的适用规则,其形成过程也揭示了统一示范法案在美国法律体系中的广泛影响。大多数州已采纳 1962 年版或 2005 年版的《外国国家金钱判决承认统一法》(Uniform Foreign - Country MoneyJudgments Recognition Act,UFCMJRA),这也说明,一项最初作为“软法”的示范法案,如何在被州立法采纳后转化为“硬法”。这也展示了美国联邦制的运作方式。尽管这一议题已反复讨论,美国至今仍未制定统一的联邦法律来规范对外国法院判决的承认,这一事务仍由各州自行决定。这引出了两个讨论点:第一,不同州的标准可能存在差异,因此在处理相关案件时必须具体查阅州一级的法律;第二,也让我们能讨论一个常被误解的问题,即一些不熟悉美国联邦体制的外国政府,可能因没有看到统一的联邦法规而误以为“美国不承认外国判决”。但事实上,美国各州普遍承认外国金钱判决。只是由于联邦体制的结构,这些规则分散在各州法律之中。

最后,这一部分内容也为学生提供了比较法的视角。在课堂上,我们将探讨:为什么在美国,一些州在承认外国判决时,并不要求对方国家设有“对等承

---

① 159 U. S. 133 (1895).

② Francis Snyder, *The Effectiveness of European Community Law: Institutions, Processes, Tools and Techniques*, 56 Mod. L. Rev. 19, 33 (1993).

认”机制。这一差异背后的法律理念和政策取向,也值得深入思考。

5. 跨国诉讼的既判力问题

我们在讨论“既判力”时,也会将话题延伸至跨国语境下的适用问题。其中一个关键问题是:外国法院的判决在美国是否具有既判力? 也就是说,是否能阻止当事人就同一争议在美国法院再次提起诉讼? 在美国本土教材中,此类讨论多聚焦于“类似法院程序的行政听证会”(court – like administrative hearing)是否具备既判力;而我们更关注的是,境外法院作出的判决能否在美国被作为“主张已决”的依据,从而限制新的诉讼。为增强现实意义,我们选用了一个涉及中国当事人的案例,提升学生的代入感。① 在这一问题上,州法律的影响也再次凸显——例如,伊利诺伊州采纳的《外国国家金钱判决承认统一法》版本,对是否承认外国判决具有关键作用。这进一步说明,在跨国法律实践中,州一级规则往往不容忽视。

6. 美国法院所处的宪制结构对其权限的限制

本课程反复强调的一个核心主题是:美国联邦政府是一个“有限授权”的政府,联邦与各州之间分配权力与主权,同时联邦和州内部的各个分支机构之间也实行分权。这本身是所有美国国内法课程的基础内容。但我认为,在跨国语境中讲授这一点尤其重要——因为这些制度理念对非美国学生而言既陌生,也不易理解。我们将从属人管辖和标的管辖角度两个角度切入介绍。通过这两个板块,学生可以逐步建立对美国联邦制度的整体理解。

(五)其他的教学内容

1. 法院体系未必是解决问题的最佳路径

除非是专门讲授“争议解决”课程的教授,大多数美国本土的民事诉讼课程很少认真讨论“替代性争议解决机制”(Alternative Dispute Resolution, ADR),也几乎不会涉及当事人如何借助“法律市场”选择对自己更有利的诉讼地。而本课程从一开始就正视一个基本事实:现实中存在多个法律体系,也存在多种可能的争议解决平台。在此背景下,是否考虑其他途径解决纠纷、如何选择有利的诉讼地,便成为一个关键问题。

不同于多数美国课程将替代性争议解决机制与诉讼地选择置于教材和课程的末尾,我在课程之初就引入这一话题。我们通常从“管辖法院选择条款”(forum selection clauses)入手讨论,这在跨国合同中是一项关键安排。课堂上

---

① Global Material Technologies, Inc. *v.* Dazheng Metal Fibre Co., Ltd., No. 12 – CV – 01851, 2015 WL 1977527, at 8 – 11 (N. D. Ill. May 1, 2015).

我会引用一段国际交易教材的内容①,不仅介绍各种“替代性争议解决机制”工具,也强调法院选择条款时应结合具体合同情境,而非机械套用。这一安排也再次强调了“法律制度多元化”的现实,尤其从跨国诉讼与交易的实践出发,即使是未来不从事诉讼的学生,也能看见自己在其中可能扮演的角色。

这也让我再次强调一个贯穿整门课程的主题:法律人首先是问题解决者,而解决问题的工具并不限于法律条文与理论。从“替代性争议解决机制”切入,正好为这一理念提供了合适的入口。在我执业期间,我接触到的优秀法律人,往往在决定是否诉诸司法前,会先审视所有可能的替代方案。我始终认为,在跨国、多中心的法律环境中,具备多元解决问题的思维尤为关键,因此我们将在课程中多次重返这一议题。

2. 美国的历史与法律文化

在美国本土的课程中,大多数学生多少具备一定的历史常识。虽然他们未必能详细讲述新政时期的政治背景,或解释为何塞缪尔·提尔登(Samuel Tilden)未能当选总统,但他们通常知道一些基本事实:美国最初由十三个殖民地组成;南北战争发生在19世纪60年代,且大致了解其原因;民权运动推动了重大社会变革等。他们也通常知道,州政府和联邦政府的权力有时重叠,有时分立。例如,某些犯罪行为可能由州或联邦提起公诉;驾照由州政府核发,而护照则由联邦政府颁发。

中国学生未必熟悉美国历史中的这些基本事实,而这些背景知识对于理解课程内容,乃至把握核心问题,至关重要。若缺乏必要的信息补充,学生之间的学习进度可能会逐渐拉开。

为解决这一问题,我安排了一节课简要回顾美国历史,并介绍联邦政府的基本架构。部分内容将在后续根据需要进一步展开。实践中我发现,在讲授涉及属人管辖中的州主权或标的管辖中的联邦权限前,先做一个基础介绍,能有效减少学生的困惑。当然,这部分也可以作为独立课程单独讲授,但由于我们尚未开设相关课程,我选择将其纳入本课内容中。

五、结语

对多数在美国法学院就读但未来未必在美执业的外国学生而言——包括绝大多数LLM学生、部分JD学生,以及我在国际法学院所教授的学生——即便是在“从内部”学习美国法律,他们的学习需求也与本土学生有所不同。我

① William F. Fox, *International Commercial Agreements and Electronic Commerce*, 2018.

希望学生离开这门课程和校园时,能够清楚理解法律多元与多中心治理的本质,认识到这些制度如何影响他们自身或未来的客户;能够全面把握美国国家结构的特点,并理解美国法律实践中某些“例外性”制度的意义。这些认知将成为他们未来职业发展的长期优势与持续深化的能力基础。

过去,选择回国执业的美国法学教育背景的外国学生并不多;如今,随着LLM项目的普及,以及越来越多学生攻读JD后将所学带回本国,这一现象已非常常见。要真正满足他们的学习需求,首先应认识到:最合适的教学内容,可能不同于传统为本土学生设计的课程。像我这样的课程,面向那些虽不在美执业,但将在多中心格局下为受美国法律影响的客户提供服务的学生,或许更能回应他们的现实需要。

征稿启事

征稿启事

《北大法学小课堂》编辑部

《北大法学小课堂》是北京大学法学院与国际法学院联合创办的法学教育连续出版物，旨在借北京大学法学学科创建120周年之机遇，立足北大法学教学阵地，坚守北大法学教学立场，将法学教师们平日在北京大学和全国其他高校法学课堂中的教学材料与心得进行收集汇编、博采众长，为中国法学教师队伍搭建交流教学经验的自由开放的平台，给法学学科初学者们提供夯实基础理论的清晰可读的读物。

本书每辑主要栏目及收稿方向包括但不限于：

· 特别呈现：由一线教师分享自己的从教心得和对法学教学改革的思考。

· 课堂门启：本栏目以法科学生为第一受众，根据其学习不同阶段的特点和要求，进一步细分为：

——课堂映象，即学生们初次接触各部门法的理论学习环节，内容包括但不限于课堂实录、课堂讲义、课堂教案（课时计划）；

——研学小课，以案例研习为核心，强调培养和提升法科学生的实践和思辨能力；

——答疑解题，本子栏目发源于近年来北大法学院创设并深入推进的“第三课堂”导师制教改活动，旨在畅通交流渠道，促进师生互动，助力学生发展，栏目内容以课后答疑及期中期末试卷解析为核心。

· 课堂札记：既包括对不同科目课程设置与教学方法的探索，也包括对法科学生基础理论与实务素质的训练。

· 域外课堂：面向广大具有海外留学背景的青年学者，鼓励其将在世界各大法学院的求学干货与教学见闻与师生们进行分享。

收稿范围不限于既有栏目，我们欢迎所有能激发学生思考、促进教学交流的稿件。本书将持续丰富栏目类型，打造开放、互动的交流平台，以满足不同的学习与研究需求。

诚如《卷首语》所言，我们希望全国有志于法学教育和纯粹研究的同仁能够将你们在课堂上反复讲授但因为种种原因而无法在核心期刊上发表的教学辅助资料投递给我们，来稿不论教师资历，不限篇幅体例，不数脚注个数，优先考虑文风清新、简明可读的文章，北京大学愿意以这本《北大法学小课堂》来承载诸位的“大学问”。

请将来稿电子版发送至 xiaoketang@ law. pku. edu. cn，并在邮件主题中标注：“《北大法学小课堂》投稿”。来稿请注明作者姓名、单位、联系电话、通信地址、邮编和 E－mail 地址。

读者来信

《北大法学小课堂》编辑部

亲爱的读者朋友们：

在阅读完本期《北大法学小课堂》后，是否有建议或灵感在您的脑海中闪现？是否期待着在下一期内容中看到某个特定的主题？作为一路摸索、不断成长的“小法师”，您在学习过程中是否曾遇到过种种困惑与挑战？又或者在“升级打怪”的旅途中，积累了宝贵的心得与经验？为此，我们特别设立“读者来信”栏目，诚邀您与我们分享对本书的建议、批评，以及您在法学学习中的困惑、反思、经验与体悟。

“读者来信”旨在通过您的反馈，灵活调整栏目架构与内容呈现，使《北大法学小课堂》更贴近您的需求与兴趣。同时，我们也希望将普遍的法科学习困惑纳入讨论，及时回应并在本书中呈现，让《北大法学小课堂》成为连接彼此关切的桥梁，为对法学学科感兴趣的师生、同好们构建一个开放、多元的交流平台，在这里共同分享观察、思考与收获。

期待您的来信！请将邮件发送至 xiaoketang@ law. pku. edu. cn，并在邮件主题中载明：“《北大法学小课堂》读者来信”。